博学而笃志,切问而近思。
(《论语·子张》)

博晓古今,可立一家之说;
学贯中西,或成经国之才。

博学·博学·博学·博学·博学·博学

博学·社会工作系列

顾东辉　总主编

农村社会工作

（第二版）

RURAL SOCIAL WORK

(2ND EDITION)

万江红　张翠娥　主编

复旦大学出版社

序

2011年前后,作为华中农业大学社会工作专业的开创者和负责人,鉴于农村社会工作教学和研究的迫切需要,本人带领社会工作专业的青年教师们,先试先行,负责主编《农村社会工作》教材,并由复旦大学出版社出版发行。十年后的今天,农村社会已经发生了天翻地覆的变化,农村社会工作无论是研究还是实践都有了重大进展,值此之时,应复旦大学出版社宋启立编辑之邀,经本人同意并推荐,由万江红、张翠娥两位教授重新编写《农村社会工作》教材。

党的十九大报告明确提出实施乡村振兴战略,强调加强农村基层基础工作,健全自治、法治、德治相结合的乡村治理体系。2021年2月,中共中央办公厅、国务院办公厅在《关于加快推进乡村人才振兴的意见》中明确要求,"加强农村社会工作人才队伍建设""加快推动乡镇社会工作服务站建设"。2021年4月,全国人大常委会通过的《乡村振兴促进法》也明确提出要求,"各级人民政府应当采取措施培育农业科技人才、经营管理人才、法律服务人才、社会工作人才,加强乡村文化人才队伍建设,培育乡村文化骨干力量""县级以上人民政府应当建立鼓励各类人才参与乡村建设的激励机制,搭建社会工作和乡村建设志愿服务平台,支持和引导各类人才通过多种方式服务乡村振兴"。可以说,农村社会工作迎来前所未有的发展机遇。全国多个省份纷纷启动农村社会工作发展计划,如广东省的"双百工程"、湖南省的"禾计划"、湖北省的"三助行动"等,各地政府纷纷上升到体制机制层面发展农村社会工作。

上述政策和实践的推进，反过来又推动着农村社会工作教育的发展。农村社会工作是最具中国本土特色的社会工作领域，也是华中农业大学社会工作专业的重要研究方向和优势特色课程。新编的《农村社会工作》教材，结合十年来乡村巨变与农村社会工作理论与实务进展，在原教材框架的基础上进一步总结和提炼现有农村社会工作服务的理论、内容和方法技巧，对内容进行了系统更新。本人也希冀通过这部教材，在新时代进一步夯实学生的专业知识，传承家国情怀，把握农村社会工作的价值理念、实务理论和服务方法，提升农村社会工作的认知度与影响力，为助力乡村振兴作出贡献。

2021年6月8日

目 录

第一章 农村社会工作概述 001
第一节 农村社会工作的概念 002
一、农村社会工作的内涵 002
二、农村社会工作相关概念 005
第二节 农村社会工作的目标及功能 011
一、农村社会工作的目标 011
二、农村社会工作的功能 014
第三节 农村社会工作的内容 017
一、农村社会工作的构成要素 017
二、农村社会工作的具体内容 019
三、农村社会工作的特征 021

第二章 农村社会工作历史 024
第一节 国外农村社会工作历史 025
一、国外农村社会工作的产生 025
二、国外农村社会工作的发展 026
三、当代国外农村社会工作的新动向 028

第二节　中国农村社会工作历史　　037
　　一、中国古代农村社会工作的思想与实践　　037
　　二、中国现代农村社会工作的初步尝试　　042
　　三、中国当代农村社会工作专业化的历程　　047

第三章　农村环境与农村社会工作　　055
第一节　政治环境与农村社会工作　　056
　　一、农村政治环境概述　　056
　　二、农村政治环境与农村社会工作　　059
第二节　经济环境与农村社会工作　　060
　　一、农村经济环境概述　　061
　　二、农村经济环境与农村社会工作　　064
第三节　文化环境与农村社会工作　　066
　　一、农村文化环境概述　　066
　　二、农村文化环境与农村社会工作　　071

第四章　农村社会工作的价值体系与理论　　074
第一节　农村社会工作的价值体系　　075
　　一、农村社会工作的价值观　　075
　　二、农村社会工作的价值体系构成　　077
第二节　农村社会工作的理论基础　　083
　　一、实证主义　　083
　　二、功能主义　　085
　　三、认知行为理论　　087
　　四、沟通理论　　088
　　五、权变理论　　090
　　六、系统理论　　092
　　七、女性主义　　093

　　　　八、后现代主义　　　　　　　　　　　　　　　　095
第三节　农村社会工作的实务理论　　　　　　　　　　　097
　　　　一、弱势群体和社会支持理论　　　　　　　　　097
　　　　二、社会资本理论　　　　　　　　　　　　　　099
　　　　三、增权理论　　　　　　　　　　　　　　　　101
　　　　四、亚文化理论　　　　　　　　　　　　　　　103
　　　　五、标签理论　　　　　　　　　　　　　　　　104
　　　　六、社会分层理论　　　　　　　　　　　　　　106

第五章　农村社会工作实务模式　　　　　　　　　　　　109
第一节　农村社会工作实务模式概述　　　　　　　　　　110
　　　　一、农村社会工作实务模式的含义　　　　　　　110
　　　　二、农村社会工作实务模式的特征　　　　　　　111
第二节　农村社会工作实务的策略模式　　　　　　　　　113
　　　　一、农村社会工作实务策略模式的类型　　　　　113
　　　　二、农村社会工作实务策略模式的选择与评估　　125
第三节　农村社会工作实务的过程模式　　　　　　　　　132
　　　　一、农村社会工作实务过程的含义和分类　　　　132
　　　　二、农村社会工作实务的通用过程模式　　　　　133

第六章　农村社会工作的方法与技巧　　　　　　　　　　146
第一节　农村个案工作　　　　　　　　　　　　　　　　147
　　　　一、农村个案工作的含义　　　　　　　　　　　147
　　　　二、农村个案工作的过程　　　　　　　　　　　148
　　　　三、农村个案工作常用的技巧　　　　　　　　　151
第二节　农村小组工作　　　　　　　　　　　　　　　　153
　　　　一、农村小组工作的含义　　　　　　　　　　　153
　　　　二、农村小组工作的过程　　　　　　　　　　　155

　　　　　三、农村小组工作常用的技巧　　　　　　　　　　　　165
　　第三节　农村社区工作　　　　　　　　　　　　　　　　　167
　　　　　一、农村社区与农村社区工作　　　　　　　　　　　167
　　　　　二、农村社区工作的过程　　　　　　　　　　　　　168
　　　　　三、农村社区工作常用的技巧　　　　　　　　　　　170

第七章　农村反贫困社会工作　　　　　　　　　　　　　　　182
　　第一节　农村贫困问题概述　　　　　　　　　　　　　　　183
　　　　　一、贫困与农村贫困　　　　　　　　　　　　　　　183
　　　　　二、农村反贫困工作　　　　　　　　　　　　　　　187
　　第二节　中国农村反贫困社会工作模式与策略　　　　　　　198
　　　　　一、农村反贫困社会工作模式　　　　　　　　　　　198
　　　　　二、农村反贫困社会工作策略　　　　　　　　　　　202

第八章　农村社区建设　　　　　　　　　　　　　　　　　　214
　　第一节　农村社区建设概述　　　　　　　　　　　　　　　215
　　　　　一、农村社区建设的内涵　　　　　　　　　　　　　215
　　　　　二、农村社区建设的特殊性与内容　　　　　　　　　218
　　　　　三、农村社区建设存在的问题　　　　　　　　　　　224
　　第二节　农村社区建设的模式划分　　　　　　　　　　　　225
　　　　　一、基于社区建制的模式划分　　　　　　　　　　　226
　　　　　二、基于推进方式的模式划分　　　　　　　　　　　228
　　　　　三、基于带动力量的模式划分　　　　　　　　　　　229
　　　　　四、基于带动产业的模式划分　　　　　　　　　　　230
　　第三节　社会工作介入农村社区建设的常用技巧　　　　　　231
　　　　　一、盘活社区资产技巧　　　　　　　　　　　　　　231
　　　　　二、社区组织培育技巧　　　　　　　　　　　　　　234
　　　　　三、村民能力建设技巧　　　　　　　　　　　　　　238

第九章　农村留守群体社会工作　241

第一节　农村留守群体的产生与现状　242
一、农村留守群体的产生　242
二、农村留守群体的现状　243

第二节　农村留守儿童社会工作　249
一、农村留守儿童的需求　249
二、农村留守儿童的社会工作介入　251
三、社会工作介入农村留守儿童的困境　257

第三节　农村留守妇女社会工作　258
一、农村留守妇女面临的问题　258
二、农村留守妇女的社会工作介入　259
三、社会工作介入农村留守妇女的困境　261

第四节　农村留守老人社会工作　262
一、农村留守老人面临的问题　262
二、农村留守老人的社会工作介入　263
三、社会工作介入农村留守老人的困境　266

第十章　农村灾害社会工作　268

第一节　农村灾害问题概述　269
一、灾害的界定　269
二、农村灾害问题　272

第二节　农村灾害社会工作及其内容　276
一、灾害社会工作及其发展　276
二、农村灾害社会工作的主要内容　281

第三节　农村灾害社会工作的模式与技巧　285
一、中国灾害社会工作的理论视角与实践模式　285
二、灾害的生态系统干预模式与技巧　286
三、社区为本的灾害社会工作介入模式与技巧　289

四、灾后管理的阶段模式与技巧　　293

第十一章　农村社会工作研究　　296
第一节　农村社会工作研究的含义及功能　　297
　　一、社会工作研究的含义与特点　　297
　　二、农村社会工作研究的含义　　299
　　三、农村社会工作研究的功能　　300
第二节　农村社会工作研究的类型　　303
　　一、以理论视角划分　　303
　　二、以服务对象划分　　305
　　三、以研究内容划分　　307
第三节　农村社会工作的研究方法　　308
　　一、方法论　　308
　　二、伦理价值　　309
　　三、具体方法　　311
　　四、研究程序　　314

后记　　318

第一章

农村社会工作概述

农村社会工作是社会工作的重要分支领域。中国是一个农业大国,社会工作的重点在农村。本章主要回答什么是农村社会工作、农村社会工作的目标、功能以及内容等基本问题。

第一节 农村社会工作的概念

学习农村社会工作的第一步,便是要正确理解农村社会工作的内涵,以及厘清农村社会工作与其相关概念的区别与联系,具体包括农村社会救助、农村社会福利、农村社会保障、农村社会服务等相关概念。

一、农村社会工作的内涵

(一)社会工作的内涵

社会工作发展经历百年历史,虽然其目的和内容已经很明确,但人们对社会工作的定义并不统一。联合国在1947年调查各国社会工作教育状况时,33个国家提交了33个不同的社会工作定义。国内对社会工作的定义也有不同的界定,如助人方法说、助人过程说、助人活动说、专业说、制度说、综合说等。综合来看,社会工作定义可被粗略地分为三类:一是将社会工作看成一种个人的慈善事业,是社会中的中上层人士出于人道主义或宗教信仰的驱使,自愿、主动地对社会中贫苦及不幸者的慈善施舍,这种观点代表了各国社会工作发展初期的状况;二是将社会工作看成由政府或私人社团举办的以解决因经济困难所引起的问题为目的的各种有组织的活动,包括对社会上因失业、贫困、疾病、年老、身心残障、精神疾病、孤寡等各种原因而面临经济困难者的扶助和救济事业,认可此种定义者认为对贫穷的救助和预防乃是政府的责任;三是将社会工作看成一种由政府或私人社团举办的服务事业,这种服务事业不分性别、年龄与贫富，以协助服务对象发挥其潜能，使其获得美满和有效的生活为目的，持此观点者不仅关注服务对象的社会关系和物质改善，更关注制度的变革，不仅关注需要救助的贫困者，也关注普通民众。这三类不同的定义恰好反映了不同国家社会工作发展水平和发展阶段的差异。

结合中国实际，可以对社会工作作如下界定：社会工作是一种助人活动，是以社会工作价值观为指导，运用专业知识与科学方法帮助处于不利地位的个人、群体和社区克服困难、解决问题并预防问题的发生，恢复、改善和发展其功能，以适应正常社会生活以及维护社会稳定的服务活动。不论从何种角度进行界定，社会工作的定义均离不开社会工作者、受助者、社会工作价值观、专业方法和知识、助人活动等基本要素，了解社会工作的定义及其要素能够指导我们更好地界定和理解农村社会工作的具体内涵。

（二）农村社会工作的内涵

社会工作产生于西方，在其产生之初并没有关于农村社会工作领域的专题研究，但在西方社会工作实践中有着丰富的农村社会工作内容。早在20世纪初期，美国的"进步时代"和随后的"新政"时期，为应对农业危机和农村问题，社会工作者运用专业知识和方法帮助农民改善生活环境，促进城乡协调发展。1959年，联合国出版的《社会发展计划的国际调查》中将社会工作的范围分为十个方面，其中就有农村社区发展计划方面的内容。在一些发展中国家和地区，社会工作者尤其注重本土化的农村社会工作实务模式的探索。

> 农村社会工作与其他分支领域的社会工作不同，它不仅是社会工作的一个专门领域，同时也体现了社会工作的地域性差异，与此相类似的还有民族社会工作。

关于农村社会工作的定义，国外学者更多地是从与城市社会工作的比较中来讨论，主要有以下四个方面：一是基于农村生活较城市生活节奏缓慢，要求社会工作者必须要有耐心和爱心，给予服务对象更多的信任和关怀；二是基于农村社会环境的差异性和复杂性，要求社会工作者是具备综合能力的实践者；三是基于农村社会工作的实务模式是一种"系统功能主义"的实践模式，要求社会工作者在具体实践中没有偏见，能够运用系统的知识、价值和技术，发挥社会及个人的正向功能，以使农村社会良性运行；四是在具体的工作方法上，既强调微观的个案工作，也重视宏观的社区工作。在此基础上归纳农村社会工作应具备援助过程的持久性、服务对象的特殊性、实践模式的系统性特征。

中国农村地域辽阔，人口众多，各地区的社会经济发展不平衡，社会工作一经传入中国，农村地区便成为社会工作活动的重要领域。学者主要从以下三个方面来认识农村社会工作：一是在农村社会工作的主体方面，认为中国的农村社会工作是在党和政府的统一领导下进行的，具体实施要依靠国家、集体、个人等各种力量协同而行；二是在农村社会工作的方法技巧方面，具体运用个案工作、小组工作和社区工作等知识与方法来进行社会服务，以体现社会工作的专业性特点；三是在农村社会工作的目的方面，把农村社会工作理解为以重建信任、信心和能力为使命，以可持续发展能力建设为摆脱农村贫困、重建村民自信心的有效途径。从这三点来看，中国农村社会工作发展是以满足农村社区和村民的需求为前提，在党和政府的统一领导下进行的、由农村社会工作者与村民共同建构的过程。其根本目的在于预防和解决农村中出现的社会问题，增进农村地区的社会福利，促进农村社会进步。

> 社会工作在中国可以说是"教育先行""研究先行"，农村社会工作也不例外。

对比国内外关于农村社会工作的认识可以看出：相同之处在于均是从社会工作构成要素的角度来理解和认识农村社会工作，均对社会工作者、服务对象、方法技巧等要素进行了解读；不同之处在于国外的农村社会工作更为强调社会工作者的方法技巧，国内的农村社会工作则强调党和政府的领导地位、农民与农村的需求导向。

根据社会工作的基本构成要素，可以对农村社会工作界定如下：农村社会工作是一种在农村地区开展的助人活动，在活动过程中，专业社会工作者与其他农村工作者合作，以农村社区为基础，在社会工作专业价值观的指导下，运用专业方法，发动村民广泛参与，增强村民和社区的能力，在预防和解决农村社区问题的基础上提高村民福利水平，最终实现农村社区的稳定与可持续发展。

具体而言，可以从以下四个方面来进一步理解农村社会工作：

第一，在工作主体方面，中国的农村社会工作是在党和政府的领导下，依靠国家、集体、专业社会工作者等各种力量合作开展的。党和政府在社会主义建设的各个时期制定了不同的农村社会政策，为开展农村社会工作指明了方向；同时，地方基层政府和村集体也想方设法开展各种农村社会服务。农村社会工作需要社会各界人士和农民本身的积极参与，更需要社会工作者的专业知识来提升服务品质。

第二，在方法技巧方面，农村社会工作以农村社区为基础，是以人为本地进行综合社会工作介入，而不是单纯的个案、小组、社区"方法为本"，更不是"社会工作者为本"。农村社会工作不是简单地采取问题个人化治疗方法，也并非将问题简单地归于制度和结构，而是要分析系统、环境对个人的影响并最大限度地关怀村民和满足村民的需要。在不同类型的农村社区，由于地理环境、经济发展水平及风俗习惯不同，社会工作的内容和方法也会有所区别，这要求社会工作者根据不同农村社区的特点，有的放矢地开展农村社会工作。

第三，在内容方面，农村社会工作注重把社会政策同社会服务结合起来。农村社会工作既关注政策倡导、社区动员与参与、村民能力建设，也注重对村民的直接服务，特别是通过个案工作和小组工作对村民提供面对面的支持与帮助。

第四，在工作目标方面，农村社会工作的根本目的在于预防和解决农村中出现的社会问题，推动农村社会良性运行和发展。

二、农村社会工作相关概念

社会工作源于社会福利，是一种社会福利服务。虽然经过一百多年的发展历程，社会工作逐渐形成了自己的理论、价值理念和方法技巧，成为一门专业、系统的学科，但它与社会救助、社会福利、社会保障、社会服务等概念间仍然有着千丝万缕的联系，农村社会工作也是如此。为了能够更好地理解农村社会工作的概念，有

《中国共产党章程》总纲中规定：党在自己的工作中实行群众路线，一切为了群众，一切依靠群众，从群众中来，到群众中去，把党的正确主张变为群众的自觉行动。我们党的最大政治优势是密切联系群众，党执政后的最大危险是脱离群众。党的群众路线对中国特色的农村社会工作具有启示作用。

中国共产党积累的丰富的农村工作和群众工作经验，为农村社会工作本土化提供了有益借鉴；同时，农村社会工作反过来也为农村工作和群众工作提供了新的方法和思路。

必要辨析农村社会救助、农村社会福利、农村社会保障、农村社会服务等概念，并与农村社会工作进行比较分析。

（一）农村社会救助

社会救助是国家通过国民收入再分配，对由于各种原因而无法维持最低生活水平的社会成员给予物质上的救助，以保障其最低生活水平的一种社会保障制度，也是与社会工作有着密切联系的助人工作。从社会救助的内涵来看，具体是指国家与社会向贫困人口与遭遇各种不幸者组成的社会弱势群体提供物资接济与扶持的一种生活保障政策。它通常被视为政府的当然责任或义务，采取的也是无偿救助的方式，目标是帮助社会弱势群体摆脱生存危机，以维护社会秩序的稳定，包括灾难救济、贫困救济和其他针对社会弱势群体的扶助措施。社会救助是增强弱势者社会生存能力的一种社会保障制度，是社会安全的"最后一道防线"，是现代社会保障制度体系中的重要组成部分。

脱贫攻坚结束以后，关注脱贫不稳定户、边缘易致贫户、突发严重困难户等群体，及时给予帮扶，防止其返贫，是农村社会工作者的任务之一。

在我国农村，主要是在生活、生产和医疗三方面进行社会救助。农村生活救助主要是保障贫困村民的最低生活需求，由农村五保供养制度和农村最低生活保障制度组成。其中，农村五保供养制度是指对符合《农村五保供养工作条例》规定的村民，在吃、穿、住、医、葬等方面给予生活照顾和物质帮助；农村最低生活保障制度是指由地方政府为家庭人均纯收入低于当地最低生活保障标准的农村贫困群众，按最低生活保障标准，提供维持其基本生活的物质帮助。农村生产救助主要是为了使有一定生产经营能力的村民脱离贫困，救助对象是有一定生产经营能力的贫困村民，救助内容包括政策扶持、资金扶持、科技和信息扶持等。农村医疗救助主要是为了改善农村贫困人口的健康状况，为贫困人口中的病患者提供医疗保健服务，救助对象是贫困人口中的患病者在实施了医疗保险后仍不能支付医疗费用的贫困病患者，救助标准为满足贫困人口的基本医疗需求，救助方法是部分减免或者全部减免医疗费用，资金主要来源于国家财政设立的专项基金或社会慈善组织的救助资金。

改革开放以来，我国农村社会救助的政治经济环境发生了巨大变化。一是传统体制下的集体经济制度演变和家庭联产承包责任制的实行，改变了农村社会救助的主体结构；二是随着我国市场经济体制的逐步确立，社会结构得到优化，非政府组织开始参与农村社会救助，在社会建设和管理中发挥着越来越重要的作用；三是随着农村经济社会发展，农村社会分化，社会救助的对象和内容与以往也有很大不同。比如，在传统体制下的贫困是由全社会的生产力水平低下而导致的整体贫困，同时也是一种绝对贫困，而市场经济体制下的竞争导致的贫困是一部分人的贫困，同时也是一种相对贫困。对于前一种形式的贫困，只能依靠整个社会的经济发展来解决，而后一种形式的贫困需要社会救助。

在很大程度上，社会工作是从社会救助发展而来的。一方面，农村社会救助需要专业社会工作的介入。在社会救助的过程中，单一的物质救助并不能从根本上解决被救助者所遇到的问题，他们还有许多社会的、资源的、关系网络的以及心理的问题需要及时得到解决，只有结合社会工作的介入，才能在专业层面上很好地解决这类问题。另一方面，农村社会工作也把农村社会救助作为其介入农村社会问题的重要内容。实践证明，很多农村社会工作正是从社会救助开始的，通过社会救助以及其他相应的工作，农村社会工作者获得了助人的平台。

（二）农村社会福利

农村社会福利是与农村社会工作最直接相关的概念。所谓社会福利，是以政府及社会为主体，以全体社会公民为对象，以制度化与专业性为基本保证，以保障性和服务性为主要特征，以社会支持网络为主要构架，以物质资助和精神支持为主要内容，以解决社会问题为主要目的，旨在不断完善和提升公民的物质与精神需求，提高社会生活质量的社会政策和社会制度。社会福利有广义和狭义之分。广义的社会福利即公共福利，指一切可以提高社会成员物质生活水平和精神文明程度的社会福利政策、计划、措施和行动；狭义的社会福利是指向困难群体提供的带有福利性的社会支持，包括物质支持和服务支持。中国的社会福利是狭义上的社会福利，

农村社会工作可以说是农村社会福利服务从狭义向广义的拓展和延伸。

它仅指社会保障制度中的一个特定范围和领域，通常是指专为社会弱势者提供的各种社会福利性补贴和举办的各种社会福利事业，如社会救济、优抚、对困难家庭的补助、对残疾人和高龄老人的照顾等。

社会福利与社会工作既相互区别又关系密切。两者之间的区别之处在于，社会福利包括一个国家的福利政策和所持的理念，主要是一种制度、政策的理念，而社会工作是具体、直接地提供社会援助；社会福利作为一种制度存在，主要是一种政府行为，而社会工作是社会工作者与受助者之间的合作，一般属于民间行为。两者之间的关联之处是：一方面，社会福利的发展将增加福利资源，进一步推动社会工作的发展；另一方面，社会工作的发展将提高社会服务的水平，改善社会福利的管理与资源配置的效率，进一步完善社会福利制度。

在现代社会中，以制度和理念形式存在的农村社会福利必须通过具体的社会服务活动才能达成，社会服务根据农村社会福利政策和理念制定并实行各种方案、活动及项目，而这些服务的程序需要依据农村社会工作的知识、伦理、方法及技巧才能确保其功效。

（三）农村社会保障

所谓社会保障，是指为保障民生以及促进社会进步，由国家和社会以立法为依据出面举办，政府机关和社会团体组织实施，对因各种经济和社会风险事故而陷入困境的人群，以及有物质和精神需求的全体公民提供的福利性物资援助和专业服务的制度与事业的总称。社会保障的目的是保障民生和促进社会进步，依据是国家立法，责任主体是国家和社会，获益主体是全体公民，内容是提供经济保障和服务保障。从社会保障的定义出发，社会保障具有五种特质：第一，社会保障是一种社会政策或社会制度，其基本目的是保障公民的基本生活需要；第二，社会保障制度的实施主体是政府，政府是具有执行国家权力职能的行政机构，唯有政府才能通过国民收入的再分配为全社会提供生活保障；第三，社会保障制度以立法为基础，其实施有法律监督和保障；第四，社会保障的对象是全体社会成员，普遍性原则是其基本的价值选择理念；第五，社会保障制度的实施具有广义上的福利功效，是社会福利体系中基本的子系统。

社会保障的具体福利功能包括以下四个方面：一是社会保障的经济福利功能。社会保障主要是通过经济性的给付和补偿来达到保障的目的。二是社会保障的社会福利功能。从福利提供的角度看，通过强调社会成员的参与机会平等，维护社会成员参与社会竞争的公平与公正，一定程度上缩小社会成员发展结果的不公平，就是一种社会性的福利提供。三是社会保障的特殊群体福利功能。这是专门针对孤儿、残障人士以及孤寡老人等特殊困难群体，通过以政府为主兴办各类福利院直接给他们提供物质上、精神上和服务上的福利。四是社会保障的优抚福利功能。我国社会保障体系中特殊层面的社会优抚是较为典型的社会福利性社会保障，它是针对烈军属以及有特殊贡献的人员及其家属，在经济上、精神上以及服务上进行的优待和抚恤，其福利性即惠及接受者的特性是最为明显的。

社会保障和社会工作均源于早期的社会救助。西欧早期的济贫工作是由政府出面，组织工作人员和志愿者，依据一定的原则和方法，对贫民实行救助。随着救助工作的不断深入，逐渐形成了两个发展方向，即专业化、职业化的社会工作与政策化、制度化的社会保障。由此可以看出，社会工作和社会保障存在明显的同源性关系，两者对象相同，功能互补。

社会工作和社会保障的关系具体表现在以下三个方面：一是社会保障和社会工作是社会良性发展中密切联系、不可或缺的两个重要的社会政策和社会制度。社会保障从制度层面上保障社会成员的基本生活，免除其后顾之忧；而社会工作从专业化层面，以多种社会服务手段，为社会成员解决物质的、心理的问题，解决制度化层面社会保障所不能解决的问题。二是社会保障的实施过程，为社会工作的介入指引服务对象。社会保障的具体福利功能关注到不同类型的困难和有服务需求的群体，这些群体提示并指引着社会工作的重点服务对象。三是社会工作实务的开展，弥补了社会保障的不足。社会保障的基本目标是保证社会成员的基本生活，而且是以钱款给付为唯一保障手段，至于服务性、精神性、社会资源性的保障或福利则无能为力，专业性的社会工作则可以从物质、精神、心理、社会资源等多个层面为需要帮助者解决问题。

社会工作和社会保障也有明显的区别：一是社会保障是由法律规范的救援措施与政策，属于社会政策的范围，社会工作则是具体、直接的社会大众所共享的成果；二是社会保障属于收入或物质上的帮助，而社会工作更注重服务对象自助和能力提升；三是社会保障的直接目的是维持困难者的基本生活不至于发生危险，而社会工作除了救助之外，还有发展受助者能力的任务；四是社会保障是对个人、家庭而言的，而社会工作的对象包括个人、家庭及社区；五是社会保障的基本责任主体是国家和政府，而社会工作的责任主体是社会工作者和受助者双方，是他们之间的合作。

相比城市而言，农村地区的社会保障更加不足，农村社会工作服务的需求也更为强烈。

（四）农村社会服务

社会服务是与社会工作联系最为密切的一个概念。它是以多种形式向有困难的社会成员特别是社会弱势群体提供旨在改善其物质和精神生活状况的福利性和助人性活动，是把社会福利传至有需要的社会成员的过程。社会服务也有广义和狭义之分。广义的社会服务包括生活性服务、生产性服务和社会性服务。生活性服务是指直接为改善和发展社会成员的生活福利而提供的服务；生产性服务是指直接为物质生产提供的服务；社会性服务是指为整个社会正常运行与协调发展而提供的服务。狭义的社会服务是针对社会成员的生活福利所提供的服务。

> 依据需求层次理论，不同类型的农村社会服务的侧重点是不同的，对应的农村社会工作服务也是如此。

社会服务可以分为不同的类型：从社会服务的内容看，可以分为物质性服务和精神性服务；从社会服务的性质看，可以分为基本性服务、发展性服务和享受性服务；从社会服务的层次看，可以分为基本性服务、发展性服务和享受性服务。

传统的社会工作是狭义上的社会服务，但随着社会的发展，社会工作的服务范围不断拓展到广义的社会服务范围之中。社会服务和社会工作既相互联系又相互区别。社会工作以助人自助为基本理念，社会工作专业性的助人活动本身就是一种社会服务或福利服务。而社会服务，特别是福利性社会服务，在进行物质性服务的同时，也涉及精神性服务，从服务结果来看，也是一种助人过程。

社会工作与社会服务之间也相互区别：社会服务是一个一般性概念，社会工作则是一个特殊性概念；社会服务的对象是全体社会成员，社会工作的对象一般是比较特殊的社会成员；社会服务是一种涉及全面的服务，社会工作一般是指福利服务，是为将国家的社会福利政策转化为现实，使之转化成为社会弱势群体提供的活动；社会工作是一种注重工作程序的福利服务活动，它通过各种服务模式，以实现社会福利的目标，且这种社会服务的模式是依据社会工作专业的知识、价值、伦理、方法及技术确定的，以确保福利服务达到预期的效果，社会服务则不必受这些模式和方法局限。

第二节 农村社会工作的目标及功能

一、农村社会工作的目标

从农村社会工作的定义来看，农村社会工作的根本目标在于预防和解决农村中出现的社会问题，增进整个农村的社会福利，促进农村的社会进步。在具体实务过程中，对于农村社会工作的目标会有不同的演绎。为了更好地厘清农村社会工作的目标，需要厘清当前农村存在的主要问题和农村社会工作面临的处境，以深层次地探究农村社会工作在不同层面上的具体目标。

随着农村社会由精准扶贫阶段进入乡村振兴阶段，农村社会工作也由救助型为主阶段进入救助与发展并举阶段；随着农村社会的进一步发展，农村社会工作将会逐渐过渡到发展型为主的阶段。

（一）当前农村存在的主要问题

一方面，根据国家统计局发布的《第七次全国人口普查公报》

（第七号），截至 2020 年 11 月 1 日零时，我国居住在城镇的人口为 901 991 162 人，占 63.89%；居住在乡村的人口为 509 787 562 人，占 36.11%。由此可见，在快速城镇化的过程中，农村人口仍然占相当比例。另一方面，经过 40 多年的改革开放，特别是 2017 年党的十九大提出乡村振兴战略以及 2020 年脱贫攻坚圆满收官，农村社会发生了天翻地覆的变化，中国农村社会问题呈现出新的特点。

第一，农村社会问题具有明显的地域性。首先，城乡差异导致农村区域社会问题具有特殊性。由于长期以来城乡二元经济社会体制的影响，城市成为工业化的重要基地，而农村的生产和生活更多地是对自然地理条件的依赖，农村地区不同的生产和生活方式，导致农村地区的社会问题存在不同于城市地区的特殊性。其次，地域差异致使不同地区的农村问题差异巨大。中国地域广阔，自然条件千差万别，致使农村社区在生产方式、经济发展水平、文化以及社会心理等方面表现出极大的差异，导致不同农村地区之间的社会问题区域性非常突出。东部沿海地区交通便利，工业较发达，大中城市分布密集，农村地区受大城市的辐射，经济较为发达，但却由此造成严重的环境污染问题、失地农民问题，甚至吸毒、犯罪等城市病也波及这些区域的农村地区；西部地区多为山区，交通不便、经济落后，贫困问题、"三留守"问题则成为这些地区的主要社会问题。因此，在开展农村社会工作时，既要考虑区别于城市的农村区域的特殊性，也要考虑不同农村地区社会问题的地域特点。

第二，农村社会问题具有历史的变迁性。农村社会中的很多历史遗留问题，随着历史的演变而延续下来，至今仍影响着人们的生产和生活。在社会的进步和发展中，这些问题在表现形式和性质上又有了新变化，产生新旧问题交替的情形。如农村人口问题，由历史的人口数量问题、原子化以及内卷化问题演变为现阶段的人口结构问题、人口素质以及劳动力转移问题等。

第三，农村社会问题具有复杂的多元性。一方面，在中国整体快速城市化、工业化的过程中，农村传统社会结构加速变迁，新的结构因素不断产生，加上改革开放后外来文化因素的进入，新旧

中央农村工作领导小组发布的《国家乡村振兴战略规划（2018—2022 年）》中，明确提出"分类推进乡村振兴，不搞一刀切"。根据《规划》可以将村庄分为集聚提升类、城郊融合类、特色保护类、搬迁撤并类四大类型，每种类型的村庄对应了不同的地域特色和发展要求，其发展路径不同，农村社会工作实践也会有所差异。

因素在融合过程中发生碰撞、冲突，导致农村社会结构失调。另一方面，农村社会问题产生的原因具有多元性，绝大多数农村社会问题都是由众多复杂的因素导致的，既有历史的因素，也有现实的因素，既有主观的因素，也有客观的因素，往往是多种因素相互交织、互为因果，使社会问题更加复杂，导致解决这些问题的对策复杂化。

（二）农村社会工作面临的处境

农村社会工作是中国社会工作本土化的重要体现，中国社会工作本土化过程就是立足于中国社会发展的现实，把来自国外的社会工作理论、方法与中国的传统、文化和价值观念有机地结合起来，使之能够有效地服务中国社会的过程。目前，我国农村社会工作的发展支持力量不足，村两委力量单薄，社会组织在农村发展不足，传统的社会支持网络（如宗族家族的支持）在农村地区日渐消解。从当前农村社会工作的具体实践来看，主要存在以下困难：

第一，西方的专业社会工作以城市为工作中心，是为应对强烈的社会变迁所导致的社会缺失及个人和家庭问题而产生的，服务对象群体生活在工业化的城市环境中。因此，西方社会工作的概念、技术、方法和原则等用于中国农村社会时，具有明显的局限性和"水土不服"。

第二，从西方引入的专业社会工作基本上是"补救性"的个人福利工作，侧重于个案辅导、心理咨询、小组工作、改善人际关系、处理个人及家庭问题等微观社会工作。目前，农村"三留守"群体问题、社区可持续发展问题等是困扰农村社会的主要问题，这就要求农村社会工作在已有的专业社会工作基础上重新思考和定位，在社会工作的理论、方法与实践方面都需要进行本土化探索与尝试。

第三，社会工作的价值观源自西方社会的文化传统与制度，反映了西方社会崇尚的个人主义和民主、自由、平等、人权等价值观。当带有浓厚西方文化气息的社会工作与中国传统文化接触时，就出现了诸多矛盾和冲突。如中国传统文化更注重集体主义，注重熟人社会的血缘、地缘关系等。

> 对社会工作价值观与中国传统文化冲突的讨论，贯穿农村社会工作实践的始终。

（三）农村社会工作的目标

第一，农村社会工作要服务于乡村振兴战略的大局，紧紧围绕"产业兴旺、生态宜居、乡风文明、治理有效、生活富裕"开展工作，促进农村社会稳定持续发展。

第二，通过农村社会工作可以沟通、协调、化解农村中出现的各种问题和矛盾，如人际关系问题、利益保障问题、人居环境问题等，促进农村社区的和谐共处。

第三，农村社会工作要充分发掘村庄资产和动员村庄力量，围绕农村社会的公共福祉以及政策的落实开展，使农村公共资源得到优化配置，同时促进农村社会事业的协调发展。

二、农村社会工作的功能

农村社会工作既具有社会工作的一般功能，又具有其特殊性。

（一）社会工作的功能

社会工作的基本价值理念是"助人自助"，包含三大功能，即治疗功能、预防功能和发展功能。

第一，治疗功能。任何社会成员在成长过程中都会遇到各种困难和挫折，社会工作者就是介入其中去解决这些困难和问题。社会工作的过程类似于为病人医治的过程，找出原因，通过治疗活动使受助者具备参与正常生活的条件和能力。社会工作的治疗功能具体包括救难和解困两方面，其中，救难涉及的是影响人的正常生活乃至基本生存问题时，社会工作者提供的服务；当受助者遇到困难但尚未达到危及生存的程度时，社会工作者对其提供的帮助就是一种解困。解困是社会工作最重要的功能之一。

第二，预防功能。虽然当社会问题和困难产生以后，社会工作者积极伸出援助之手，介入治疗开展救助十分必要，但是消极地等待问题的产生不如积极地预防，由此就产生了预防性社会工作。预防性社会工作包括两方面：一是对可能出现的问题预先发出警报，即在问题产生之前，对社会及可能受影响的人群发出警报；二是增强社会成员、社会群体对可能出现的变动的应对能力。社会工作可以通过两种建设性方式来增强对可能出现问题的应对能力：一是强化个人或群体的社会功能，提高他们对问题的认识能力和面临问题的思想准备，也包括鼓励他们进行必需的资源积累；二是强化社会支持体系，即健全和强化社会环境中的助人系统，形成社会支持网络，以便对可能出现的问题作出及时、有效的回应。

第三，发展功能。社会工作不但致力于问题的治疗和预防，而且可以更积极地促进人的发展，这种发展不仅包括物质生活水平的提高，而且表现为精神生活水平的提高，在更深层意义上还表现为个人潜能的充分发挥和自身价值的实现。社会工作尊重个人，认为每个人都是有潜能的，把达到个人幸福和社会进步当作自己的工作目标。社会工作者就是要帮助受助者增加知识和技巧，增强其自身克服不利因素的能力，提高其个人适应社会、与社会相协调的能力，促进受助者更好地实现自己的目标。另外，谋求发展是每一个社会成员的权利，社会中的弱势群体占有相对较少的经济资源和权力资源，因此，弱势群体便成为社会工作服务的重点。社会工作者需要动员各种社会资源对弱势群体进行援助，包括寻找经济资源对其进行物质上的帮助，利用国家现有的各种法律、政策对其进行权益上的保护等，以促进弱势群体的发展。

除此之外，社会工作还具有推进社会公平、促进社会整合以及维持社会稳定等功能。在推进社会公平方面，社会工作强调人的价值和尊严，通过促进社会的再分配来调整社会分配不公，尽可能地减少社会不公给弱势群体和陷入困境者带来的伤害；在促进社会整合方面，社会工作者通过不懈地整合和链接资源，帮助有需求者寻求资源，帮助有资源者最大限度地发挥其资源的作用；在维持社会稳定方面，社会工作者在日常工作中，常常扮演调和者和疏导者的角色，发挥其在化解社会矛盾方面的作用。

（二）农村社会工作的功能

作为社会工作的重要领域和分支，农村社会工作无论在受助对象还是在农村社区发展方面都发挥着重要的功能。针对受助对象，农村社会工作能够对单个的案主及其家庭开展预防和治疗服务，促进受助对象问题的解决和自身的发展；针对农村社区，农村社会工作在推进农村社会公平、促进农村社区整合以及维持农村社会稳定等方面也发挥着重要作用。农村社会面临贫困问题、就业问题、婚姻家庭问题、"三留守"问题、残障问题以及吸毒问题、酗酒问题、犯罪问题、劳工问题等，帮助农民适应不断变迁的社会环境，提升农民应对市场的压力，增强他们自我发展的能力，成为农村社会工作义不容辞的责任。

> 精准扶贫过程中，通过易地扶贫搬迁解决了大批困难群众的生活困境，但是搬迁后形成的新社区出现了诸如社区融合、生活适应等新问题，农村社会工作需要有新的思考和对策。

党的十九大提出实施乡村振兴战略，要求加强农村基层基础工作，健全自治、法治、德治相结合的乡村治理体系。2021年2月，中共中央、国务院在《关于加快推进乡村人才振兴的意见》中明确要求："加强农村社会工作人才队伍建设""加快推动乡镇社会工作服务站建设"。各个省份分别对社会工作助力乡村振兴、建立乡（镇、街道）社会工作服务站作出尝试并初见成效。在此背景下，农村社会工作还具备以下功能：

第一，解决社会问题，恢复农村社会功能。农村社会工作能够减少农村社会发展过程中出现的社会问题，恢复农村社区的功能，同时对已经产生的社会问题进行事后补救，消除问题产生的个人及社会环境因素。

第二，预防农村社会问题的发生。一方面，农村社会工作者对可能出现的问题作出预警，提高农民应对现实问题的能力；另一方面，农村社会工作者帮助农民建立社会支持网络，提升他们应对危机的能力。

第三，配置社会资源，协调农村社会关系。一是配置农村社会工作本身的资源，通过建立乡镇社会工作服务站，在农村社区设置机构、配备人员、制定社会服务计划等，建立一整套健全、完善的农村社会服务机制，使农村地区的社会服务制度化。二是调节社会资源的分配，使之得到充分的利用。农村社会工作者致力于为社会弱势群体争取权益，以改变他们的生存状况，通过社会工作，倡导政府调整和完善社会福利制度，积极动员并争取来自社会、社区、社会组织、慈善机构的资金、物资、技术等力量，帮助弱势群体克服困难，提升其生活质量。

第四，促进农民潜能的提升。一个健康的社会，应该最大限度地谋求弱势群体的发展权利，不仅给予他们必需的生存资源，更要为他们提供自我发展和自主选择的空间和机会，尤其是将外来援助转化为自我发展的动力。农村社会工作者致力于通过提升他们的能力，促使农民摆脱困境。

> 在开展农村社会工作过程中，始终要牢记不是"我要给村民什么"，而是"村民需要什么，我能给他们什么帮助？"

第五，促进农村社会的可持续协调发展。农村社会工作的功能还在于通过精细专业的工作不断地解决农村出现的各种社会问题，理顺农村社会关系，倡导健康文明的社会风尚，促进农村经济、社会的协调发展，助力乡村振兴。

第三节　农村社会工作的内容

一、农村社会工作的构成要素

社会工作行动过程包含服务提供者、服务对象、服务技巧方法以及助人活动等要素。服务的提供者即社会工作者，是社会工作过程首要的构成部分，没有社会工作者，社会工作服务无从谈起。从现代专业社会工作的角度来看，社会工作者不只是一个助人者，也是受过一定的科学训练、掌握科学有效的工作方法、将帮助别人作为一种职业的专业人士。服务对象（也称案主）即社会工作的受助者。受助者是遇到困难、自己不能解决并愿意接受社会工作者帮助的人，他们能够表达自己的意愿，并采取行动与社会工作者互动。社会工作的服务技巧方法包括价值体系、理论和实务方法。其中，社会工作价值观是社会工作者所持有的助人观念，包括对助人活动的看法、对自己及受助者的看法。社会工作的价值观是利他主义，尊重受助者的权利和选择，认为社会工作是一种真正的服务过程，而不是社会工作者在行使手中的权力。社会工作的价值观是社会工作的灵魂，它借助于助人活动与其他类型的社会行动区别开来。助人活动是社会工作的关键，它是助人愿望的传导平台，同时也是助人和受助活动的实现过程。在助人活动中，社会工作者传输的是经精心考虑过的、科学的、能够满足受助者需要的信息，受助者输出的则是需要和对来自社会工作者的帮助行为的理解、选择和反应。助人活动是社会工作者与受助者在特定的社会情境中，在一定理论知识和价值理念的指导下，运用具体的工作方法整合角色、享用文化、交流信息等多种因素结合而成的行动体系。

农村社会工作作为社会工作的重要分支领域，其基本构成要素符合专业社会工作的基本规律，包含服务提供者、服务对象、服务技巧和方法、助人活动等方面。同时，农村社会工作作为社会工作本土化的最具体体现，在中国农村社会特有的历史背景下，各种构成要素又有其特殊含义。

第一，在服务提供者方面，农村社会工作提供者包括专业社会工作者和本土的准专业社会工作人才。由于农村社会工作专业人才的缺乏以及农村社会工作的复杂性、地域性特征等因素的影响，农村专业的社会工作人才往往来自高校以及其他城市地区、经济发展较快地区，但这些外来的专业人才数量上远远不能满足社会工作服务的需要，具体服务中也会受到文化冲突、语言不通等带来的沟通交流和工作困难，因此，在服务中通常会吸纳本地非专业的人才加入服务者行列，共同构成农村社会工作的服务提供者。

> 村民既是一个整体，也是一个个具体的个体，他们通常既是我们的服务对象，又是服务的提供者。因此，农村社会工作要关注挖掘村民中的骨干分子，同时注重将服务对象转化为服务提供者如本土社工、志愿者等。

第二，在服务对象方面，农村社会工作不仅要重视农村特殊困境群体，如五保户、低保户、脱贫户以及边缘易致贫户等，满足其个性化需要；同时，农村社会工作还要解决农民的整体性问题，提升农民的整体素质和自身发展能力。

第三，在知识体系和方法技巧方面，农村社会工作遵守社会工作作为一门独立的专业学科所拥有的完善的知识体系，包括理论依据、价值观念、专业技术方法、服务领域和目标等。农村社会工作以农村社区为基础，能够对"三农"问题形成的历史脉络和现实处境进行深入的分析和研究，以人为本地综合运用社会工作的理论、知识以及方法技巧开展服务，将社会工作的本质还原于最大限度地关怀人和满足人的需要。

第四，在功能和目标方面，农村社会工作的助人活动不仅停留在帮助受助对象解决问题，而且通过助人活动实现受助对象的自身能力建设，充分实现"助人自助"的价值理念。具体来说，农村社会工作既关注政策倡导、社区动员与参与等能力建设，也注重对社区居民的直接服务。农村社会工作的根本目的在于预防和解决农村中出现的社会问题，增进农村社会福利，促进农村社会进步。

二、农村社会工作的具体内容

农村社会工作是在党和政府的领导下，广泛发动各种社会力量在农村地区所开展的专业性社会服务。广义的农村社会工作包括政府主导的农村社会工作和专业的农村社会工作。前者主要提供的是政策性服务。根据政府执行机构的不同，服务的具体内容有所差别：其一，民政部门中的农村社会工作。民政部门是我国社会福利工作的主要行政管理机构，现阶段大部分社会工作属于民政部门的工作范围，如拥军优属、社会救济、婚姻登记等。其二，各级妇联组织的农村社会工作，如婚姻指导、计划生育、维护妇女儿童的合法权益等。其三，共青团组织的农村社会工作，如开展读书活动、提倡文明礼貌、组织志愿者开展社会服务活动等。其四，乡镇企业中的农村社会工作。如乡镇企业职工的社会保险、社会福利等。其五，农业技术推广工作。主要以各地的农业部门、农业院校、农科院为骨干力量，以农业技术推广站为中心进行农业技术推广服务，促进先进的农业科学技术成果转化为生产力。

专业的社会工作，通过政府购买社会工作服务的形式，逐渐在我国各地开展。专业社会工作者主要从以下几个方面介入农村社会工作：

第一，进行政策倡导。社会工作者通过政府购买服务的形式

习近平总书记在二十大报告中指出，我们要"着重解决好人民群众急难愁盼问题，健全基本公共服务体系，提高公共服务水平，增强均衡性和可及性，扎实推进共同富裕"。解决公共服务的均衡性和可及性关键在农村，农村社会工作大有可为。

在农村社区开展服务的过程中,可针对农村社会发展情况提出对策建议,促使政府推行更加有利于农村发展的社会政策,呼吁更多的人关注农村发展、筹集更多的资金用于农村发展。社会工作者也是政府政策的影响者,可以参与国家有关农村社会政策的制定、修改,在某种程度上成为农民利益的代言人。其对政府的影响主要是把现有政策在运行过程中存在的问题反馈给政策制定者,利用自身的专业优势帮助政策制定者或修改者完善政策,使之更有操作性。同时,通过社会工作者的呼吁引起全社会对农村发展给予更多的关注。

第二,进行广泛的农村调查。社会工作者通过专业优势与独特的理论与方法,促进农民发挥他们的智慧和力量,增强他们对农村发展的信心和决心。对农村进行系统而科学的调查,既是认知农村不可缺少的手段,也是开展农村社会工作的前提。农村社会工作者通过走村串户,用自己的"脚"丈量农村社区的每一片土地,深入农村社会内部,了解农民需求,发掘农村资产资源,制定社会工作服务计划并开展具体服务,最大限度地提升农民的内生动力,助推农村社会发展。

第三,开展特殊群体社会工作服务。一是开展农村老人社会工作服务,具体包括开展老人生活救助、日常照顾、健康管理、精神慰藉、生活环境改善、社区参与等服务;协助落实养老相关政策,如最低生活保障、五保待遇、残疾老人生活补助、高龄津贴等;开展邻里守望行动;联动志愿者开展助老服务;引导农村老人参与社区治理服务。二是开展农村妇女社会工作服务,具体包括开展亲职教育、婚姻辅导、文化娱乐、纠纷调解、权益维护、能力提升等服务;开办妇女兴趣小组;开展家庭亲职教育指导培训;开设婚姻学习课堂;发掘农村妇女专长,发展妇女组织。三是开展农村儿童社会工作服务,具体包括开展困境儿童帮扶、安全保护、关爱陪伴、心理健康、素质教育、公益意识培养等;协助落实儿童福利相关政策;联动民政、妇联、共青团、村"两委"、志愿者等力量,开展社区儿童关爱服务;培育儿童志愿组织,参与社区治理服务。四是

穿梭田野,行走村巷,与村民"同吃、同住、同劳动",既是农村社会工作者的情怀,也是其最基本的工作方法。

在转型时期,服务三留守群体,始终是农村社会工作者最重要的任务。

开展农村残疾人员社会工作服务，具体包括了解农村残疾人及其家庭的需求，积极链接和整合各类社会资源；开展残疾人及其家庭困难帮扶以及社会康复、医疗康复、教育康复、文体康复、职业康复等五大康复为主体的综合性康复，帮助残疾人融入社会，协助残疾人自立、自强。

第四，开展农村济贫帮困服务。具体包括参与困难群众救助帮扶和脱贫能力建设，促进易地搬迁群众融合适应，参与脱贫地区"三留守"群体关爱保护以及其他特殊困难人群的关爱服务，搭建平台链接资源服务。

第五，开展农村心理健康和精神卫生服务。具体包括配合民政等政府部门、会同相关社会力量，为脱贫户和社会救助对象提供心理疏导、社会融入、团体互助等服务；帮助有劳动能力的困难群众转变思想观念，增强内生动力；为残障人士、精神障碍人士、社区服刑人员、失独家庭等弱势群体提供精神慰藉、心理健康教育等服务。

第六，开展农村社区防灾减灾服务。具体包括加强防灾减灾的宣传，提高农村居民防灾减灾意识和自防自救能力；协助灾民灾后恢复重建，加强基础设施建设；对受灾群众进行精神安抚和慰藉，加强软件设施建设，维护公共人身安全；提高基层应急服务组织的专业服务能力，开展具有深度性和专业性的抗灾活动；链接资源，拓展活动资金，降低灾害带来的经济影响，维护公共财产安全。

三、农村社会工作的特征

农村社会工作的特点主要体现在服务主体的包容性、服务对象的文化敏感性、工作范围上的社区为本特征以及工作方法上的整合性等方面。

第一，服务主体的包容性。社会工作的服务主体一般是专业社会工作者，同时需要吸纳和培训本土的非社会工作人员参与其中。中国农村问题具有特殊性，农村社会工作的开展要基于农村社区的

农村社会工作者，既要将专业的"外来人"变成村民心中的"自家人"，也要培养"不走"的本土社会工作者。因此，如何建立专业关系、建立怎样的专业关系，是农村社会工作的重要课题。

特殊性进行，而专业社会工作者作为"外来人"介入农村社区，常常对农村社区的了解有所欠缺，因此，农村社会工作的服务主体需要吸纳本土人才参与其中。

第二，服务对象的文化敏感性。作为农村社会工作服务对象的农民，不仅数量庞大，而且"乡土性"特征明显。因此，农村社会工作者必须对乡村文化有足够的敏感，开展农村社会工作的过程中必须在专业伦理与乡土文化之间寻求平衡点[①]。

第三，工作范围上的社区为本特征。农村社会工作是以农村社区为依托，运用社会工作的理念、方法、技巧解决社区发展中存在的结构性或非结构性问题，以促成社区生态系统的有序运行。以特定农村社区为基础的农村社会工作介入主要有以下特征：一是社会工作者在社区层面努力建构与政府和农民的合作伙伴关系，在农村社会政策制定、实施与完善中发挥着重要作用；二是农村社会工作以社区经济、社区动员、社区参与和增权等作为社区层面的介入策略，以此调适社区成员关系，增强村民解决社区问题的能力；三是以地区发展模式适应中国社区建设理念，号召社区民众组织起来、团结起来，共同应对市场化和现代化的压力，满足社会发展和社会稳定的需求；四是在社会工作的倡导和发动下，以社区为依托，用小组工作和个案工作的方法，对社区积极分子提供实质性的帮助，并动员当地民众广泛参与，以利于社会工作目标的实现。以农村社区为基础的社会工作主张，突破了传统以方法为本的局限性，强调以人为本，突出社会工作的政治性、社会性和道德性。

> 在某种程度上，宏观社会工作方法在农村社会工作中处于更加重要的地位。

第四，工作方法上的整合性。农村社会工作作为社会工作的分支学科，遵循个案工作、小组工作、社区工作三大方法，但由于农村社会工作服务对象的特殊性、农村社区的差异性，在开展具体实务时，不能简单地将个案、小组、社区工作方法"移植"到农村社会中，而要注意各种方法的整合和变通。例如，在遵循以社会工作

---

① 古学斌、张和清、杨锡聪：《专业限制与文化识盲——农村社会工作中的文化问题》，《社会学研究》2007年第6期。

的价值理念指导农村社会工作的同时，必须尊重农民独特的价值观和思维逻辑，避免价值的冲突；在具体操作过程中，要注意方法的适当性，尊重农民的个人意愿，不得强制农民接受其不愿意接受的方法和技巧，要将专业方法与传统智慧有机地结合起来；在具体的需求评估中，还可以创造性地运用口述历史、协同研究、参与式观察、深度访谈、文献分析等综合方法。总之，在农村社会工作实务层面，社会工作者应运用系统方法，着重考察受助对象与其周围环境的互动，并根据问题的具体情境采取相应的干预措施。

复习思考题

1. 如何理解中国农村社会工作？
2. 简述农村社会工作的功能。
3. 简述农村社会工作的主要内容。
4. 简述农村社会工作的特点。

参考文献

1. 张和清：《农村社会工作》，高等教育出版社2008年版。
2. 周沛、葛忠明、马良：《社会工作概论》，华中科技大学出版社2008年版。
3. 周永新：《社会工作学新论》，香港商务印书馆1994年版。
4. 万江红等：湖北省地方标准《农村社区社会工作服务要求》，2021年。
5. 顾东辉：《社会工作概论》（第二版），复旦大学出版社2020年版。

第二章

农村社会工作历史

国外农村社会工作发展的历史,重点阐述从工业革命前后直到当代国外农村社会工作的发展;中国农村社会工作发展的历史脉络,主要讲述古代的赈灾、养老和善举、民国时期的农村社会工作以及当代农村社会工作,呈现中国在农村社会工作方面的智慧和遗产。

第一节　国外农村社会工作历史

农村社会工作也称乡村社会工作，美国农村社会工作即从乡村入手，探讨从乡村的人口特征、社区社会组织、援助服务、心理健康、卫生保健、贫困、乡村家庭、小农场危机、社会福利等方面对乡村提供的社会服务。1959年，联合国出版了《社会发展计划的国际调查》，其中把社会工作分为十个方面，乡村社区发展计划是其中之一，体现了丰富的农村社会工作内容。

一、国外农村社会工作的产生

在工业革命前的较长时间里，社会普遍认为贫穷是个人原因造成的，每个人要对自己的困境负责。这时的农村社会工作主要是补充性的，只有在个人和其亲属均无能为力的情况下，社会才介入救助。这一时期的农村社会工作发展比较突出的国家是英国和德国。

工业革命以前，农业是英国国民经济的主要部门，农业人口占全国人口的绝大多数，主要靠基督教会办理济贫事务。到16世纪，贫民数量猛增。伊丽莎白女王在1601年颁布《济贫法》，标志着政府开始承担济贫责任。

1788年，德国汉堡市政府设立中央办事处来实行救济，史称"汉堡制"。该制度实行了13年，主要是针对从农村涌入城市的大量人口。后来，人口增长太快，救济人员不足，"汉堡制"没有得以持续。实践证明，随着工业革命的推进，传统的乡村家庭保障、邻里互助、普通的教徒施舍方式已不能满足社会对农村社会工作的需求。

这一时期是农村社会工作发展的最初阶段，农村社会工作者关注的主要是其所从事的实际工作，而较少地对这些工作的本质、过程与方式方法等进行理论上的思考。他们大多是实干家，而不是思想家。虽然工业革命前这一时期的农村社会工作具有临时性、非专业性的特点，在解决现实的社会问题方面所起的作用十分有限，但正是在这一时期形成的社会工作基本理念，对后来更专业和组织化的农村社会工作起到重要作用。

二、国外农村社会工作的发展

工业化和市场经济的发展，导致社会经济结构的巨大变化。工业革命后，大量农民由乡村流入城市，进入工厂变成产业工人。原来的家庭保障和邻里互助形式的传统被削弱和破坏，新的社会服务应运而生。农村社会工作成为由国家和社会提供的服务方式。工业革命的发展导致了社会收入的两极分化，农民变成了赤贫者，激起了尖锐的社会矛盾。农村社会工作的出现正好有利于改善社会下层农民的生存状态。这一时期的农村社会工作发展相对较快，并从欧美延伸到第三世界国家。

19世纪中后期，工业革命迅猛发展，而早期的济贫法案的实施不利于市场经济的发展，由于人手不足，结果也不尽如人意。这时，各种慈善组织如雨后竹笋般地涌现，这些组织征募捐款，救济农民。1869年，在英国伦敦市成立了第一个慈善组织，随后英国其他城市也出现各种慈善机构。但是农村社会工作并不是一种简单的慈善事业，它还有建设性的一面。从19世纪后期开始，农村社会工作由政府和私人社团举办的以解决农村贫困所导致的问题为目的的各种活动，发展到由政府和私人社团举办的专业性活动，主要存在于发达国家。

> 要正确理解社会工作与慈善的区别与联系。

到了20世纪初期，在美国的"进步时代"和随后的30年代罗斯福"新政"时期，为了应对经济危机和农村问题，社会工作者利用专业知识和技能帮助危机中的农民改善生活环境，从而促进城乡的和谐发展。一些担任政府官员的社会工作者则运用社会工作的独特视角和手法在农村开展社会工作，使各种社会政策措施发挥了最佳的功效。在政府的支持下，一些社会工作者来到农村社区，一些综合性社区发展或社区建设的农村社区工作计划得到实施，这些工作在改善农民生活、发展社区生计等方面取得了成效。因此，20世纪30年代的"大萧条"和罗斯福"新政"推动了美国农村社会工作实践的开展和扩大。

第二次世界大战后，人们对农村社会工作的兴趣逐渐消退。直到20世纪60年代末期，由于"向贫困宣战哲学"以及莱昂·金斯伯格（Leon H.Ginsberg）等人对社会工作的卓越领导，人们对农村社会工作的兴趣才开始恢复。许多社会工作者加入农村社会工作队伍，他们创设的组织和聚会被称为农村工作小组和农村社会工作年度研究会。1976年，美国第一本农村社会工作的教科书出现。

第二次世界大战后，西方国家对农村工作的兴趣转移至第三世界的发展上。这一阶段，欧美国家在经济蓬勃发展，自视其发展模式很成功，应该向第三世界国家推广。因此，西方农村工作的文献，大多是关于如何支持第三世界国家和地区，借助来自西方国家的捐助和贷款，加上科技援助，改善这些国家和地区农民的生活。20世纪五六十年代，欧美国家的发展研究中心在大学中纷纷建立，为第三世界国家派来的留学生和有志于到第三世界支持发展的年轻人提供农村社区发展的课程训练。多数国家也开始将农村社会工作与社区、地区发展结合起来进行探索，表现出鲜明的地区特色。从多数国家和地区（包括日本、韩国以及中国台湾地区）的经验来看，其农村社会工作主要具有以下特色：

第一，成立农民自助组织并使其发挥作用。不管是日本的农协还是韩国的中央研究院都鲜明地体现了这一特色。作为农民同政府及社会之间作用的互动媒介，这种中介组织可以用组织化的手段改善农民在交易中的弱势地位，维护农民的利益，减少他们被过分剥夺的可能，增强农民的自我保护能力。

思考：成立社区自组织是农村社会工作必需的内容吗？

思考：目前各级政府和社会组织开展的农民培训工作，主要存在什么样的困境？社会工作如何化解这些困境？

第二，对农民的教育和培训。这里的教育指的是对农民的知识教育，培训指的是对农民的实用技术、能力的培养。通过教育和培训，提高农民的知识和技能，促进其更好地适应现代化和发展的需要。

第三，对农民素质的提升。多数国家和地区开展农村社会工作侧重从精神上改变农民的小农特征，提高其素质。例如，韩国采用多种形式大力倡导"勤勉、自助、合作"等理念来振奋农民精神，培养勤俭节约、自主自助、相互信任、相互帮助的良好道德风尚。这些活动对于各国、各地区的农村社会工作起到了良好的作用[1]。

三、当代国外农村社会工作的新动向

工业革命不仅使资本主义国家的经济取得了突飞猛进的发展，还影响了整个世界经济发展的进程，各国的农村社会发生了巨大的变化，传统农村开始消失，城乡一体化和城镇化的进程逐步加快。到第二次世界大战前，发达国家的传统农村已基本消失。第二次世界大战之后，发展中国家经济社会发展加速，一些后起的发达国家和地区的传统农村也逐渐消失，而大部分发展中国家和地区的这一过程正在进行。在当代，随着各国经济社会的发展，现代意义的农村呈现出许多新的特点。由于不同的国家国情不同，农村发展的模式也不尽相同，这就使以农村为工作领域的农村社会工作因国家和地区的不同而表现出较大的差异，其中，发达国家与发展中国家之间的差异尤为明显。

（一）西方发达国家的农村社会工作

1. 西方发达国家的农村社会工作发展概况

随着市场机制的不断深入和生产社会化的发展，西方国家的社会结构发生了很大变化，一个显著特点就是产业结构、劳动力结构

---

[1] 程建平：《发展乡村社会工作、促进新农村建设》，《华北水利水电大学学报（社会科学版）》2009年第4期。

与城乡结构的变迁。这三种社会结构的变迁加速了西方国家城乡一体化的实现步伐。1850年左右，英国传统的农村基本消失；1910年左右，德国传统的农村基本消失；19世纪末、20世纪初，美国也实现了从农业国向工业国的转变。城乡一体化的发展使当代西方发达国家的农村不仅从传统的农村转变为现代的农村，而且成为富有城市特色的农村。当代西方发达国家的农村社会工作发展主要呈现以下特征：

思考：随着传统农村社区的消失，农村社会工作是否也会消失？

第一，注重农村福利政策。西方发达国家农村及农民面临的问题主要是经济、社会发展过程中农作物产值低、人口老龄化等，这些问题在福利国家社会政策的体系中得到充分的重视，农业政策保护有补贴、资助制度；国家有基本的全民性退休、失业、医疗及教育等保障。因此，在西方发达国家，农村居民享受着与城市居民一样多样化的社会福利，拥有着与城市居民相近的生活水平，他们不用为基本生活担忧。这种城乡福利政策的一体化，也是西方发达国家农村社会工作的成功之处。但也正因为西方国家注重农村的福利政策，农村居民被认为不需要受到社会服务体系的特殊关注，其导致的结果就是忽视了农村人口需要的特殊性，一些基本的需要反而常常被忽视。

第二，农村区域性特色不突出。城乡一体化使农村社会工作与城市社会工作融为一体，并且城市人口众多，社会问题更为复杂，因此，城市社会工作成为专业社会工作的代名词。在西方，社会工作起源于工业化和城市化，是现代化的产物。由于在当代农村常常被看作城市的延伸，大部分西方发达国家早已实现城市化，国家没有了界线分明的城市与农村，这必然会使专业的社会工作将更多的精力放在作为国家主体的城市上。

第三，发展方向转向第三世界国家。第二次世界大战之后，西方国家对农村社会工作的兴趣逐渐转移至第三世界国家。但其工作方法和路径上并没有实质性改变，其是否符合第三世界国家的实际和需求问题，尚需进一步探讨。

总的来说，西方发达国家注重农村社会福利的发展，让农村居民享受到与城市居民相当的社会保障，使行政性的农村社会工作得到顺利发展；这种特殊的社会背景让西方专业社会工作的发展走上"重视城市、轻视农村"的道路，农村社会工作被忽视。下面以美国为例对西方发达国家的农村社会工作发展进行简要介绍。

2. 当代美国的农村社会工作

1976年，美国在田纳西州成立了农村社会工作委员会，农村社会工作在委员会组织下定期召开专题研讨会议，出版刊物，一些学校也开始开设农村社会工作课程，美国学者金斯伯格还出版了第一本农村社会工作的教科书，农村社会工作进入平稳发展时期。

由于经济形势的变化，美国从20世纪70年代末期开始反省其福利政策，缩减福利开支。农村社会工作是受这种变化影响最大的一个领域，表现在以下三个方面：一是没有新的服务项目，旧的服务项目也无法根据农村社区的实际需要进行改进和更新。二是农村社会工作专业人员数量减少。因为资源匮乏，专业社会工作者得不到新生力量的补充，无大学学历的社会工作人员在农村社区并非个例。三是虽然现有的项目中相当一部分服务设施建在农村社区，却并不直接服务于农村居民。

美国农村社会工作的主要内容包括：一是农村社会服务。在美国精神健康协会的促进下，农村社区精神健康中心获得较好的发展。这些中心以及公共福利机构给农村的个人和家庭提供绝大部分服务。与此同时，农村的一些小型社会工作机构也提供矫治、职业康复和教育等服务。二是农村社会工作远程教育。从20世纪90年代初开始，为了满足社会服务机构对农村社会工作专业人才的需求，犹他大学社会工作研究生院借助教育网采取远程教育的方法面向农村开设社会工作硕士课程。

美国社会工作所覆盖的领域在农村和城市并没有太大差别，都包括儿童和青少年社会工作、社区社会工作、家庭社会工作、矫治社会工作、小组社会工作、医疗卫生社会工作、精神健康社会工作、公共救助和福利社会工作、老人服务社会工作、药物滥用社会工作、身心发育残疾和其他残疾服务社会工作等领域，但农村社会工作的模式与城市不同，具有自己的特色①。

　　第一，农村社会工作多采用"通才模式"。在城市，由于人口众多、同种服务的需求人群具有较大规模、居住较为集中、社会资源丰富等因素，美国的城市社会工作采取分工细致、多元的服务方式——"专才模式"。在"专才模式"下，城市社会工作的分工非常细致。例如，城市的医疗社会工作分为精神健康医疗社会工作、临终关怀医院社会工作、普通医院住院社会工作和儿童医疗社会工作等，其中，在精神健康医疗社会工作里又有更细的分工。这种细致的分工，必然对社会工作者的专业水平提出更高的要求。因此，在城市的实际服务中，每个社会工作者会根据自己的工作内容和服务人群从个人、家庭、社区中选择一个主攻方向，做到"术业有专攻"。在农村，美国社会工作服务采用的是"通才模式"。这主要体现在对农村社会工作者能力的要求上。美国的农村社会工作者必须同时具备开展个人、家庭、群体以及整个社区工作的能力，其所扮演的角色也是多方面的，包括直接服务者、资源专家、社会服务行政管理者和社区组织者等。

　　第二，农村社会工作的主管部门和人员队伍具有独特性。与城市社会工作的多元化服务模式相比，农村社会工作的服务模式比较单一，主要由政府开展和管理，社会工作者均为政府雇员（但非公务员）。农村社会工作人才队伍的构成上也与城市社会工作存在差异，农村社会工作者往往由接受过函授或者远程社会工作学历教育的本地社会工作者和接受过全日制专业教育的城市社会工作者两部分人员组成。由于社会工作在农村社区并没有形成专业权威，社区对社会工作者的认可往往也是个体化的。农村社区主要是根据以下几个方面对社会工作者进行评估：一是关注社会工作者所做工作的实际效果，主要看社会工作者做了什么、帮助了谁、有没有真正的帮助效果等；二是依据社区本土权威人士的认可，比如村长或受村民爱戴的某位老人对社会工作者的看法会影响整个社区对其的评

---

① 童小军：《美国的农村社会工作（3）——当代的模式和特点》，《中国社会报》2007年6月7日第4版。

价；三是对社会工作者专业行为之外的评判，比如社区居民会对农村社会工作者的日常生活行为及个人价值观进行评判，那些与所在社区居民的主流行为及价值观（如宗教信仰和大选时的党派归属等）越趋同的社会工作者，就越会被接受和认可。

第三，农村社会工作者在遵守职业伦理上面临较大的挑战。在美国，农村社会工作也面临本土化的困境，城市社会工作的一些方法和原则在农村不一定适用。例如，美国社会工作者协会颁布实施的《社会工作守则》主要是根据主流社会——城镇社会环境制定的，在农村地区常常需要变通使用。以保密原则为例，社会工作者服务对象的问题（如夫妻要离婚或有智障家人）在其生活的农村社区可能已经家喻户晓，社会工作者定期上门服务，不可能躲过邻里的眼睛，而且总有热心邻里想知道社会工作者去做了什么。社会工作者要守住保密的原则，就要有技巧，因为用"我们的专业要求对此保密"或类似专业化的语句来回答，不仅阻止不了人们的好奇心，反而会把自己放到村民的对立面，说不定还会让服务对象受到牵连。

（二）发展中国家与地区的农村社会工作

1. 发展中国家与地区的农村社会工作发展概况

发展中国家一般都曾遭受过殖民和半殖民统治，经济文化相对落后，虽然通过斗争取得了政治上的独立，但与发达国家相比，发展中国家农村经济社会发展仍然严重滞后。

在当代，发展中国家的农村社会结构发生了很大变化，总的趋势是朝着城市化、工业化和现代化的方向发展。但与西方发达国家的城市化水平相比，发展中国家的城市化率普遍偏低，农村人口仍然是这些国家的主体。

发展中国家农村居民的科学文化素质低，他们中的绝大部分在国家刚取得独立时是文盲或半文盲。因此，发展中国家的农村居民对本地农村情况认识不透，无法作出关于自身发展的正确选择，即使有也未必能够实施，这就需要有知识的农村社会工作者提供促进其发展的服务。

从经济发展来看，发展中国家独立前的农村经济大多极为落后，自然经济占绝对统治地位。独立后，尽管其农村经济得到不同程度的发展，但商品化的程度依然较低。与此同时，随着城乡差别扩大，农村人口不断涌入城市，农业生产受到严峻挑战，有的国家甚至面临饥饿的威胁。

在这样的背景下，在当代一些发展中国家和地区，农村社会工作扮演着日益活跃的角色。主要有两种情况：一是一些发展中国家和地区本土的农村社会工作的探索与实践，往往展现出鲜明的文化特色；二是与发达国家的发展援助活动相联系的一些发展项目中的实践，涉及社会工作的角色或者社会工作知识与手法的运用，包含了新的农村社会工作元素。就前者而言，亚非拉等第三世界国家都有着本土农村社会工作的实践探索，在相当大的程度上形成了自己特有的注重乡村和农民社会工作的传统。这种传统主要体现在强调社区化路线和社会行动手法的特点，既明显不同于英国、美国代表的个人主义和功能主义，也与社会主义国家重集体福利制度安排的结构取向和革命模式有所不同。应当说，各种农村发展项目的具体目标和所依据的理论及其模式差异很大，其在社会工作的运用中也存在差异。印度作为发展中国家的典型，其农村社会工作的发展充分体现了发展中国家农村社会工作的典型特征。

2. 当代印度的农村社会工作

印度是一个农业人口众多的发展中国家。截至 2020 年 2 月，印度人口达 13.54 亿，位居世界第二。印度三分之二的人口仍然直接或间接地依靠农业维生，农村的各项基础设施、生存环境、教育和医疗等社会保障程度都大大落后于城市。为了平衡发展，印度政府制定了一系列有关农村发展的工程和计划，加大了对农村基础设施建设的资金投入，农村建设取得一定的成效，其中不乏农村社会工作的内容。

第一，独立后的印度，经济发展落后，尤其是大部分贫困人口分布在农村地区，农村的贫困问题非常突出。20 世纪 70 年代，印度贫困发生率超过 50%，严重影响了印度的经济发展。印度政府通过乡村发展，为农村贫困家庭创造就业机会，间接地起到阻止农村人口大面积向城市流动的作用，从而缓解城市贫民窟问题。在这个意义上，乡村发展成为印度反贫困的同义词①。印度的行政性农村社会工作主要体现在政府的扶贫上，其政府致力于扶贫目标已经有半个世纪的历史。在计划经济体制下，政府充分利用行政动员来推动扶贫，制定了一系列全国性的扶贫计划，涉及提高农村城市就业、社会基础设施和福利保障、食品补助、妇女儿童发展等众多方面，在乡村发展方面实施过多个计划。这些扶贫计划在全国范围产生了广泛的影响，特别是农村综合发展计划（IRDP）、农村工资就业计划（JRY）、农村青年自我就业培训计划（TRYSEM）、全国农村就业计划（NREP）、干旱区计划（DRAP）、农村妇女儿童发展计划环化（DWCRA）等，取得了相当不错的成绩②。

第二，自下而上的社区组织。在印度扶贫工作中，贫困农户和中央政府之间，除了自上而下的行政等级体系以外，还存在一套自下而上的社区自治组织，这不仅对扶贫计划监督大有益处，而且充分体现了专业农村社会工作中居民自主的特点。1992年公布的《印度村番洽亚会及自治的有关法律规定》进一步明确了番洽亚会的合法地位。番洽亚会是建立在村庄基础上的社区组织网络，成为地方自治制度的载体。通常，印度地方自治有三个层次，称为地方自治实体的三级结构，包括村庄一级的格拉米番洽亚会（村民委员会），由一个以上的自然村组成乡一级的萨米提番洽亚会（乡委员会）和县一级的兹拉委员会。同样是垂直体制，但是其权力结构和运行规则与政府组织体制相反、与基层地方政权正相对照——自下而上，权力来自基层，格拉米番洽亚会负责人由村民选举产生，直接对村民负责，上级番洽亚会由下级番洽亚会选举产生。地方自治组织在扶贫中的作用，贯穿扶贫项目运行的全过程，从配合立项、确立目标农户、选择扶持对象，到项目监测和评估。特别是确定谁最需要扶持、谁应当继续得到扶持时，是由格拉米番洽亚会组织村

---

① 林闽钢、霍萱：《大国贫困治理的"中国经验"——以中国、美国和印度比较为视角》，《社会保障评论》2021年第1期。

② 沈红：《印度的乡村贫困和扶贫体制》，《社会学研究》1994年第5期。

民评议的办法来决定，这比完全让政府工作人员判别的做法更有效，避免了项目工作人员的疏漏和向官员行贿争取贷款的现象①。

第三，非政府组织的介入。除了政府和番洽亚会两套垂直组织系统外，印度乡村发展的第三支重要力量就是非政府组织。例如，印度人民发展行动组织、促进人民行动和乡村技术委员会、塔塔社会科学院、西孟加拉的拉玛克里斯纳教会农业研究中心、德兰修女的扶贫组织、贫民窟的识字协会、孟买的地区资源促进会等，非政府组织规模不一，大到覆盖全国数十万人的扶贫网络，小至只有几个志愿者组成的识字班。关于印度的非政府组织，虽然在以政府为主导的扶贫中，他们的活动没有列入政府扶贫计划，这些民间组织的行为一般也被看作辅助性的参与，但其广泛地参与印度的农村社会工作，为印度农村的发展贡献了重要的力量。

第四，富有专业特色的农村社会工作。虽然印度的农村社会工作主要是以扶贫为重点，但在这些扶贫工作中可以清晰地看到专业社会工作的身影。主要表现如下：一是乡村自我就业计划体现着自助特点。乡村自我就业计划开始于1999年的农村综合发展工程（IRDP）及其附属工程（如农村青年自我就业培训、农村地区妇女儿童发展计划以及水井计划等）合并重组而成。该工程通过商业信贷和政府资助的组合贷款方式向贫困线以下家庭提供小额资金扶持，用于帮助他们形成可以产生收入的资产。政府希望通过这种方式依靠贫困人口自身的能力在农村地区形成大量的微型企业，主要为手工加工业，以此创造大量的就业机会，使贫困人口脱贫。政府采取的方式主要是动员贫困人口自我组织起来，形成自我帮助小组。以妇女为主自我帮助小组的成员，通过勤俭持家，将节省下来的零用钱放在小组的集体账户中，用于解决日常生活中的不时之需和生产资金周转，这一形式使得自我帮助小组同时发挥着微型民间信贷组织的作用。2010年，印度政府将农村自主就业计划重建为全国农村生计项目（NRLM），其核心要素是通过小额信贷的方式

> 试比较我国和印度扶贫工作中的社会工作有何不同。

---

① 沈红：《印度的乡村贫困和扶贫体制》，《社会学研究》1994年第5期。

帮助农民获得自主从事经济活动的资金来源，同时采用集体方法和小组活动，通过资助团体建设和扩充社会资源来最大化地实现减贫效果[1]。这种政府牵头、自我帮助小组为主力的发展方式，充分体现出印度农村社会工作中的专业特点。二是强调对妇女能力的培养。印度农村妇女在农业劳动领域起着十分重要的作用，同时也在农村贫困人口中占很大比重。正因为这样的农村特色，印度政府在农村发展上特别注意妇女的参与并且强调妇女能力的培养，提高妇女的各种能力，增强妇女的经济自立，帮助以妇女为户主的家庭摆脱极端贫困状况。妇女和儿童发展部以及农村发展部均开展了增强妇女能力、提高妇女地位和保护妇女儿童利益的相关工程。例如，农村就业计划规定，该工程中30%的就业机会应保留给妇女。自我就业计划规定，一半的自我帮助小组建制必须保留给妇女。住宅建设工程中，以女性为户主的贫困家庭可以优先获得受益资格。农村厕所工程（CRSP）规定，该项工程资金的10%要用于女性公共厕所的建造和维护。早在1987年，妇女和儿童发展部就开始了妇女培训和就业计划，目标在于使贫困而且没有任何家庭资产的妇女获得谋生技能，鼓励和帮助她们在传统就业领域（如农业、小型家畜家禽养殖业、奶业、鱼类养殖、手工纺织等方面）找到可持续发展的就业方式。三是培养居民自治能力。饮水问题一直以来都是印度政府农村工作的重点。中央政府投入大量资金，农村的饮水状况有了明显的改善。目前，政府一方面继续解决少数村庄的饮水水源问题；另一方面是提高水质，保证饮用水的安全，提出饮用水可持续性目标。这一目标还包括供水设施的完好运转和维护，延长其使用寿命。为实现饮用水可持续性目标，政府的对策是通过村委会发动村民积极参与。为了更有效地实现饮用水工程的可持续发展，从2002年开始在全国农村推行饮水供应改革，这一工程被命名为水务自我管理。政府希望通过这一工程，使农村的饮用水系统能够得到长期和稳定

---

[1] Lalita Kumari, "A Study of Poverty Eradication in India: National Policies, Plans and Programs", *International Journal of Research in Commerce & Management*, 2013, 4（7）, pp.101-105.

的发展。其模式是在非政府组织的帮助下，提高农村社区的自我管理能力，由社区自己计划、实施和维护饮用水设施系统，让村民广泛参与到与自身密切相关的利益中，发挥村民的自主角色①。

综上，印度的农村社会工作充分体现了本土化的特点，它以反贫困为主，在反贫困的基础上融入行政性社会工作和专业性农村社会工作，有力地推动了印度农村的发展。

第二节　中国农村社会工作历史

中国是个农业大国，其传统的经济基础是自给自足的小农经济，历史上缺乏专业的社会工作。但是，中国的一些社会思想和实践孕育着现代农村社会工作的雏形。

一、中国古代农村社会工作的思想与实践

农村社会工作虽然是一个现代名词，但是人类赈灾、养老、善举等救灾活动在我国有着悠久的历史。古代中国，干旱、洪涝等自然灾害频发，战乱不断，统治者为了维护自己的统治地位，采取了一系列的社会救助和社会优抚等措施。

早在春秋战国时期，农村社会工作思想就出现在诸子百家的学说中。《礼记·礼运》曰："大道之行也，天下为公。选贤与能，讲信修睦。故人不独亲其亲，不独子其子，使老有所终，壮有所用，幼有所长，矜寡孤独废疾者皆有所养。"这种中国式"大同"社会与现代社会工作追求的目标价值便有吻合之处。

虽然当代社会工作源于西方，但是农村社会工作思想的萌芽，中国远远早于西方。

（一）社会救助

中国自古就高度重视对因自然灾害遭受损失的灾区和民众进

---

① 王晓丹：《印度的农村建设》，《南亚研究》2006 年第 2 期。

行援助和赈济的活动，赈灾是我国古代社会工作的重要内容。《礼记·月令》中就有"天子布德行惠，命有司发仓廪，赐贫穷，振乏绝，开府库，出币帛"的记载。宋代董渭在《救灾荒法》中说："赈济者，用义仓米施及老、幼、残疾、孤、贫等人，米不足，或散钱与之，即用库银籴豆麦菽粟之类，亦可。……救荒有赈济、赈粜、赈贷三者，名既不同，用各有体。"①

在灾荒之年以谷物和食品来救济灾民是古代最常见的一种社会救济方式，也是统治者基于维护自己统治地位的需要普遍采取的举措。如调粟，即从没有受灾的丰腴之地征调米粟到受灾之地供灾民就食，是取有余而补不足的一种手段。《周礼》说："移民避灾就贱，其有守不可移者，则输之谷。"《孟子·梁惠王上》中论述说："河内凶，则移其民于河东，移其粟于河内。河东凶亦然。"还有一种方法是把官仓的米粟低价出卖给灾民，使得灾民能够解决饥饿问题，史书中常见的"减价粜官粟以赈"的记载就是这种方法。1890年7月，近畿霪雨成灾，清政府于京师六门外增设粥厂，拨京仓米15 000石煮赈②。在荒灾之年为灾区和灾民提供米、钱或者贷款，保证灾民的基本生活需要，以解决受灾群众燃眉之急。

在实施与民休息、发展生产的同时，实行仓储后备制度也是历代有为君主预防灾荒的重要举措。仓储后备的核心是建立仓储，以备万一，古人深知农业经济的脆弱性，丰收年与灾凶年的交替出现乃是自然规律。夏朝后期，国家便开始重视粮食的储备。约在公元前1 000多年的西周时期，便已建立了各级后备仓储，设官吏专司积谷。到了战国时期，仓储后备的设置更为普遍。此后各朝均将征收赋粮、仓储后备作为一种"荒政"措施，以稳定社会秩序。在汉朝时期，政府大规模兴筑"常平仓"作为备荒赈恤之用。到隋文帝时，又建立了以地方劝募为主的"义仓"，根据老百姓各家的贫富情况，每年秋天征收一石或一石以下的粟类，储备起来以备凶年灾

---

① 《康济录·摘要备观》。
② 袁保恒：《项城袁氏家集》，《文诚公集》卷六。

荒之用。至唐朝，则进一步强调"义仓"只能作为备荒济灾之用，不允许挪作他用。从唐初到玄宗开元年间，唐王朝既沿袭了汉代的安民、抚民措施，在实行借贷、兴修水利、兴建"义仓"等方面又有新发展。明朝则打破了政府组织储粮备荒的常规，在民间出现了"社仓"互助组织，由二三十家组成一社，每家出米四斗至一石，在饥馑时予以救济，年底时归还。清朝乾隆年间，宫廷的太监为解决晚年贫困无依的惨景，曾成立万寿隆寺养老义会的自养组织，其章程规定，入会的太监要先缴付规定的银两，三年后就可以到太监养老义会所属的寺庙养老，免费吃住。各种仓储的设立，对保证灾荒之年百姓基本的生活需要起到重要作用。

以工代赈作为一种比较独特的救济方式在中国早已有之。春秋时期，齐国发生灾荒，"晏子请为民发粟，公不许，当为路寝之台，晏子令吏重其赁，远其兆，徐其日，而不趋。三年台成，而民振，故上说乎游，民足乎食"①。虽然不能直接给灾民发放粮食，晏子却通过变通的以工代赈达到社会救济的效果。《管子》较早地提出了以工代赈的思想。管仲在《乘马数》篇中提出："若岁凶旱水泆，民失本，则修宫室台榭，以前无狗后无彘者为庸。故修宫室台榭，非丽其乐也，以平国策也。"②"以平国策"便是以工代赈的一种具体实施，主张在水旱灾荒之年，官府修建宫室台榭增加就业机会，以救济灾民。唐代卢坦为宣州刺史时，江淮大旱，当涂县有渚田久废，"坦以为岁旱，苟贫人得食取佣，可易为功，于是渚田尽辟，藉佣以活者数千人，又以羡钱四十万代税户之贫者，故旱虽甚，而人忘灾"③。李频为武功令时，"有六门堰者，废废百五十年，方岁饥，频发官廥庸民浚渠，按故道疏水溉田，谷以大稔"④。到了宋代，以工代赈已成为统治者一种重要的赈灾方式，并在长江下游圩田（又称围田）开发等地区得到普遍和有效的运用。长江下游地

---

① 《晏子春秋·内篇杂上》。
② 《管子选著》。
③ 《全唐文》。
④ 《新唐书》。

区圩田开发是人们在长期治田治水实践中创造出的一种独特的土地利用方式。北宋范仲淹指出:"江南旧有圩田,每一圩方数十里,如大城。中有河渠,外有门闸。旱则开闸引江水之利,潦则闭闸拒江水之害。旱涝不及,为农美利。"① 熙宁六年(1073年),负责两浙水利兴修的沈括建议:"今后灾伤年分,如大段饥歉,更合赈救者,并须预具合修农田水利二役人夫数目,及招募每夫工直申奏,当议特赐朝平仓斛钱,召募阙食人户从下项约束兴修。如是灾伤本处不依敕条赈济,并委司农寺点检察举。"② 奏上,朝廷即"从之"。应该说,以工代赈增加了灾民的收入,提高了灾民的抗灾自救能力,同时,促进了农田水利事业的发展。王安石曾说:"募人兴修水利,既足以赈救食力之农,又可以兴陂塘沟港之废"③,一举两得。

另外,古代政府还采取以下方式进行赈灾救济:① 养恤。主要有施粥(设粥锅放粥)、居养(临时收容)、赎子(政府出资为饥民赎回因灾饥所迫卖出子女)。此外还有发放寒衣、提供医药帮助等内容。② 安辑。通过减赋的办法,诱导流出灾民还乡复业,给流出灾民闲田免租赋,官府出资出人遣送流出灾民回籍等。③ 蠲缓。包括蠲免和停缓。蠲免分为蠲赋(免除田赋、丁赋等)、免役(免除徭役、劳役、更役等);停缓分为停征、缓刑。④ 放贷。有官府和民间两种。通过放贷粮食和银钱,实行有偿救灾。宋元明清等历代官府常采用这种放贷救灾方法,补救灾民、贫民,使其恢复简单再生产。⑤ 节约。通过节约达到度荒目的,历代都有这方面的规定,如禁止以粮酿酒、禁止厚葬、节约费用等。

古代农村社会工作中各种赈灾活动的实施,对保障农村灾民的基本生活以及维护社会稳定等方面起到了一定的积极作用。

(二)社会敬老养老工作

中华民族素有爱老敬老的传统,古代养老通常是以家庭为基本单位,实行家庭养老。从孟子"老吾老以及人之老,幼吾幼以及人

---

① 《范文正公集》。
② 同上。
③ 《续资治通鉴长编》。

之幼"，到张载的"尊高年，所以长其长；慈孤弱，所以幼及幼"，皆说明中国传统文化尊老的传统。当家庭遇到养老困难或者老人丧子时，政府和社会会通过提供食品和衣物、集中收养老人等途径开展养老工作。

　　古代历代统治者都十分重视养老工作。主要包括以下做法：① 国家设立专门负责养老的官职，使养老具有组织保障。以先秦为例，养老相关的官职有以下几种：一是太宰，其职责是通管全国事务，"以生万民"。二是大司徒，其职责为"以保息六养万民，一曰慈幼，二曰养老，三曰振穷，四曰恤贫，五曰宽疾，六曰安富"①。三是乡大夫，具体负责登记免除赋役的老者等事项。尽管当时还未设立专门的养老机构，但可看出国家对养老事务的重视。② 对鳏寡孤独者进行特殊照顾。夏商周三代政府对鳏寡孤独者的照顾体现在对他们人身权利的保护上。商王告诫臣民不要欺负鳏寡孤独者；周公则在告诫周人不要欺侮鳏寡之人的同时，还要他们像殷先王祖甲和周文王那样去关怀他们。③ 设立居养机构，以养鳏寡孤独者。居养机构是专门收养孤老贫病、不能自存者的机构，最早设立于汉代。521 年，梁武帝颁布诏令，决定在京师建康置孤老院，目的是让"孤幼有归，华发不匮"。隋唐五代继续设立这类机构，并派官吏专门负责相关事宜。元代设有养济院，收养"诸鳏寡孤独、老弱病残、穷而无告者"。明清两朝更制定明确法规，加强对这类机构的管理。④ 赐予爵位、官衔，使之地位显赫。这里的爵位是指非品官之爵，官衔也多是荣誉性的。洪武十九年（1386 年），明太祖诏令："其应天、凤阳三府，富民年八十以上，赐爵里士，九十以上，赐爵社士，皆与县官平礼，并免杂役，正官岁一存问，著为令。"② ⑤ 赏赐物质，改善老人的生活条件。从秦汉到晚清，帝王养天下平民老人最主要的就是物质赐予。汉文帝在即位当年就定制：对年龄在八十岁以上的平民老人，每月赐米一石，肉二十斤，酒五斗；九十岁以

---

① 《周礼》。
② 《明会典》。

上者,每人再赐帛二匹,絮三斤。唐高宗也下诏赐百岁老人毡、衾、粟、帛,后来又把赏赐范围扩大到"凡民八十岁以上者"。⑥推行给侍制度,优待照料老人。给侍是唐朝给予"侍老"以生活方面的优待制度。唐令规定:"诸年八十及笃疾,给侍一人;九十,二人;百岁,五人。"充侍的人称为侍丁,作侍丁的人,要"先尽子孙,听取近亲,皆先轻色。无亲近外取白丁者,人取家内中男者并听"[①]。

中国古代社会这些敬老养老举措,是家庭养老的有益补充,对维护社会的稳定具有重要作用。

(三)善举

中国古代社会是典型的农业社会,其社会结构特征是以家庭为单位,家族、亲友、邻居结为生活共同体,从而形成家族集团式结构。当有人因为生病或其他突发性灾难出现生活困难时,亲友、邻居的善举帮助对人们克服困难起到重要的作用。古代有这样一个故事:"刘氏者,某乡寡妇也,育一儿,昼则疾耕于田间,夜则纺织于烛下,竟年如是。邻有贫乏者,刘氏辄以斗升相济。偶有无衣者,刘氏以己之衣遗之。乡里咸称其善。然儿不解,心有憾。母诫之,曰:'与人为善,乃为人之本,谁无缓急之事'。母卒三年,刘家大火,屋舍衣物殆尽,乡邻给衣物,且为之伐木建屋,皆念刘氏之情也。时刘儿方悟母之善举也。""刘氏善举"表现了村民之间的善举行为对古代农村社会工作的重要意义。

> 在农村社会工作过程中,弘扬传统的优秀文化,协助村民建立自助互助的邻里关系非常重要。

中国古代的这些举措和行为,虽然与现代意义上的农村社会工作还不能相提并论,但是涉及社会救助、社会养老等方面。其中的思想和实践表明,中国的社会救助等事业中已经孕育着农村社会工作的萌芽。

二、中国现代农村社会工作的初步尝试

近代以来,民国政府统治区、中国共产党领导下的根据地和解

---

① 《通典》。

放区，均开展了各种形式的农村社会救助等工作；乡村建设学派在农村地区开展的实验，乃是农村社会工作实践的初步尝试。

（一）民国政府的农村社会工作

近代意义上的国家救助制度发端于 20 世纪 20 年代，逐步形成于 20 世纪 40 年代。1915 年，北洋政府仿照英国的《伊丽莎白济贫法》，颁布了《游民习艺所章程》，规定游民习艺所直属于内务部，"专司幼年游民之教养及不良少年之感化等事项，以获得有普通知识，谋生技能为宗旨"。1928 年，南京国民政府颁布了《管理各地方私立慈善机构规则》，次年又颁布了《监督慈善团体法》。1930 年，南京国民政府在全国推行救灾准备金制度。这些立法显示，国民政府开始尝试用法律手段来规范救济行为。1937 年，抗日战争全面爆发，难民数量增加，国民政府行政院于 1937 年 9 月 7 日通过《非常时期救济难民办法大纲》，成立了非常时期难民救济委员会，管理难民收容、运输、给养、救护等救助工作，取得了一定的成绩。有资料统计，"七七事变"后的一年间，我国受战争直接危害的民众约 1 亿人以上，其中的 500 余万人得到不同程度的救济，如通过以工代赈等措施，许多难民返乡后参加当地政府组织的兴修水利等工作，在一定程度上缓解了人民群众的流离之苦。1943 年，民国政府公布实施了《社会救济法》。这是中国历史上第一部国家救助大法。接着又公布了一系列法规，如 1944 年颁布的《社会救济法施行细则》《社会部奖励社会福利事业暂行办法》《救济院规程》，1945 年颁布的《管理私立救济设施规则》，1947 年颁布的《赈灾查放办法》等，逐步形成了一整套相关救助法律法规体系，标志着我国近代社会救助开始进入依法管理的时代。

（二）根据地和解放区的农村社会工作

1927 年大革命失败后，中国共产党将工作重心转入农村，开始了以农村包围城市的工农武装割据斗争时期，在江西、福建等地创建革命根据地，在农村社会救助、农村基层文教工作、农村卫生工作、农村妇女工作等方面开展了卓有成效的工作，其中的一些工作思想对当今开展农村社会工作仍具有重要的启发和借鉴意义。

中国共产党成立后,在历次全国劳动大会上,都将社会救助作为其重要的政策提出,并在当时的革命根据地或解放区将这些政策付诸实践。1931年,中华苏维埃第一次全国代表大会通过的《土地法》规定:"老弱残废以及孤寡,自己不能劳动,而且没有家属可依靠的人,应有苏维埃政府救济。"1945年7月,在延安召开的中国解放区人民代表会议筹备会上通过决议,成立了以周恩来、董必武为首的中国解放区临时救济委员会,1946年改称为中国解放区救济总会,并制定了《解放区临时救济委员会组织和工作条例》。其任务主要是调查和统计抗日战争时解放区所受的损失,接收和分配联合国提供的救济物资,向解放区的贫民、灾民提供救助;开办难民工厂,组织生产自救,建立难民教养院、养老院、育婴院等机构,救济贫困,收容孤儿,开展了大量的社会救助工作。

与此同时,中国共产党在农村基层文教、卫生、妇女等工作中开展了大量的工作实践,为农村社会工作的发展积累了实务经验。

抗日战争时期,在发展农业生产的同时,中国共产党为了提高广大农民的文化素质,采取多种措施发展文化教育事业。在农村基层,文化建设主要体现在学校教育、社会教育等方面。学校教育主要是针对农村适龄儿童的教育。为了保证根据地适龄儿童正常接受教育,在中国共产党的领导下,根据地开办学校,由政府负责教学设施、教师的选聘以及教师薪金的支付等,促进了根据地教育事业的发展。社会教育主要是扫除青壮年文盲。在农闲或夜晚时间以夜校、黑板报等形式对成年文盲、半文盲进行识字、秧歌戏剧等内容的教学,提高农民的文化素质。

中国共产党高度重视农村的医疗卫生工作,将医疗卫生事业作为事关农民健康福祉的大事来抓,把为农民群众防病治病、消除疾病痛苦看作巩固革命根据地的重要条件之一。在土地革命时期,毛泽东在《井冈山的斗争》一文中指出,为了克服根据地和红军中的"医生和药品均缺"的困难,要"用中西两法治疗"。1933年,他在深入农村进行社会调查时,把卫生工作列为重要内容,在《长岗乡调查》报告中,他全面地总结了当地人民群众开展卫生工作的经验，并指出："疾病是苏区中的一大仇，因为它减弱我们的革命力。如长岗乡一样，发动广大群众的卫生运动，减少疾病以至消灭疾病，是每个乡苏维埃的责任。"① 抗日战争时期，在党的"拥政爱民"号召下，部队积极帮助地方政府开展卫生工作，协助边区建立卫生组织，并派遣医疗队深入农村开展巡回医疗，培训农村基层卫生工作人员。由于党和政府对农村卫生工作的重视，在根据地农村普遍开展了群众卫生运动，改变了广大农村卫生事业的落后面貌，提高了根据地和解放区人民的身体健康水平，从而促进了农业生产的发展，提高了革命军队的战斗力，保证了革命战争的胜利。

中国共产党高度重视妇女工作，重视妇女在劳动生产以及革命中的重要作用。在抗日战争时期，陕甘宁边区政府在中国共产党的领导下，建立健全各级妇女组织，使农村妇女的地位得到迅速提高。妇女拥有与男性同等的政治地位，拥有选举权和被选举权，她们在生产实践中成为重要的力量。在中国共产党的倡导下，摧残妇女身心健康的缠足陋习被彻底废除，妇女参加了各种形式的社会教育，提高了她们的民族意识和社会地位。

> 农村妇女社会工作既是农村社会工作的重要内容，也是妇女社会工作的重要方面。

（三）乡村建设运动中的农村社会工作

乡村建设运动是在中国农村经济社会日益走向衰落的历史背景下兴起的，它起于20世纪20年代末30年代初，止于日本大举侵略中国的20世纪30年代后期。提倡和参加乡村建设的人员，既有进步的学者，也有国民政府的官员；举办乡村建设的机构，既有学术机关、高等学校，也有民间团体。核心人物主要有晏阳初、梁漱溟等。乡村建设学派在农村开展社会改造实验，是中国现代农村社会运动的奇葩。

晏阳初，1890年出生，先后在中国香港、美国求学，1920年回国，于1923年在北平成立中华平民教育促进会（以下简称"平教会"），并长期担任"平教会"总干事。1930年，"平教会"将河

---

① 中共中央文献研究室：《毛泽东在农村调查文集》，人民出版社1982年版，第321页。

北定县作为工作的主要阵地，开展平民教育实验。晏阳初从事乡村建设实验的理论依据是他及"平教会"提出的"愚穷弱私"论。晏阳初认为，中国乡村的基本问题是"愚""贫""弱""私"。他根据自己从事平民教育的经验与教训，提出了一整套解决这四大问题的方法，那就是"用文艺教育攻愚，培养农民的知识力；用生计教育攻穷，培养农民的生产力；用卫生教育攻弱，培养农民的强健力；用公民教育攻私，培养农民的团结力"。他强调"这四种力，是今日中国国民最不可少的，具备了这四种力，才可以在国家将亡的今日有救国图存的能力"。为了推行四大教育，他又提出了"学校的""社会的""家庭的"三大方式。"平教会"的工作分为五个步骤，即调查、研究、实验、表演、推行。"定县实验"推行合作事业，强调尊重农民的意愿，同时特别关照贫困农民，给予每位有贷款需求的农民以贷款机会。定县实验从 1930 年开始，"平教会"在定县的十年里，号召并集中了许多优秀的知识分子，募集了巨款，对促进定县教育、生计、卫生事业的发展起到积极的作用。

梁漱溟，1893 年出生，中国著名的思想家、哲学家、教育家、社会活动家、国学大师、爱国民主人士，主要研究人生问题和社会问题，是现代新儒家的早期代表人物之一，有"中国最后一位大儒家"之称。1928 年，梁漱溟在前人"村治"的基础上提出"乡治"。1930 年，梁漱溟在山东邹平创办乡村建设研究院，将其作为乡村建设的实验基地。梁漱溟倡导乡村建设实验的主要理论依据，是他所提出的"中国文化失调与重建理论"。他认为中国应该走一条与西方社会不一样的道路，即从农村引发工业，以乡村为本而繁荣都市。梁漱溟提出要实现知识分子与农民的结合以解决中国的农村问题，为此他组织乡农学校作为乡村建设的组织机构。这一组织由四部分人组成：① 学众——村或乡中男女老少一切人，起立法作用；② 学长——村或乡中德高望重的人，起监督作用；③ 学董——村或乡中有办事能力的人，起行政作用；④ 教员——知识分子，他们是乡村建设者，起设计、推动作用。这种乡农学校既是教育机关，又是行政机关。乡农学校将一盘散沙的乡农组织起来，

> 晏阳初的生计教育中，使用的一个方法叫"表证"，即大量依靠表证专家，训练农民领袖，与农村社会工作中助人自助、发掘服务对象潜能的理念相吻合，是本土化农村社会工作的体现。

注重培养农民的合作精神，同时也提出了一些社会改良工作，如禁赌、禁烟、禁止妇女缠足、兴办合作社等。此外，农民通过乡农学校学到了一些农业生产技术方面的知识，从而推动了农产品作物改良和耕作方式的改进，提高了农业生产效率，改善了生活条件①。

> 试比较梁漱溟与晏阳初开展乡村建设运动的不同特色。

从20世纪20年代后期开始的乡村建设运动，到1937年抗日战争全面爆发后基本上结束了，以晏阳初、梁漱溟为代表的一批知识分子以"救济农村""复兴农村"为己任，在中国广大农村兴起一场声势浩荡的乡村建设高潮，虽然没能根本解决农村的问题，但其对新时期做好中国的农村社会工作具有重要的借鉴意义。

三、中国当代农村社会工作专业化的历程

（一）改革开放前行政性非专业化的农村社会工作

新中国成立到改革开放前三十年间，政府以行政程序与手段向人们提供生存资源和帮助，形成靠行政力量解决社会问题的行政性非专业化的社会工作模式。

> 改革开放前的非专业化农村社会工作中亦蕴含专业社会工作的元素。

消除贫穷是新中国建设的重要任务之一。改革开放以前，在传统的计划经济体制下，中国城市实行"高就业、低收入、低消费"的政策，城市的贫困并不突出，这一时期的贫困主要表现为农村的普遍贫困。而由贫困引发的一系列问题，如生产积极性低下、医疗条件差、社会风气不佳，都严重制约了农村社会的整体发展。为解决这些问题，国家针对农村开展了一系列的工作。

一是合作医疗制度。当时的农村，很多地区都存在缺医少药的状况，针对这一情况，一些农村地区的干部群众开始探索一种互助性质的医疗形式。从互助的角度看，传统的合作医疗可以说是新中国成立后我国农村合作化运动的衍生物，它是在农村集体经济的基础上，依据广大农民自愿和互助救济的原则，通过合作形式建立起来的为农民提供基本医疗保障的农村医疗保障制度。随着政府对农

---

① 朱义禄:《梁漱溟乡村建设思潮述评》，《史林》1997年第4期。

村医疗的重视，合作医疗制度在全国范围内得到推广，基本解决了农村地区缺医少药的问题。同时，合作医疗制度是新中国农民在长期与疾病的斗争中摸索出来的一个创举，充分展现了农民在农村建设中发挥的主动性作用。

二是五保供养制度。在建国初期，对农村发展起着很大影响的还有形成于20世纪50年代合作化时期的五保供养制度，这是新中国第一个比较完善的农村社会福利制度。1956年6月30日，第一届全国人大第三次会议通过的《高级农业生产合作社示范章程》明确规定，农业合作社对于缺乏劳动力或完全丧失劳动力、生活没有依靠的老、弱、孤、寡、残疾社员，在生产上和生活上给以适当安排和照顾，保证他们的吃、穿和柴火的供应，保证年幼的受到教育和年老的死后安葬，使他们生养死葬都有依靠。1956年10月，经党的八届三中全会通过，以草案的形式发表了《一九五六年至一九六七年全国农业发展纲要》，其中第三十条规定，农业生产合作社对于社内缺乏劳动力、生活没有依靠的鳏寡孤独社员，应当统一筹划，指定生产队或者生产小组在生产上给以适当的安排，使他们能够参加力能胜任的劳动；在生活上给以适当的照顾，做到保吃、保穿、保烧（燃料）、保教（儿童和少年）、保葬，使他们的生养死葬都有指靠。这两个文件是最早提出关于农村五保供养工作的法规性文件。这些救济政策保障了当时处于弱势地位人群的基本生活，也为我国以后农村福利事业的发展奠定了基础。

三是文化建设。新中国成立初期，政府在农村开展文化方面的建设工作，最典型的就是移风易俗运动。由于我国长期处在封建专制统治和小农生产的社会环境中，加之经济和科学技术长期处于比较落后的状态，因此，在我们的传统文化中不可避免地存在一些落后的甚至糟粕的东西，在当时的农村表现更为明显。婚姻制度的改革、丧葬习俗的变革、爱国卫生运动的开展、旧中国遗留下来的社会公害的根治，都是移风易俗运动中的主要工作。新中国的移风易俗使旧的社会风气一扫而光，社会主义道德成为人们的基本道德规范，新型的社会风气得以建立。

在这一时期，政府主要通过一系列政治、经济和社会制度安排来发展农村社区。虽然政府在农村开展的这些工作中并没有体现出农村社会工作的自主自决元素，农村的自治和组织能力都受到了明显地抑制，农村社会工作的发展处于被动状态，但这些工作模式为以后农村福利事业的发展提供了制度形式，在一定程度上推动了农村社会工作的发展。

（二）改革开放后农村社会工作的变化

改革开放以来，农村社会工作逐渐开创了一些新的领域，如对贫困农户开展了生产扶贫活动，帮助他们发展生产、脱贫致富；兴办各种农村福利工厂，安置残疾者和贫困者就业；兴办农村敬老院，解决农村孤寡老人的赡养；逐步建立农村社会保障制度，降低弱势群体的社会风险。具体来说，改革开放后农村社会工作的成长主要体现在以下三个方面。

改革开放后的农村社会工作经历了一个逐步推进、不断提高的过程。

第一，农村社会救济方针发生了变化。1998年召开的第八次全国民政工作会议，使农村社会救济的方针得到了充实、完善和提高。其指导方针是："依靠群众，依靠集体，生产自救，互助互济，辅之以国家必要的救济和扶持。"在这一方针的指导下，基层乡镇在农村社会救济中的作用逐渐占据了主要位置。各级民政部门在其中发挥的作用主要是帮助乡镇人民政府和村民委员会贯彻执行党和国家有关社会救济的政策法规。救济的资金来源以乡镇统筹为主，以国家拨款为辅，救济标准根据各地生活水平而定。在五保户供养上，也是推广以乡为单位统筹供养办法，确保五保户的生活水平不低于当地一般农民的生活水平。在农村的扶贫工作上，改革开放以前的扶贫主要是对农村贫困户的生活救济，自20世纪80年代中后期开始，政府对扶贫进行了调整与改革，由单纯的输血式生活救济转向以经济开发为主的开发性扶贫。这种扶贫方式一改过去的单纯资金投入为资金、技术、信息、人才的综合投入，充分启动农村内部自我发展的动力，动员农民积极参与，通过经济发展，最终达到脱贫致富、改善生活的目标。20世纪90年代以来，农村居民最低生活保障制度在全国逐步推广，逐渐成为城乡社会统筹，解决农村绝对贫困人口贫困问题的重要载体。

第二，农村社会保险开始纳入议程。改革开放以后，农民收入有所增加，生活得到改善，但是农村社会保障在很大程度上还处于缺失状态。随着社会经济水平的发展，中国进入工业反哺农业、城市帮扶农村时期，农村社会保险开始纳入议程。新型农村合作医疗的实施，使农民的医疗条件得到了一定的改善。农村社会养老保险从20世纪80年代中期开始在我国探索性建立。

第三，农村社会福利事业有了较大发展。社会福利工作是社会工作的基本内容之一，农村社会工作的发展自然也少不了农村社会福利的发展。受"福利多元主义"的影响，政府开始倡导社会福利服务可由公共部门、营利组织、非营利组织、家庭和社区共同提供，社会福利日趋社会化，由政府控制社会福利的局面开始改变。随着国家和集体不断加大对农村社会福利机构的投入，农村社会福利机构的服务和功能不断扩展。农村残疾人的生活和身体状况得到较大改善；农村养老院、敬老院逐渐增多，缓解了农村孤老的赡养问题。但是，总体来说，我国农村社会福利仍处于较低水平，不断缩小农村社会福利事业与城市社会福利事业的差距，使城乡社会福利事业均衡发展，仍然是未来农村社会福利事业的发展方向。

改革开放以来，市场逐渐成为一个相对独立的提供资源和机会的平台，国家权力也逐步由无限权力转化为有限权力，在社会生活中的作用开始出现了一些明确或模糊的边界，政府在农村社会发展中的角色也发生了转变，农村工作具有了更大的自主性。事实上，改革开放以后政府在农村开展的上述工作不仅促进了当时农村的发展，而且也蕴涵着丰富的农村社会工作意蕴，如调动农民积极性、以互助的方式解决自身问题等。这些都与专业社会工作的助人自助理念不谋而合，为农村社会工作的发展提供了良好的机遇。

（三）新世纪农村社会工作的专业化

20世纪80年代末期，随着社会工作专业教育的启动，专业的社会工作也渐次开展，经历了由发达地区向不发达地区、由城市向农村的发展之后，农村社会工作开始了专业化历程。

在中国工业化和城市化的进程中,"三农"问题成为一个突出的社会问题。因此,以农村问题为关注焦点,以服务农村为工作重心,以专业社会工作技巧为方法的专业社会工作的出现和发展有其必然性。例如,云南大学社会工作系与香港理工大学应用社会科学系合作,在云南一些贫穷乡村和少数民族村落积极探索农村社会工作的介入模式;华中农业大学社会工作系与乡镇联合建立农村社会工作站,开展农村社会工作服务。与此同时,在国家民政部推动下,各级地方民政部门积极开展农村社会工作的一些试点工作,专业的农村社会工作不断向农村地区拓展,并日益显示其在农村发展中的重要作用。

在2020年以后,农村社会工作进入快速发展时期,各地逐渐由试点走向全面铺开。

1. 农村社会工作人才队伍的建设

第一,农村社会工作的人才队伍日益壮大。随着我国经济社会发展水平的提高,社会工作人才队伍逐步进入公众视野。1988年,北京大学社会学系最早开设社会工作专业,2000年以后,社会工作进入一个快速发展阶段,截至2019年年底,全国已有348所高校开设社会工作本科专业,本科社会工作人才教育培养和发展机制也日益完善。社会工作者职业资格制度已经纳入《国家职业资格目录》。2019年度累计有33.2万人取得了助理社会工作师证书,10.7万人取得了社会工作师证书,全国社会工作者总量已经达到120万人。2006年10月,党的十六届六中全会通过了《中共中央关于构建社会主义和谐社会若干重大问题的决定》,作出了"建设宏大的社会工作人才队伍"的战略部署,指出要"制定人才培养规划,加快高等院校社会工作人才培养体系建设,抓紧培养大批社会工作急需的各类专门人才"。为落实党中央的战略部署,满足和谐社会建设对高层次社会工作人才的需求,根据国务院学位委员会《专业学位设置审批暂行办法》和国务院学位委员会、教育部《关于加强和改进专业学位教育工作的若干意见》,开设了社会工作专业硕士学位。2010年,全国开展首批社会工作硕士专业学位教育试点工作,截至2021年年底,已有175所高校成为社会工作硕士试点单位。随着社会工作人才队伍的壮大,进入农村地区的专业社会工作者队

2020年10月17日，民政部在湖南省长沙市召开了加强乡镇（街道）社会工作人才队伍建设推进会，总结推广乡镇（街道）社会工作人才队伍建设经验。会议指出，要力争"十四五"末实现乡镇（街道）都有社会工作服务站（简称社工站），村（社区）都有社会工作者提供服务，社会工作的作用得到更加充分发挥，社会工作者地位得到普遍认可。各级民政部门要将乡镇（街道）社会工作人才队伍建设作为促改革强基础提质量的重点工程，摆上重要议事日程。

华中农业大学于2012年创建"王家河阳光社会工作服务站"，开始了农村社会工作的探索历程。

伍也不断壮大。

第二，农村社会工作试点工作推动了社会工作人才队伍的建设。党的十六届六中全会以来，在我国社会工作人才队伍建设取得长足进步、社会工作的影响日益壮大的同时，农村社会工作的探索也取得了突破性进展，各地农村社会工作人才队伍建设试点工作不断推进。

① 广东省实施的"双百计划"。2017年以来，广东省民政厅探索专业社会工作充实基层民政服务力量，创新实施广东社会工作"双百计划"，分两批在全省（主要是经济欠发达地区）建设407个镇（街道）社工站，每站4—8人；1 737名社会工作者立足镇（街道）、深入村（居），聚焦民政主责主业，采取"做实做细一个村（居），逐步向周边社区辐射"的模式，将专业服务开展到村（居）群众家中，精准定位服务对象，全面客观地把握服务需求，有效落实惠民政策，畅通党和政府联系服务群众的"最后一米"。2020年11月，广东省将"双百计划"进一步提升为"双百工程"，运用广东社会工作实践经验，全面加强乡镇（街道）社会工作服务能力建设，积极打造职业化、专业化、本土化的社会工作人才队伍，开展农村社会工作专业服务。

② 湖南省实施的"禾计划"。从2018年5月开始，湖南省启动"禾计划"，以乡镇（街道）社工站为平台、以项目为载体，促进社会工作和民政事业的融合发展，打通社会工作和民政服务的"最后一米"，不断提升湖南民政事业的民本化、社会化和专业化水平，持续推动湖南民政事业的高质量发展。湖南省通过"禾计划"，每年安排资金3.1亿元，培育社会工作机构357个，建设社工站2 069个，实现市、县、乡三级全覆盖，配备专业社会工作者近4 000名，联合志愿者、城乡社区工作者，年均服务群众600多万人次，为群众提供了实实在在的便利与服务。

③ 湖北省实施的"三助行动"。2019年起，湖北省民政厅、湖北省社会工作联合会、华中农业大学开始在蕲春县联合实施全省农村社会工作和志愿服务助力脱贫攻坚、乡村振兴和农村留守人员关

爱服务试点示范项目（"三助行动"项目），其他各地市、县也参照蕲春模式开展农村社会工作服务。2020年12月，湖北省地方标准《农村社区社会工作服务要求》顺利通过专家评审并报批相关部门，对于提升农村社会工作规范化水平，进一步发挥社会工作在基层社会治理和乡村振兴中的积极作用具有重要的指导意义和应用价值。2021年，《湖北省民政厅关于促进乡镇（办）社会工作发展的通知》（鄂民政发〔2021〕12号）进一步指出，要推进乡镇（街道）社会工作服务站建设，搭建提升基层民政工作人员的专业能力，开展社会工作专业服务，推动"五社联动"服务机制建设的综合性服务平台。通过建立乡镇（街道）社工站，在湖北农村社区着眼于乡村振兴和基层民政能力建设，发挥社会工作者的桥梁纽带作用，为民政救助对象、"三留守"人员、散居孤儿、事实无人抚养儿童、临时监护缺失儿童等困境人员提供关爱服务，注重解决特困群体的个案问题，培育发展文体类、生产服务类、互助类、志愿服务类社区社会组织，着力推广积分管理，激发乡村活力，为兜底保障、乡村治理提供重要支持力量。

2. 农村社会工作的专业特色

农村社会工作主要是依托农村社区来开展的，主要采取地区发展模式、社会行动模式、社会策划模式等，在这些不同的模式中，农村社会工作者扮演着不同的角色。在地区发展模式中，农村社会工作者主要扮演"使能者"的角色："使能者"的角色是要促进和培养村民广泛参与的意识，并加强村民自助能力的建设，以解决农村社区问题；社会工作者的任务是协助村民表达他们的需求，促使不同利益群体之间的对话，培育良好的人际关系，争取实现人们的共同目标和利益。在社会行动模式中，社会工作者不仅仅是一个"使能者"的角色，还扮演倡导者角色：倡导者的角色表现为积极鼓励村民团结，合理争取共同利益，积极向村民开展意识提升的工作，让村民明白自身处境，加强他们的社会意识。在社会策划模式下，社会工作者强调专家的角色与专家的参与：农村社会工作者担当了主导者的角色，去为受助人提供服务以回应他们的需要和利益;定期评估农村社区的需求,以使机构服务能够更切合不同服务对象的需求。

作为一门专业性的工作,农村社会工作也需要专业的方法。农村社会工作作为一种本土化社会工作实践,其方法仍然是沿用社会工作的三大基本方法,即个案工作、小组工作、社区工作。在实践中,农村社会工作者应该时刻认识到服务的对象是农村居民,方法的运用要根据农村社区的特殊性和实际工作的需要进行变通,并不断总结经验,找出适合不同农村社区需要的方法。

复习思考题

1. 简述美国与印度农村社会工作的特点与内容。
2. 简述中国古代农村社会工作对当前建构专业农村社会工作的启示。
3. 试析中国共产党在根据地和解放区开展的农村社会工作实践对当代农村社会工作的借鉴意义。
4. 试评析乡村建设运动。

参考文献

1. 宋恩荣:《晏阳初全集》(第一卷),湖南教育出版社1992年版。
2. 廖益光:《社会救助概论》,北京大学出版社2009年版。
3. 史铁尔:《农村社会工作》,中国劳动社会保障出版社2007年版。
4. 王思斌:《社会工作概论》,高等教育出版社2006年版。
5. 张和清:《农村社会工作》,高等教育出版社2008年版。
6. 郑杭生、李英杰:《中国社会学史新编》,高等教育出版社2000年版。

第三章

农村环境与农村社会工作

通过认识农村的政治环境、经济环境和文化环境,可以使农村社会工作者初步了解和认识农村现状,认识农村社会工作对农村社会发展的意义。此外,农村社会工作所处的现实环境不仅是农村社会工作产生的背景,更是农村社会工作发展的重要条件,农村社会工作要充分利用这些条件,促进社会工作在农村的发展。

第一节　政治环境与农村社会工作

农村社会工作如何发展以及有多大程度的发展，在一定程度上取决于政治空间的大小以及国家政策的引导或约制。本节将展现农村政治环境的发展与变迁，并在此基础上讨论农村政治环境与农村社会工作发展之间的关系。

一、农村政治环境概述

自秦汉时期，中国社会便开始了以官僚制为基本形态的国家管理体制的形成和完善过程，其中，官僚制构成了中国传统社会政治形态的基本构架。在这个形态中，一方面，中央政府试图完全控制整个社会，以实现自己的"集权"统治；另一方面，中央政府也意识到农村社会难以控制，一旦控制不当，就极易引发一些深层次的危机，于是对农村社会实行了一套官僚制的管理体制，这样既能保障集权的效果，又能够防止世袭主义带来的分裂倾向（导向独立的地方世袭领地）。马克斯·韦伯将这一体制称为"世袭主义（君主制）的官僚制"（patrimonial bureaucracy）。这一体制在具体的农村社会管理中则演绎为"国权不下县，县下惟宗族，宗族皆自治，自治靠伦理，伦理造乡绅"①。"在中国，三代之始，虽无自治之名，然确实有地方自治之实，自隋朝中叶以降，直到清代，国家实行郡县

---

① 秦晖：《传统中华帝国的乡村基层控制：汉唐间的乡村组织》，载黄宗智主编：《中国乡村研究（第一辑）》，商务印书馆2003年版，第27页。

制，政权只延于州县，乡绅阶层成为乡村社会的主导性力量。"①在农村内部，宗族与伦理成为自治的主要力量和依据，"在帝国统治之下，行政机构的管理还没有渗透到乡村一级，而宗族特有的势力却维持着乡村的安定和秩序"②。

正是由于国家的权力没有完全进入农村社会，农村社会反而有了充分的自主空间，家族组织成为维持农村社会秩序的重要力量。它不仅是农村社会政治的重要构成要素，同时也为农村社区内部的救济与救助提供了组织基础。如果借用著名学者迈克·曼（Mike Mann）对国家权力的划分——国家的专断权力和国家的基础权力，那么可以认为，在传统的乡土中国，国家的专断权力强而基础权力弱，虽然皇权能够不经过与市民社会进行常规化、制度化的协商妥协而单独采取一系列行动，但皇权通过其基础设施渗透和集中地协调市民社会的活动能力极弱。这种传统政治架构的实践形塑了中国农村政治的基本特征。

19世纪中期，随着中国国门被列强打开，以自强、救国为目的的改革开始改变传统的政治结构。自19世纪末开始，中国社会发生的"千年未有之变局"致使中国农村发生转型与变迁，国家政权逐步渗透到农村社会，农村社会维系自身秩序的"权力的文化网络"被破坏，但直到20世纪40年代末，农村社会的结构尚未发生真正的转型。

中华人民共和国成立之后，特别是20世纪50年代开启的农村集体化实践，其以革命的方式否定了传统社会的秩序，意识形态的合法性替代了原有村庄社区内血缘与地缘的认同而成为新的社会整合纽带。20世纪50年代以后，中央政府以集体化的方式，通过保障农民最基本的生活资料而掌握了几乎所有剩余产品。在集体内部，原有的血缘、地缘的整合体系被瓦解，传统的血缘和地缘已经无法完成乡村社区基本的认同与社会整合。这种社会结构被研究者

> 农村社会工作的开展，离不开对近代以来农村社会的正确认识，尤其是对农村现代化道路的探索。

---

① 吴理财：《民主化与中国乡村社会转型》，《天津社会科学》1999年第4期。
② [美] W.古德：《家庭》，魏章玲译，社会科学文献出版社1986年版，第166页。

们称为"总体性社会",即社会的政治中心、意识形态中心和经济中心高度合二为一,国家与社会合为一体以及资源和权力的高度集中,使国家具有很强的动员与组织能力,但这一社会结构却较为僵硬、凝滞①。在这种"总体性社会"中,国家控制了主要的社会资源,国家的指令与计划也成为支配资源分配的最主要依据。由此,在这一阶段,政府组织成为国家控制和管理农村社会的唯一主体,传统的以血缘和地缘为基础的庇护和互助网络受到严重的破坏,取而代之的是建立在政治行为和忠诚基础上的新的关系网和整合方式②。

总之,在改革开放以前的新中国建设时期,通过农业支持工业发展的现代化战略,使国家进一步强化了纵向的政治整合和资源汲取能力。在推进集体化的进程中,纵向的国家政治整合完全取代了横向的地方社会整合,单向度的政治整合成为这一时期农村政治的主要特征。

20 世纪 80 年代初的家庭联产承包责任制的改革使得家庭重新成为农民基本的生产生活单位,集体化时期的"总体性社会"随之瓦解。国家不再是社会上所有重要资源和机会的垄断者,个人也不再完全依赖于国家以取得社会资源与机会。经过 40 多年的改革开放,社会逐步发展成为社会资源与机会供给的重要源泉,与此相对应,政府包揽各种社会事务的局面开始发生改变,在人们日常的生产与生活上,政府的直接控制逐渐减少,人们的自主性获得明显增强。

国家在 20 世纪 80 年代便开始在农村实施村民自治制度。按照《中华人民共和国村民委员会组织法》等相关法规规定,村民委员会是基层群众自治性组织,是村民民主管理村务的机构,村民通过这一组织机构来"实行民主选举、民主决定、民主管理、民主监督",自我管理本村的公共事务和公共事业,调节民间纠纷,维护社会治安。虽然村民委员会在推动农村民主、促进农村社会的自

---

① 孙立平等:《改革以来中国社会结构的变迁》,《中国社会科学》1994 年第 2 期。
② 怀默霆:《中国发展过程中的城市与农村》,《国外社会学》2000 年第 52 期。

我决策、自我管理等方面发挥了重要作用，但村民委员会的"行政化"使得其未能充分地扮演农村社会管理者的角色。

中国的市场经济在 20 世纪 90 年代中后期获得了迅速发展，这一发展在推动农村社会经济发展的同时，也使得农村社会治理面临着新的制度需求。国家对经济发展的重视要求全国范围内维持基本的稳定，以配合经济社会的发展需要。2021 年 4 月，中华人民共和国第十三届全国人民代表大会常务委员会第二十八次会议通过了《中华人民共和国乡村振兴促进法》，其中明确规定："地方各级人民政府应当加强乡镇人民政府社会管理和服务能力建设，把乡镇建成乡村治理中心、农村服务中心、乡村经济中心"，从法律的形式确认了加强乡村治理的重要意义。

> 党的二十大报告指出，要"全面推进乡村振兴，坚持农业农村优先发展"，"扎实推进乡村产业、人才、文化、组织振兴"，为农村社会工作发展提供了广阔的空间。

二、农村政治环境与农村社会工作

农村的政治结构直接影响着农村社会工作的实践与发展，农村社会工作的发展也会在一定程度上影响农村社会的结构，进而影响农村政治。

第一，国家与社会的关系决定了农村社会工作得以实践的空间。国家与社会的关系是农村政治结构中最重要的内容之一，前者构成了农村政治结构最为明显的表征，即政府是否包揽了一切社会事物。在"总体性社会"中，政府包揽了农村的一切事物，从控制生产到支配生活，意识形态的教化与控制完全排斥社会工作所倡导的人际关联模式。在此背景下，专业性的社会工作在农村难以发展，只有政府部分退出农村社会事务的管理，农村社会工作才有实践的空间，其不仅允许个体农民之间存在多元化的人际关联，而且认可包括社会工作者及其机构在农村社会管理事务中的地位与作用。

第二，农村政治环境决定了农村社会工作得以实践的资源供给。农村社会的实践离不开特定资源的供给，这种资源不仅包括具体的物质资源，也包括正当性与合法性在内的权威性资源。特定的农村政治环境则决定了农村社会工作者及其机构所能获得资源的多寡。在"总体性社会"中,政府垄断了全社会最主要的资源与机会,在这种情况下,即便是政府允许社会工作发展,后者也很难独立获取所需要的资源。在后"总体性社会"中,随着资源供给主体的多元化,农村社会工作者及其机构能够通过多种途径获得相应的资源来完成社会工作的实践。

第三,农村政治的需求决定了农村社会工作发展的规模与方向。农村政治的需求通常是国家在实践农村社会治理过程中所产生的需求,这种需求的性质及大小在相当程度上影响了农村社会工作的发展。在国家实践"城乡一体化""乡村振兴"战略之前,主要是从农村汲取资源,农村政治的需求是保障这种汲取的有效性。在国家实践"城乡一体化""乡村振兴"战略之后,加强民生工程建设成为农村社会建设的重要内容,农村政治的需求便是落实民生工程,维持农村社会的和谐稳定。这种政治需求的转变为农村社会工作的发展创造了契机,即农村社会工作固有的社会功能契合了当前国家对农村社会治理的需要,这将进一步推动农村社会工作在加强民生服务、消除社会不稳定因素方面发挥功能。

第四,农村社会工作的实践也会影响农村的政治结构。社会工作的发展在帮助案主个人改善生产和生活状态的同时,也会进一步推动农村社区的发展。在此过程中,农村社区内的自组织能力得到加强,以平等、互助为基本理念的社会实践将有助于国家推动农民自我决策、自我监督等自治理念进一步落实,有利于促进农村社会治理体系创新,加快我国农村的民主化进程。

第二节 经济环境与农村社会工作

本节着重介绍中国农村经济体制改革取得的成果以及面临的问题,并且提出中国农村经济环境的不断优化和经济体制的不断完善为农村社会工作的发展提供了良好的发展契机,农村社会工作能够在解决农村经济发展中产生的问题方面发挥重要作用。

一、农村经济环境概述

经济环境是一个复杂的多维系统，一般是指社会物质生产和再生产过程中的一切条件和影响因素。按照其范围的大小，经济环境可以划分为五个层面，分别为国际经济环境、国内经济环境、地区经济环境、企业经济环境和家庭经济环境。一个国家或者地区的社会经济制度、经济发展水平、产业结构和劳动力结构、消费水平和消费结构、物资资源状况等都是经济环境的范畴。

中华人民共和国成立以来，中国农村经济经历了一系列的改革和发展，农村的经济发展进入一个崭新的阶段，极大地解放和发展了农村生产力，改变了农村贫困落后的面貌，改善了农民这一中国最大规模群体的生活水平。特别是改革开放以来，农村经济体制改革给农村经济发展注入新的活力。

（一）农村经济体制改革

家庭联产承包责任制是 20 世纪 80 年代初期在农村推行的一项重大改革，是农村土地制度的重要转折，也是中国农村的一项基本经济制度。家庭联产承包责任制是指农户以家庭为单位向集体组织承包土地等生产资料和生产任务的农业生产责任制形式。1978 年，安徽省凤阳县小岗村的 18 位农民冒着极大的"政治风险"，将土地包产到户，揭开了中国农村改革开放的序幕。1982 年 1 月，历史上第一个中央一号文件出台，文件明确指出包产到户、包干到户都是社会主义集体经济的生产责任制。1984 年，全国范围内实行家庭联产承包责任制。从此以后，政府不断稳固和完善家庭联产承包责任制，鼓励农民开展多种经营，使广大农民迅速走上了脱贫致富的道路。家庭联产承包责任制彻底改变了农村的分配形式，多劳多得的分配方式极大地提高了农民的生产积极性，农民在生产经营上有了更多的自主权，这一改革不仅解放和发展了农村的生产力，提高了农民的生活水平，而且为整个中国国民经济的发展奠定了稳固的基础。

> 随着市场经济的发展，农村社会结构发生变化，农村社会工作的重要性和紧迫性日益受到关注。

随着市场经济的发展，单门独户分散经营的方式越来越难以适应市场经济发展的需要，农业产业化改革开始提上日程。农业产业化是以市场为导向，以追求经济效益为中心，以主导产品、产业为重点，优化组合各类生产要素，实行区域化布局、专业化生产、规模化建设、系列化加工、社会化服务、企业化管理，形成种养加、产供销、贸工农、农工商、农科教一体化经营体系，使农业走上自我发展、自我积累、自我约束、自我调节的良性发展轨道的现代化经营方式和产业组织形式。它实质上是指对传统农业进行技术改造、推动农业科技进步的过程。农业产业化与传统的农业经营相比具有以下基本特征：一是市场化，即农业产业化必须以国内外市场为导向，改变传统的自给自足的小农经济的封闭状态。以市场机制来进行资源配置、生产要素的优化组合和产品的购销等。二是实行区域化种植，形成比较稳定的生产基地，以便于管理和生产稳定。三是专业化，即生产、加工、销售和服务专业化。要求把小而分散的农户组织在一起进行专业化生产。四是规模化，即生产经营要达到相应的规模，达到一定的产业化标准。五是一体化，即产供销一条龙、贸工农一体化经营。把生产过程中的产前、产中和产后环节有机地结合在一起。这也是农业产业化的实质所在。六是集约化，要实现科技含量高、资源综合利用率高和效益高。七是社会化，即建立良好的社会化服务体系，为农业生产提供信息、技术、资金、物资、经营管理等全程服务。八是企业化，即生产经营管理企业化。农业产业化是国际农业发展的一般规律，是继家庭联产承包责任制后，农村经济体制和经营方式的又一大改革。它为中国农业走出困境、农村经济实现第二次飞跃提供了良好的思路；将农户与市场联系起来，解决了农民增产不增收的现实问题。另外，农业产业化还能在一定程度上缓解农村剩余劳动力转移的问题，吸收部分农村人口就业。

随着中国农村城镇化程度的提高，一方面，大量的农村劳动力转移，农村劳动力日渐减少，土地抛荒现象、土地资源浪费现象十分严重；另一方面，小规模分散经营不利于生产条件的改善和规模化种植，农业科技水平提高的难度较大。因此，在稳定家庭联产承包责任制的基础上，实行农村土地的集体所有权、经营使用权、农户承包权的"三权"分离，允许农村土地流转、积极发展新型农业经营主体是当前农村和农业发展的必然趋势。2018年，党的十九大报告提出，要"构建现代农业产业体系、生产体系、经营体系，培育新型农业经营主体"。新型农业经营主体是新时代乡村振兴战略实施的重要推动力量。

（二）农村经济发展面临的困难

农村经济发展面临的困难主要表现在四个方面：

第一，抵御市场风险的能力低。党的十一届三中全会以后，中国实行了自土地改革之后的第二次农村经营体制变革，将集体统一经营变为家庭联产承包责任制。这一制度的实施克服了集体经济下的弊端，农民获得了生产经营自主权。然而，随着市场经济的发展，单纯的以家庭承包经营为基础、统分结合的双层经营体制难以应对瞬息变化的市场，出现了很多新问题。首先，单家独户生产规模零散化，品种选择各异，不能适应区域专业化生产、地区分工带来的高效率的要求。由于种植品种的非统一性，规模效益难以形成，各地的生产大多处于低水平重复生产的状态，虽然农产品产量有了一定程度的提高，却难以实现农业的产业化经营，农民增收缓慢。其次，在中国大部分的农村地区，农业结构存在盲目调整等现象。千家万户的小农生产难以准确预测市场，导致农产品出现"大小年"的现象。再次，农产品生产标准化程度低，专业技术人员少，生产技术多是沿袭传统的种养和管理方式，不能实现标准化生产。随着国际化水平的提高，不断出现的外贸壁垒和绿色食品革命，导致小农户生产方式更难以适应市场需要。

第二，地区间差异大。总体上看，我国东部地区的经济发展快于中西部地区。农村产业结构能够反映农村经济发展程度，也能体现农村生产力的发展水平。东部农村地区的第二、第三产业发展较快，农民收入明显高于中西部地区。

第三，农村劳动力过剩和转移问题。从传统农业社会向现代工业社会的转变过程中，农村劳动力转移，农业劳动力占社会总劳动力的比重大幅下降是世界各国共有的现象。从20世纪80年代开始，伴随着改革开放政策的确立，农民进城政策由限制转为放松。随着中国工业化和城镇化进程的不断加快，大量农村劳动力从农村涌入城镇，从农业领域转入非农业领域。这既解决了农村劳动力过剩的问题，也给农村社会带来一系列重要影响。农村劳动力转移冲击着传统的农村社会，改变了农民的生产生活方式、价值观念，也使农村社会面临许多前所未有的严峻挑战，特别是农村留守老人、妇女、儿童问题，以及农村传统文化的继承、农村婚姻与家庭的稳定性、农村犯罪与社会稳定、老人农业问题等诸多现实问题。

同时，转移的农村劳动力市民化问题也被提出来。这些被称为"农民工"的劳动者从农村走入城市后面临多重困境：一是受教育和培训的机会较少，知识严重缺乏，在城市就业困难，收入较低；二是物质生活条件很差，多集中居住于"城中村"；三是遭遇歧视和不平等对待。

第四，城乡收入和消费差距过大。改革开放初期，中国城乡人均收入水平都很低，1978年，农村居民家庭人均可支配收入是134.6元，城镇居民家庭人均可支配收入是343.4元，后者是前者的2.57倍。党的十八大以来，经济社会成就系列报告显示，随着脱贫攻坚各项政策和乡村振兴战略的纵深推进，农村居民人均可支配收入增速持续快于城镇居民，城乡居民收入差距持续缩小。

二、农村经济环境与农村社会工作

农村经济环境为农村社会工作的发展提供了基础条件。农村经济的发展为农村社会工作的介入提供了可能。改革开放以来，农村经济的发展在保证农民物质条件丰裕的同时也给农村带来发展更高层次需求的可能，良好的农村经济环境为农村社会工作的产生和发展提供了生长的沃土。

宏观层面，社会工作者可以助推农村经济政策的改变。当前农村经济发展过程中的许多问题是由制度因素造成的，农村社会工作者应该将这些问题反映给政策制定者，从而从根本上解决这些问题。另外，农村社会工作者还承担着政策咨询和政策研究等相关工作。

中观层面，农村社会工作可以促进农村社区经济发展。社区工作是社会工作三大基本方法之一，农村社区工作是以整个农村社区及社区中的居民为服务对象，提供助人利他服务的一种社会工作专业方法。社区工作最早在城市中开展，后来鉴于许多发展中国家农村的社区贫困问题，全球兴起了社区发展运动，于是逐步运用于农村，通过有计划地引导社区的发展来解决农村的经济社会落后问题。

微观层面，农村社会工作能够以个人和家庭为着手点，通过对个人和家庭的调适，达到促进农村经济发展的目的。一是培育新型农民。新型农民指的是有文化、懂技术、会经营的农民。将传统的具有小农意识、只会生产劳作、满足个体家庭消费的农民，发展成为有目标、有知识、有道德、有组织的新型农民，是农民面临市场经济的必然选择。新型农民不仅应该具备熟练的生产技能和一定的经营管理能力，也要具备较好的社会素质。农村社会工作者在培育新型农民中的作用具体表现在：采取多种形式，开展面向广大农民的教育培训和科技普及工作；引导帮助农民建立起适应市场经济发展要求的新型农民合作经济组织，提高农民的组织化程度等。二是帮助解决农村留守家庭和留守人员问题。留守家庭指的是以男性为主的中青年劳动力的外出使得农村中留守的家庭成员主要由老年人、妇女和儿童构成的家庭。农村家庭普遍承担着农业生产、子女教育和赡养老人的重要职能，但留守家庭因为失去青壮年劳力而无法完成这些功能。在农业生产上，最主要的农业生产者变为妇女，甚至是老年人和儿童；在子女教育问题上，由于长时间处于留守状态，留守儿童缺乏照料，在不同程度上影响到其身心发育；在赡养老人方面，外出务工子女无法为留守老人提供经常性的关怀和生活照料，这在很大程度上影响到留守老人的经济供养、生活照料和精神慰藉。三是为进城务工的农民提供服务。农村社会工作者为进城务工农民提供服务主要有以下两方面：一方面是在农民外出务工之前为他们进行劳动技能和法律等方面的培训，使他们能够尽快融入城市当中；另一方面是在农民返乡后，为他们的创业提供帮助，成为资源的中介者和服务的提供者。

第三节　文化环境与农村社会工作

本节通过对农村文化环境的描述，可以认识到农村文化环境为农村社会工作提供了深厚的社会基础和文化基础，也为农村社会工作的本土化提供了重要的理论依据和现实依据，同时可以看出农村社会工作是介入农村文化建设的重要力量。

一、农村文化环境概述

> 正确理解农村社会工作中的伦理，必须首先认识农村文化及其变迁。

农村文化一般是指在一定的社会经济条件中形成的以农村居民为主体的文化。中国农村文化具有同化力和融合力，这种同化力和融合力是文化生命力的体现。习近平同志指出："中华民族有着深厚的文化传统，形成了富有特色的思想体系，体现了中国人几千年来积累的知识智慧和理性思辨。这是我国的独特优势。""要加强对中华优秀传统的挖掘与阐发，使中华民族最基本的文化基因与当代文化相适应，与现代社会相协调"，"把跨越时空、超越国界、富有永恒魅力，具有当代价值的文化精神弘扬起来"。

（一）农村文化的特点

中国农村文化具有传承性、差异性、变革性、内聚性等特点。

第一，传承性。农村文化的传承性是指农村文化的发展具有历史的继承性和连续性。传统文化总是与一定的政治经济制度和社会制度紧密联系的。没有文化的继承，就没有文化的积累。文化的继承表现为传统习俗、传统建筑、传统文艺、传统思想等方面的继承。中国的传统文化在农村地区的根基比在城市地区更加稳固，对农村地区的影响也更加深远。

第二，差异性。中国具有庞大的农民数量和广阔的农村面积，不同地区的农村文化具有较大的差异，如单单在饮食上就有"南甜北咸东辣西酸"的说法。一方水土养一方人，也就是说地理空间的分布造就了文化的差异。中国地域辽阔、人口众多，更有56个民族，地区间的发展也极不平衡，区域性文化各具特色，造就了中原文化、荆楚文化、齐鲁文化、岭南文化、巴蜀文化、三晋文化、岭南文化、燕赵文化、湖湘文化等地域文化圈之间的差异。

第三，变革性。农村文化是一个动态的概念，不是一成不变的。除了具有地域特征外，它还有浓烈的时代特性。农村文化不仅仅包括传统文化，在时代变革的今天，全球性和现代性同样渗透其中，传统农村在某种意义上已经不复存在。农村的生产生活方式和思想观念也发生了重大变化，特别是随着城镇化步伐的加快和大量农民走出农村进入城市生活，农村与外界的联系越来越紧密，农村已经不再封闭、排他，而是越来越开放。

第四，内聚性。农村文化的内聚性是指农村文化能够使村民产生普遍认同，形成凝聚村民的内聚力，对农村的社会关系起到整合作用。农村文化之所以有这样的内聚力，是因为在农村人们有着相同的历史文化积淀而形成的风俗习惯，村民有着相同的文化基因。

(二) 农村文化的作用

农村文化的作用具体表现在以下五个方面。

第一，农村文化是维系农村社会关系的重要纽带。从联系人际关系的纽带上讲，社会关系可以分为血缘关系、地缘关系和业缘关系三个层面。血缘关系是由婚姻关系或者生育而形成的人际关系，包括直系血缘关系和旁系血缘关系。这种人际关系与生俱来，是最早形成的一种社会关系。地缘关系以地理位置为联系纽带，是由在一定的地域范围内共同生活交往而产生的人际关系。"远亲不如近邻"说的就是这种以居住位置为主的人际关系。中国人通常将故土和乡亲看得非常重要，故土观念和乡亲观念就是地缘关系的反映。除了由血缘和地缘结成的社会关系外，因为广泛的社会分工而结成的复杂的人际关系，称为业缘关系。业缘关系不是与生俱来的，也不是一开始就存在的，而是在人类出现社会分工之后形成的。随着社会分工的细化，业缘关系在人类的社会关系中占据着越来越重要的作用。相比较城市社区而言，农村社区作为一个人情社会的特点更加明显，传统的风俗习惯、道德观念等使得农村社区居民之间的社会关系更加紧密。这也正体现了农村文化的内聚性。

第二，农村文化是农村居民社会化的重要途径。社会化是指人从一个生物人变成社会人的过程。不仅如此，社会化的过程还包括将社会价值内化、培养角色适应和适应社会生活的能力。从文化的角度来说，社会化可以被看作文化传递和延续的过程。它的实质是社会文化的内化。农村社区作为农村居民生活的主要场所，在农村居民的社会化过程中起着非常重要的作用。通过对农村文化的延续和继承，农村的规范和知识得以积累，推动着整个社会的进步。

第三，农村文化是农村社会控制和社会整合的重要手段。社会控制是指社会组织体系运用社会规范以及与之相应的手段和方式，对社会成员（包括社会个体、社会全体以及社会组织）的社会行为及价值观念进行约束和指导，对各类社会关系进行调节和制约的过程。费孝通先生曾经提出一个描述中国人亲疏远近的人际关系格局，即差序格局。按照费孝通先生的解释，中国传统社会中人际关系是以自我为中心，一切价值都是以"己"为中心展开。费孝通先生用石子在水中泛起的一圈圈波纹来生动地比喻这种差序格局。石子就是自己，与自己有关系的人即一圈圈的波纹，波纹越靠近中心，表示与自己关系越亲密，越往外则关系越淡薄。在这种格局中，维系秩序的力量不是法律，而是人际关系。农村文化作为农村特有的符号系统，阐释着整个农村社会的全部知识和规范。有了农村文化，农村居民便有了行为标准，因违反这种标准而付出的代价中，所接受的舆论往往甚于承受法律的制裁。

第四，农村文化是促进农村经济社会全面发展的重要保障。20世纪90年代初，哈佛大学教授约瑟夫·奈（Joseph Nye）首提"软实力"这一概念，从此人们开始更加重视文化、科技和价值观念等影响社会发展潜力和感召力的因素。同样，农村文化也是农村经济社会发展的重要软实力之一。良好的农村文化环境可以促进农村经济的腾飞和社会的全面发展，发展农村先进文化，可以为农村发展提供智力支持。农村发展的关键在于农民自身素质的提高，要塑造良好的农村文化环境，提高农民的科技知识、管理知识和适应市场经济发展要求的经济知识，培养出适应现代化发展要求的新型农民。农村文化建设还要在建立新的农村生产生活方式方面发挥重要作用，除陈去旧，革除弊端，消除愚昧迷信的宿命论思想，用科学的理性思维改造农民的头脑，抵制腐朽文化的侵蚀与传播，增强农民进行农村建设的精神动力。

第五，农村文化是宣传农村的重要媒介。近年来，伴随着农村社会开放程度越来越高，农村文化也渐渐走进大众的视野。无论是新兴的农业生态旅游，还是荧屏上频频出现的乡村类电视节目，农村文化给我们传递出一种和谐、发展、富裕、文明的新景象，越来越多的人开始关注农村的发展。

（三）农村文化建设存在的问题

在城市化发展的过程中，尤其是脱贫攻坚战役收官和乡村振兴战略实施以后，农村传统的社会经济结构发生了重大变化，农民温饱问题得以解决，农业经济结构也从传统的小农经济转向以经营农业为目标的市场化经济；农村传统的自我封闭的状态被打破，开始形成跟外部社会和城市间的资源、人力、信息和商品的交换与互动，农民的生活中处处打上商业化和市场化的印记。农村文化建设作为农村发展的重要组成部分，在重建农民的生活方式、恢复农民的主体性地位、为农村发展提供"软实力"等方面发挥了重要作用。但是，在农村文化建设取得巨大成绩的同时，仍有很多问题不能忽视。

第一，信仰缺失和文化贫穷现象。首先，由于各种因素的限制，很多农村地区缺少接受先进文化的途径，而给一些低俗文化、封建迷信留下了生长的空间。虽然农村受到外来文化的冲击没有城市那么集中和直接，但随着城乡文化交往的日益频繁和深入，尤其是大众媒体的渗透，外来文化对农村的影响日益显现。其次，农村居民对农村文化建设的重视程度较低，导致文化贫穷。最后，城市文化作为强势文化，以一种外源性的文化形态渗透到农民的生活当中，使农村产生了与自身经济社会发展相异的文化，既动摇了传统文化的根基，又没有形成良好的新农村文化。

第二，文化差距逐步拉大。城乡差别不仅表现在传统的基本生活无保障的生存性经济贫困，更多地表现在信息缺乏、文化教育落后、农村人力资源流失和社会资源与支持网络不足等方面。农村文化建设与城市文化的发展相比仍有很大差距。首先表现在受教育水平的差异，农村居民的平均受教育水平低于城市居民，全国绝大多数文盲、半文盲集中在农村。其次表现在城乡教育资源和受教育机会的不均等，农村教育资源和教育设施还不健全。此外，全国各地农村经济发展的不平衡导致农村文化发展也不平衡，在经济条件较好的农村地区，农村文化建设得到了相应的重视，农民的文化水平得到提高的同时也促进了经济的发展和农民个人收入的提高；在经济发展相对落后农村地区，文化教育也显得落后与无力，这无形中又加剧了该地区社会经济发展的落后。

第三，农民主体地位缺失。由于长期以来的体制性障碍，农民的主体地位没有得到足够的尊重，以前重经济、轻文化的指导方针更加导致了文化体系中农民主体地位的缺失。这突出表现在：当前文化产业以城市的社会精英为主要服务对象，以消费性文化为主要内容，文化工作者习惯于在城市的圈子中"优雅"，文艺题材以反映城市生活居多，以农民和农村为题材的文化相对较少；文化为农村和农民服务的意识不强。文化工作者的创作主要以城市题材为主,没有更多地考虑农民对文化的真实需求。以城市和消费主义为中心的文化发展模式,导致农民了解到的并不是他们自己的生活,而是另一个对他们充满诱惑和刺激的社会,增加了他们心理上的不平衡;农民只能被动地接受外界文化信息的输入,对现有文化活动的满意度普遍偏低。

第四,经济投入不足,文化基础设施落后,文化管理相对薄弱。当前中国部分农村地区的文化基础建设滞后,农村各种文化设施短缺,即使拥有一些设施也大多处于空置状态,公共文化机构难以运转,文化产品和文化服务供给短缺,农民的基础文化权益得不到保障;农村文化建设中缺少专门的管理人才,偏重一时一地文化活动的开展和文化设施与工具的简单建设和配发,没有对农村文化工作的长远规划,文化管理相对薄弱,农民参与文化活动的积极性和主动性不高。

第五,农村文化陷入边缘化。农村文化常被贴上"低俗""落后""愚昧"的标签,并被作为"被改造的对象"。在受到城市文化排挤的同时,也没有获得农民自身的认同,呈现出边缘化发展的态势。

二、农村文化环境与农村社会工作

(一)农村文化环境对农村社会工作的影响

社会工作在中国农村有着深厚的文化及社会基础。尽管社会工作起源于西方,其理论和方法均带有浓厚的西方文化和社会背景,但社会工作在中国农村同样具有深厚的文化及社会基础。例如,在中国传统农业社会中早就存在赈灾、养老、善举以及义诊等救济贫困的活动,孟子所提出的"老吾老以及人之老,幼吾幼以及人之幼"是一种朴素的社会福利思想,涉及的老年人和儿童也是现代社会工作关注的重要对象。

农村文化建设为农村社会工作提供了重大机遇。改革开放以来,农村文化发生了重大变革,农民的生活态度、价值观念和行为方式等都发生了巨变。大众传媒和高速拓展的信息渠道将外界的知识渗透到农村。传统文化和现代文化的碰撞成为农村社会工作发展的重要动力。尽管农村社会工作起步较晚，但是广大的农村为社会工作者提供了一个巨大的舞台。

（二）农村社会工作对农村文化环境建设的作用

社会工作介入是促进农村文化环境建设的重要力量。

第一，农村社会工作的介入能够提高农村社区服务特别是文化服务的水平。社区服务就是围绕社区的发展和社区居民的意愿要求，充分利用和发挥社区内在力量和优势，本着自助合作、互利共建的精神，参与和改善自己的生活水平，以提高科学技术、文化教育、社会福利等方面的服务。在社会工作者的激励和带动下，作为社区的建设者，农村社区居民更能准确地把握村庄公共服务的维度与深度，通过他们的自我管理、自我服务，及时有效地发现社区成员的需求，从而使社区建设更贴近居民实际。进而把自我服务、政府服务和引入市场主体服务有机地结合起来，不断提高农民的生活质量和文明程度。

第二，农村社会工作的介入能够为农村文化建设的主体——农民提供能力建设。农村社会工作者认为，每一个受助者都有潜在的发挥自身优势、实现自我价值的能力。因此，在农村文化建设的过程中，一方面，社会工作者从"优势视角"出发，充分肯定农民所拥有的丰富的乡土文化知识，相信农民的潜能；另一方面，社会工作者通过对农民能力的激发实现农民的增权，发挥农民自身力量改善农村文化环境，建设农村社区。

第三，社会工作的介入还能够对农村文化建设起到资源整合的作用。社会工作具有提供和配置社会资源的功能：一方面，社会工作本身就是一种社会资源，它通过机构设置、人员配置、社会政策制定、社会服务的计划与实施等一套完善的制度体系，调节个人与个人、个人与群体、个人与社会的关系；另一方面，社会工作通过调节和整合社会资源的分配，为农村文化建设提供更多可以利用的资源。

> 农村骨干力量如村干部、年轻党员等，虽然专业知识欠缺，但也有他们独特的优势：除了地域优势外，他们还有服务农村的意愿；有一定文化基础，易于接受新知识；他们了解本土乡风民俗和风土人情，熟悉本地文化。因此，农村社会工作人才队伍建设，不仅需要建设专业人才队伍，还需要培育本土人才队伍。

复习思考题

1. 试述农村政治环境与农村社会工作的关系。
2. 试述农村经济环境面临的困境以及社会工作如何促进农村经济发展。
3. 试述农村文化的特点,并思考农村社会工作如何与农村文化相融合。

参考文献

1. 陆学艺:《当代中国社会流动》,社会科学文献出版社2004年版。
2. 徐小青:《中国农村公共服务》,中国发展出版社2002年版。
3. 叶敬忠等:《不同角色对新农村建设的需求差异》,《农业经济问题》2006年第10期。

第四章

农村社会工作的价值体系与理论

农村社会工作建立在专业的价值体系和理论基础之上。本章介绍农村社会工作的价值观、价值体系的组成部分，并系统地梳理农村社会工作的理论知识，同时指出这些理论在农村社会工作开展中所具有的启示作用。

第一节 农村社会工作的价值体系

农村社会工作既要遵循社会工作价值观的一般原则，同时还要正确理解农村特殊场域价值观的独特性，并要求在此基础上构建农村社会工作的价值体系。

一、农村社会工作的价值观

在哲学中，价值观是指对生活中的美丑、真伪、是非和善恶的一种判断或评价标准，它体现着价值与行为的关系。关于价值与行为的关系，西方社会学经典大师马克斯·韦伯，曾提出价值关联的概念，它主要是指"社会科学工作者依据一定的价值与一定的实在发生联系"[①]。换言之，行为的发生或工作的开展必然与一定的价值相关联，离不开与之相应的价值观的指导。社会工作价值观是社会工作者所持有的助人观念，它包括对助人活动的看法、对自己与受助者关系的看法等方面的内容，是社会工作实践的灵魂和社会工作者的精神动力。同样，农村社会工作的顺利开展需要社会工作价值观的引领，这种引领作用贯穿于农村社会工作的始终。

（一）农村社会工作价值观的含义

农村社会工作的价值观从内部反映着人与环境相互关系的规定。它既包括正面的价值观，也包括负面的价值观。本书所指的农

---

① ［德］马克斯·韦伯：《社会科学方法论》，韩水法、莫茜译，中央编译出版社 2008 年版，第 8—9 页。

村社会工作价值观都为正面的价值观。

里默（Frederic G.Reamer）和巴雷特（H.W.Baretlett）总结的社会工作价值观对理解农村社会工作的价值观具有重要的启示意义。里默认为，社会工作价值观至少包括："个人价值与尊严、对人的尊重、重视个人改变的潜能、案主自我决定权、提供个人发挥潜能的机会、寻求满足人类共同的需求、寻求提供个人足够的资源与服务以满足其基本的需求、赋予案主权利、平等的机会、没有歧视、尊重多元性、对社会改革和正义的承诺、保密与隐私权、愿意将专业知识与技巧提供给他人等。"① 巴雷特则认为，社会工作的价值表现为"个人应该受到社会关怀；个人与社会相互依赖；个人对他人负有责任；人有共同需求也有独特偏好；民主社会的本质在于使每个人的潜质得以充分发挥，并通过参与来尽社会责任；社会有责任提供机会，让每个人克服困难，达成自我实现。"②

借鉴里默和巴雷特对社会工作价值观的诠释，同时考察农村社区的特殊场域、差异性的文化和不同的受助人群，农村社会工作的价值观可以归纳为对人的价值观、对家庭的价值观和对农村环境的价值观三个方面。关于人的价值观包括：每个人都拥有平等的价值和尊严；尊重个人的选择；人都有提升自身能力的需求；人都有归属的需要，并有互助合作的需求；人除对自己负责外，也应对他人负责。关于家庭的价值观包括：重视家庭在养老中的重要作用，重塑家庭孝道；重视家庭的完整性和稳定性对农村个体和环境产生的积极作用。关于农村环境的价值观包括：农村社会应为每个人提供公平公正的机会，让个人潜能得以充分发挥；农村社会应该提供适当的资源和服务，来满足人们的共同需要；农村社会乃至整个社会应该尊重每个人的特殊性。

---

① ［美］里默：《社会工作价值与伦理》，包承恩等译，洪叶文化公司2000年版，第35页。
② Baretlett, H. M., "Working Definition of Social Work Practice", *Social Work*, 1958（2）, p.6.

（二）农村社会工作价值观的作用

农村社会工作价值观是在专业范围内形成的一整套对人、对农村社会和对农村社会工作的总体判断与评价标准，它对于树立农村社会工作的专业使命、行为和保护受助农民的利益发挥着举足轻重的作用。价值观在农村社会工作中的作用主要体现为建构性和效果性：前者是指价值观对专业使命、目标的建构和规范；后者则是指价值观对专业实践中具体行动的步骤和标准的预期。具体而言，农村社会工作的价值观的作用表现在以下三个方面：第一，农村社会工作价值观是决定专业使命的关键所在，有了它才能明确农村社会工作专业本身的专业特质，从而为建立正确的农村工作模式作好准备；第二，价值观对农村社会工作专业人员的职责和行为方式给出了指导，从而保证专业行动最大限度上增加农民受助者的利益，减少对他们的伤害；第三，价值观通过对农村社会工作专业机构、社会工作者的社会责任进行明确的界定，从而确保农村社会工作者在倡导农村地区的公平和正义方面作出应有的贡献。

农村社会工作价值观并不是一套泛泛而谈的伦理规定，它对维护农村社会工作的专业形象、改善社会工作实践的专业效果和保护农民当事人的利益发挥重要的作用。

二、农村社会工作的价值体系构成

农村社会工作的价值体系由农村社会工作的社会价值、专业价值、伦理价值和操作守则四个层次的内容构成。

（一）农村社会工作的社会价值

农村社会工作的社会价值是中国整体的农村场域所崇尚的基本价值，它是由在农村社区中形成并占主导地位的农村文化价值观念所决定的，在农村社会工作价值体系的大厦中起着"地基"的作用。

农村场域所推崇的基本价值并非一成不变，它随着时代和社会的变化而不断地发生变更。在中国悠久的文化历史长河中，经过发展和积淀而成的中国传统文化成为社会价值主要的组成部分，反映了在中国这一独特的地理、历史、社会、政治以及经济环境等条件下形成的独特的行为方式。在中国传统的社会中，占统治地位的社会价值主要是由以下文化相互建构而成：第一，儒家学说。儒家学说所提倡的仁爱思想和维护社会秩序的"礼"，影响深远。第二，佛家学说。佛教是中国的第一大宗教，传统社会中，下至平民百姓上到天子都受佛家学说中行善积德、众生平等的文化内涵的影响。第三，墨家学说。中国传统中盛行的勤俭、节约、互爱、互信等美德则是墨家学说思想潜移默化而成的。第四，道家学说。道家所提倡的无为而治、顺其自然和天人合一的思想在中国传统价值观念中占有不可忽视的地位。第五，传统的助人理念。华夏文化有着五千多年的历史，其中的许多助人理念至今仍被世人传颂，如"远亲不如近邻""在家靠父母，出门靠朋友"等助人理念对社会价值观念的形成有着推动作用。

在中国现代社会里，传统的价值观念虽然仍发挥着作用，但因为新元素的融入，占主导地位的社会价值发生了较大的变化。原因在于：近现代以来，西方社会中的科学、民主、平等、自由和自我实现的思想观念不断地涌入中国，与传统文化观念发生激烈地碰撞并相互渗透，对社会产生了广泛的影响；更重要的是，共产主义的价值观念和在马克思主义基础上产生的全体共产党人共同努力构建的具有中国特色社会主义的价值观念在当代中国社会起着主导作用。

在农村的社区场域中，传统思想和现代思想的碰撞使得农村社会的价值观念表现出复杂性和多元性的一面：观念交织，传统与现代并存。目前来看，农村社会的价值观念主要有孝顺、诚实、信用、热心、团结、互助和友爱，它们体现着农村社会的基本文化价值观念。但与此同时，自我实现和市场竞争的价值观念也充斥着农村社会，影响着农村场域的价值观念结构。改革开放后，农民的互动平台得到扩大，互动方式变得更为多元化，直接影响着自身社会价值观念的变化。例如：小农意识淡化，商品意识增强；保守意识淡化，开放意识增强；服从意识淡化，平等意识增强；集体意识淡化，自我意识增强；节俭意识淡化，消费意识增强；迷信意识淡化，科学意识增强；道德意识淡化，人情意识增强[①]。

（二）农村社会工作的专业价值

结合农村场域、文化和实践工作的实际情况，农村社会工作的专业价值包括敬业、接纳、倡导、自决、参与和境遇化六个方面的内容。

1. 敬业

敬业是社会工作者对农村社会工作实践的最根本态度，在农村社会工作的专业价值中处于基础地位。同时，敬业也是一种重要的人生态度。农村社会工作的敬业价值观念既涉及农村社会工作的专业性质、专业信誉和科学精神，又涉及农村社会工作者对农村工作、农民、农村相关机构和农村场域的关系原则。只有当社会工作者有了敬业精神，其他的专业价值才得以衍生和发展。

2. 接纳

接纳是农村社会工作者遵循的基本道德准则，是农村社会工作实践开展的基础。它主要包括两个方面：一是接纳服务对象中的每个人——农民。每个人都是不同的，他们有不同的社会经历和经验、不同的文化水平和思想观念、不同的想法和社会追求，虽然农村社会工作者也有自己的是非判断标准，但他们必须理解和尊重农民所具有的不同的价值观念和行为方式，切勿用自己的价值观念来评判农民。二是接纳服务对象所在的地区——农村。社会工作在农村的实践需要社会工作者接纳农村地区的现实情况并全身心地融入其中，不可完全照搬城市社会工作的经验来开展农村社会工作。

3. 倡导

倡导既是农村社会工作者的角色扮演，又是农村社会工作重要的专业价值。在农村场域中，农民个人是渺小和无力的，尤其是在面对重大的自然灾难和公共危机事件的时候，农村社会工作者应秉承倡导的价值理念，倡导农民之间的合作，倡导政府部门、其他社

[①] 尹冬华：《转型时期农民心理特征的变化以及思想政治工作的对策》，《理论月刊》2002年第4期。

会团体对农民的帮助,从而改善农民的生活状况,提升他们的生活质量。农村社会工作者只有不断地运用倡导理念,才能更好地完成工作。倡导是农村社会工作的基本手段。

4. 自决

自决即案主自我决定。在农村社会工作中,自决往往是提醒农村社会工作者要鼓励农民进行自我选择和自我决定,真正实现农民自我意识的提升。通过农村社会工作者的专业服务,农民的行为开始自决,农民的自我意识和维权意识开始自觉,进而农民不断地争取和保护自己作为公民的基本权利。因此,农村社会工作者要毫不动摇地坚持自决的价值理念,实现农民利益的最大化。

5. 参与

参与是农村社会工作中比较重要的一个专业价值理念。农村社会工作者只有运用参与的理念,才能实现工作目标。农民参与能促使农村社区居民密切合作,要引导村民学习自由发言、表达自己意见、参与事件表决、分享权利和义务,从而达致社区共建、共治、共享的目标。同时,通过社区参与,可以提高村民个人的潜能,增长村民对社区问题的分析能力及领袖才能[①]。

6. 境遇化

境遇化是中国农村社会工作的基本要求。它主要是指在农村的特殊场域中,农村社会工作本土化价值取向的一个转变过程。在农村社会工作的专业价值观中,甚至是在整个农村社会工作的价值体系中,境遇化有着特殊的地位。一是因为境遇化的专业价值体现了农村社会工作以人为本的重要理念;二是因为境遇化的专业价值反映了农村社会工作实践的多元化路径。

(三)农村社会工作的伦理价值

农村社会工作的伦理价值是指农村社会工作者所依循的职业道德准则和操守,它是由农村社会工作社会价值和专业价值决定的,

---

① 胡文龙、林香生:《社区工作价值观和原则》,载甘炳光等:《社区工作——理论与实践》,香港中文大学出版社1994年版,第52页。

同时也是这两种价值最为直观和简洁的表现。

1. 农村社会工作者作为专业人员的伦理

农村社会工作者需要对自身的能力和专业方法有着较为清楚的认识，不断地在实践中提升自身的专业能力，进一步提高专业服务质量；农村社会工作者应当以诚示人，避免出现对农民各种形式的歧视行为；农村社会工作者要做到言行一致、言而有信，避免不诚实和欺骗行为的发生；农村社会工作者应当提醒自己在农村专业工作中的行为代表着自身的专业水平，不应该受他人或自身问题的干扰而影响专业水平的发挥；农村社会工作者必须做好对当事人隐私的保密工作。

2. 农村社会工作者对服务对象的伦理

农村社会工作者应秉持对服务对象即农民当事人负责的承诺，保障当事人的利益最大化；农村社会工作者应最大限度地促进服务对象自我决定意识的增强；在当事人同意建立专业关系后，农村社会工作者应展现充分的专业能力、文化能力和对多元社会价值观念的认知，应避免与服务对象发生不必要的利益冲突。

3. 农村社会工作者对工作同事的伦理

农村社会工作者应以尊重、礼貌和信任的方式对待同事，并且客观、公正地评价同事的工作；农村社会工作者在工作和转介过程中得到的任何资料须对同事进行保密；在专业工作中当要与同事展开合作时，农村社会工作者应以当事人的利益最大化为前提；农村社会工作者对团队中能力不足的同事应给予不遗余力的帮助；农村社会工作者应该加强与同事之间的行为伦理交流，对同事不合伦理的行为进行必要的纠正。

4. 农村社会工作者对工作机构的伦理

农村社会工作者必须严格遵守自己对机构的承诺，在自己的专业能力范围内履行为工作机构提供相应的咨询和辅导的义务，同时也有接受机构提供的教育和训练的权利；农村社会工作者应注重自身在机构中的绩效和评估，按照所在机构的相关规定保留服务过程中所记录的资料，适时并且恰当地提供转介服务；农村社会工作

> 在农村社区，"常态化"的社会工作服务与薄弱的基层民政力量置于同一场域之中，很容易出现将社会工作者作为政府"临时工作人员"加以使用的现象，造成社会工作专业人员内卷化。
>
> 在开展农村社会工作服务过程中，会经常遇到与服务对象关系的伦理两难处境，遭遇伦理困境问题。

者在机构中应当行使行政义务,如提倡资源分配的公平、慎重地对待与机构的劳资争议问题、对机构中的不完善部分提出切实中肯的建议。

5. 农村社会工作者对农村社会工作专业的伦理

农村社会工作者有责任致力于促进农村社会工作专业的实务、价值、伦理、知识和使命的完善,以维持农村社会工作的专业价值;农村社会工作者应该促进社会工作专业在农村社区中能够为广大农民所接受,增加专业服务开展的可行性;农村社会工作者还应承担在农村社会工作的专业实践中鉴定和完全使用专业知识的责任,并通过实践总结、提升和完善专业知识的服务层次和内容。

6. 农村社会工作者对农村社会的伦理

农村社会工作者应该促进农民群体的整体福祉,并增进农民及农村社区与农村环境的可持续发展;在实务工作中,农村社会工作者应鼓励广大农民群众了解并参与农村公共事务;农村社会工作者也应为农村出现的公共突发事件提供专业服务,最大限度地减少农民的物质和精神损失;农村社会工作者还应始终致力于与农村社会不公平、非正义的制度和观念作斗争,为农村社会的公平和正义作出努力。

(四)农村社会工作的操作守则

农村社会工作的操作守则是一种更为微观层面上的工作价值,是各个层面的农村社会工作价值理念的应用,它是对农村社会工作的社会价值、专业价值和伦理价值在实际工作中的具体运用,是农村社会工作实践开展的各种原则和技术。农村社会工作的操作守则表现为价值、知识和技术的统一。第一,农村社会工作应遵循社会价值、专业价值和伦理价值中的基本要求,在工作开展的现实场景中遵照上述价值的要求实践,尤其要充分重视农村社会工作的专业价值,这样才有利于农村社会工作的顺利开展;第二,农村社会工作者还应不断地提升自己其他方面的相关知识,如管理学、心理学和社会学等,并应用这些知识综合地服务农村社会;第三,农村社会工作者应善于运用社会工作的三大方法(个案工作、小组工作和社区工作）在农村场域中开展专业服务。

农村社会工作所开展的专业实践，就是经过价值、知识和技术的三合为一来达到对农村社区的农民进行服务的过程。其中，价值起着指导的作用，知识是服务进行的基础，技术是助人过程的手段，三者统一融合于操作守则中。

第二节　农村社会工作的理论基础

社会工作是一种专业化的服务活动，其实践过程和工作技巧都是建立在一定的、系统的理论知识基础之上的。农村社会工作也是如此，它的理论知识包括两个方面：一是农村社会工作的理论基础，主要是指来自其他相关社会科学的理论，如社会学、心理学和管理学的理论；二是农村社会工作的实务理论。

一、实证主义

（一）实证主义的基本内容

实证主义由奥古斯特·孔德（August Comte）在19世纪上半叶创立，19世纪50—70年代流行于英、法两国，后流传到其他西方国家，是一种在社会科学研究中占有重要地位的方法论。孔德为了证明社会学的合法性地位，主张用当时较为盛行的自然科学的方法来研究各种社会事物和社会现象。在孔德看来，实证等价于科学，它是可以被证实和验证的。在具体的原则上，实证主义遵循经验主义的原则，重视感性资料在社会认识和实践中的作用；强调价值中立性的原则；提倡社会学在社会中应具有积极的改造作用；在保守的政治和意识形态下，重视对社会秩序、社会平衡和社会稳定性的研究。

实证主义社会科学的发展史大体上可以分为早期的实证主义阶段和新实证主义阶段。早期的实证主义阶段从19世纪30年代开始至 20 世纪初结束。这一阶段的理论家除了创始人孔德外，还有穆勒（Muller）、斯宾塞（Spencer）及其追随者。孔德认为，因为实证主义是实证知识的体系，即它只叙述事实，而不说明事实，所以它才能够克服形而上学的困境，剔除唯物主义和唯心主义的片面性，成为真正意义上的新的哲学。穆勒则把功利主义置于实证主义的基础之上，目的就是用实证主义的观点论证功利主义的快乐至上原则。斯宾塞的实证主义思想和孔德的极为相似，认为人只能认识事物的现象，不能认识其本质，哲学的任务在于摒弃绝对的东西，研究经验的东西。新实证主义阶段从 20 世纪 20 年代开始，延续至今。这个时期的主要代表人物为迪尔凯姆（Emile Durkheim，又译涂尔干），他将实证主义的社会科学思想推向了高峰。涂尔干对孔德和穆勒的实证主义进行了批判，认为"社会现象必须加以细致考察才能被真正了解，也就是说，研究事物，必须以事物为主，而不能以一般性原理为主"①。涂尔干还提出了社会事实的概念，制定了一系列研究的方法和准则，并运用统计方法对自杀率问题进行了实证分析。

实证主义成为许多科学研究范式形成的基础，如功能主义、行为主义等。虽然这些研究范式的产生使得实证主义更加具有包容性，但实证主义的根本假设并未改变。

（二）实证主义对农村社会工作的启示

实证主义对农村社会工作具有积极和消极两个方面的启示。其积极启示主要表现在：第一，以实证主义为理论基础的农村社会工作，表现出不同于以往开展农村工作的独特性。农村社会工作如何开展、开展效果怎样等，均建立在实证基础之上。第二，农村社会工作者以实证主义思想充实自己，可以精确地量化分析农村社区中的问题，并理性地总结社区中存在的普遍问题，思考系统的介入策略和解决方法。第三，实证主义要求农村社会工作者以科学的态度

---

① ［法］埃米尔·迪尔凯姆：《社会学研究方法论》，胡伟译，华夏出版社 1988 年版，第 2 页。

对待专业实践，体现敬业精神，提高农村社会工作的效率。

实证主义思想对农村社会工作的开展也具有消极影响。第一，过于量化地分析农村社区的普遍性问题，往往会使社会工作者忽视农村社区的差异和农村居民的不同诉求，不能全面地考虑不同受助当事人的差异化需求。第二，实证主义可能会使农村社会工作者在对待受助者时，陷入方法的套路化、态度的冷漠化以及问题解决的表面化。第三，最为严重的是，受实证主义影响的农村社会工作者有可能以一种"高姿态"接触受助对象，使两者处于不平等的关系中。

二、功能主义

（一）功能主义的基本内容

功能主义是在实证主义研究范式中发展起来的一个重要理论学派，对现代西方社会学界产生了广泛的影响。功能主义者认为，文化或社会是一个有机的整体，构成整体的各部分之间也会发挥一定的功能并相互依存，从而达到维持统一整体存在的目的。

功能主义的发展主要分为三个时期：

第一个时期是早期功能主义时期，代表人物主要有孔德、斯宾塞、涂尔干以及人类学大师拉德克利夫·布朗（Radcliffe-Brown）和马林诺夫斯基（Malinowski）等，他们均对功能主义进行了阐述。

第二个时期是现代功能主义时期，核心代表人物主要有 T. 帕森斯（T. Parsons）和 R. K. 默顿（R. K. Motton）。现代功能主义理论的形成和发展建立在古典社会学思想的基础上，并受到人类学和自然科学等学科的影响。T. 帕森斯在 1945 年正式提出了结构功能主义，并成为现代功能主义的领袖人物。在帕森斯看来，"社会系统是由多个行动者之间的相互关系所构成。社会是具有一切必要生存功能的自主社会系统"[①]。他认为，行动系统由社会系统、行为有机体系统、人格系统和文化系统构成。其中，社会系统要

---

① 傅正元：《帕森斯的社会学理论》，《国外社会科学》1982 年第 11 期。

想正常地运行必须具有以下四种功能：适应、目标实现、整合、模式维持，即 AGIL 模式。而在社会系统又包括经济系统、政治系统、社会共同体系统和文化模式托管系统，只有维持它们之间的平衡，才可以使社会运行达到良性状态，发挥社会系统的正功能作用。默顿是结构功能主义的另一主要代表人物。他通过对传统功能分析方法的批判和反思，提出了新的功能分析方法。他提出了显功能和隐功能、正功能和反功能，同时还引入功能选择的概念，并倡导人们对社会结构的后果、社会变革的原因进行全面的功能认识和分析，这有力地推动了功能分析的发展。

第三个时期是新功能主义时期，主要出现在 20 世纪 80 年代后。这一阶段的功能主义出现了一种新的"气象"，以亚历山大提出的新功能主义、卢曼提出的系统功能主义为代表。

（二）功能主义对农村社会工作的启示

从广义上看，以功能主义为理论基础的农村专业社会工作的开展，既能够促进农村社会的稳定和繁荣，又能够协调个人与他人、个人与农村社区、个人与社会之间的关系，最终推动整个社会的和谐。

从狭义上看，以功能主义为理论基础的农村社会工作主要起着以下作用：第一，对整个农村社区而言，按照功能主义的要求，农村社会工作应促进农村社区政治、经济、文化等子系统之间的协调发展，有效地配置社会中的资源，从而加快乡村振兴的步伐。第二，对农民个体而言，农村社会工作者的专业服务，能够最大效度地激发农民自身的主体意识，使其自觉地投入乡村振兴的队伍之中，从而为振兴乡村奠定坚实的群众基础。

但是，由于功能主义自身理论上的不足使得受它影响的农村社会工作在专业实践开展中要避免如下局限性：第一，功能主义是一种决定论的表现，所以，在开展农村社会工作时，工作者往往容易把受助当事人的问题刻板化和标签化，以助人者的身份来持续干预受助者的问题，忽视农民本身的自助力量。第二，在具体的专业实践中，受功能主义影响的农村社会工作过于关注具体的技术应用，久而久之会使农村社会工作的专业基础发生异化。

三、认知行为理论

（一）认知行为理论的基本内容

认知行为理论是一套致力于通过改变受助当事人的思维、信念和行为方式来改变受助者不良认知的理论体系。它的理论内容建构主要有两个方面的来源：一是认知理论；二是行为理论。认知行为理论是通过对认知和行为理论中存在的不足进行反思和批评进而发展起来的，值得注意的是，认知行为理论并不是认知理论和行为理论的简单相加。

行为主义理论是以巴甫洛夫（Pavlov）提出的经典条件反射原理和操作条件原理为基础逐渐兴起的。行为主义理论强调，人的行为都是在社会生活中习得的，是对个人所处的当前环境所作的适应性反应。该理论同时认为，人经过学习而形成的这一行为也能通过学习而变更、完善或消失。行为主义理论对个体学习的动机给予考察后，认为强化是个体学习的主要动机。例如，当个人的行为受到了奖励或得到超出意料之外的奖赏时，这种行为就会容易被学习并且会得到维持；但是如果个人的行为受到了惩罚或得到预期之外更大的处分，这一行为将不会被学习。行为主义理论还针对控制个体行为提出了相关的干预方法和技巧，如脱敏疗法、厌恶疗法、冲击疗法等。

认知理论是认知行为理论的另一主要来源。其主要代表理论是艾利斯（Ellis）的理性情绪治疗方法和ABC理论。在艾利斯看来，人生来就具有理性和非理性思考的潜能，情绪的困扰主要来自其中的非理性思考，因此，可以用理性情绪治疗来克服这些非理性的信念。理性情绪治疗就是帮助个人寻找困扰其情绪的那部分非理性信念，这就是ABC理论。A（activating event）表示直接的触发事件；B（belief system）表示人们对该事件所持有的信念系统；C（emotional consequence）表示事件发生后产生的情绪反应。A并不必然会引发 C，而是经过 B 的作用诱致 C 的出现。总之，这种理论认为，应重视理性和认知的作用，充分发挥认知在理性和行为之间的中介作用。

除此之外，认知行为理论还引入班杜拉社会学习理论中的前置事件、目标行为和结果的三个因素来实验性地认识人的行为，并以此作为改变人行为的依据。

（二）认知行为理论对农村社会工作的启示

在中国的农村社会中，认知行为理论对农村社会工作的服务模式和专业实践具有较大的借鉴意义。第一，有助于农村社会工作者改变以往单一的服务模式，将认知和行为治疗结合起来，在经典的行为治疗中加入认知矫正，使对农村地区居民的专业服务更加多样，从而实现农村社会工作服务效果的最优化；第二，认知行为理论的关注比较偏重于儿童和青少年，重视对他们当中不良认知和行为的调节，加上当前我国农村地区存在大量留守儿童的实际情况，因此，以认知和行为理论为理论基础的农村社会工作应重点关注农村留守儿童的问题。近年来，农村留守儿童的犯罪问题不断成为社会关注的热点，农村社会工作者须努力改变留守儿童的错误认知，帮助他们树立正确的认知观和行为观。此外，农村社会工作者利用认知行为理论还可以介入农村的养老问题，帮助当地农民树立正确的养老观。

当然，认知行为理论应用于农村社会工作也具有一定的局限性。例如，认知行为治疗着眼于情绪问题的解决，会让农村社会工作者在一定程度忽视案主的一些基本问题；农村社会工作者在受传统观念影响较深的农村地区，如果一味地强调认知行为的治疗，可能会使工作的实际效果和预期效果产生较大的冲突。

四、沟通理论

（一）沟通理论的基本内容

沟通理论经常被认为是一种整合的理论模式，它是在综合了心理学、人类学和社会语言学中有关沟通理论的基础上形成和发展起来的一套理论。沟通理论主要侧重于对人际沟通方面的研究，认为沟通在人际关系中发挥着重要的作用。

心理学认为，人与人之间的相互接触形成了人际交往，交往中的双方在发生接触后，就会在彼此之间传递和交流各种信息，这就是人际沟通的过程。在这个过程中，由于人与人之间交流的信息主要是社会性的和心理性的，所以，更为准确地说，人际沟通就是人们相互之间交流思想、观点、意见、知识、消息、情感、态度、动作等的过程。人际沟通的目的主要表现在：分享信息以协调大家的行动；宣传劝说以影响和改变他人的态度；娱人耳目以愉悦人的心智；宣泄情感以求得自己的精神安慰；日常寒暄以保持与他人的正常关系等。换句话说，人际沟通不仅只是信息上的交流，更会给交往双方带来心理上以及行为上的交互影响，结果使得沟通双方在情感、认知、行为和彼此的关系上发生变化。

人际沟通是人际交往的重要方面，它无论是对于个人还是社会都有着重大意义。第一，人际沟通是人在社会中得以生存的必要条件，社会性是人的本质属性，人要在社会中生存，就必须进行社会化，社会化得以顺利发生的一个重要手段就是人际沟通；第二，人际沟通是社会中人与人之间关系建立和维持的必要条件，在社会中个人通过沟通建立自己的友情、爱情、亲情；第三，人际沟通是个体自我意识觉醒的必要条件，人对自己的认识并不是完全来自个人主观，更多地是通过与他人的交流认识自己。实现人际沟通的方式主要有两大类：一是语言符号方式，即口头语言、书面语言；二是非语言符号方式，即手势、面部表情、目光、说明性身姿等。

沟通理论认为，鉴于人际沟通的重要性，如果不能在人际交往中很好地处理沟通的信息，则会导致交往双方关系出现障碍，进而阻碍问题的解决。

（二）沟通理论对农村社会工作的启示

运用沟通理论可以将社会工作中的诸多理论联系起来，这将有利于农村社会工作者运用多角度、多理论视角解决农村社会中的复杂问题。农村社会工作的一个基本任务，就是帮助广大农民消除沟通中的障碍，使他们能够顺利地与他人、组织和政府沟通。具体而言，农村社会工作者在服务时应做好以下工作：鼓励和动员村民提供畅通的信息；对搜集的信息及时地给予评估和反馈；提供农村社会工作者自身的一些行为信息给受助当事人；消除来自农村受助者的不精确信息。

沟通的理论、方式和技巧对于建立农村社会工作者和农村受助者之间的关系十分有效。但农村社会工作者也应在与受助者的交往中把握沟通的尺度，切勿将这一手段流于形式化，而忘记与农村受助者的沟通是源于诚心、敬业以及助人自助的工作原则和核心价值。

五、权变理论

（一）权变理论的基本内容

权变理论是 20 世纪 60 年代在经验主义学派的基础上形成和发展起来的一套管理理论体系。它是管理学中以具体情况和具体对策的应变思想为基调而作出管理行为的一种理论。到了 70 年代，以美国管理学者弗雷德·卢桑斯（Fred Luthans）为代表的一批学者在已有理论的基础上，对各种权变思想进行了规范和系统的总结，形成了一定的理论框架，标志着权变理论的最终形成。权变理论认为，不存在一种永世不变、适应任何情境的管理方式。权变要求的就是应根据环境条件的不同而适当地作出调整和变化。只有依据不同的领导情境和被领导者，适宜地选择和采取不同的领导行为和方式，才能取得最佳的领导效能。

权变理论主要来源于两大领域：一方面来源于对组织结构的研究，形成了组织结构权变论。组织结构权变理论把组织比作一个开放的动态系统，认为组织结构或模式必须要依据所处环境的不断变化而恰当地进行调整，并不会有一个一成不变的、普遍适用的组织结构或模式。"权变观点所要研究的是组织及其环境之间的相互关系和各分系统内及各个系统之间的相互关系,以及确定关系模式(各变量)的形态,权变观点强调的是组织的多变量性,并力图了解组织在变化着的条件下和特殊环境中的运营情况,权变观点的最终目的在于提出最适宜具体情况的组织设计和管理行动。"① 另一方面来源于对领导方式的研究,形成了领导方式权变理论。领导方式权变理论认为,要发现一个适合于任何组织的组织机构,任何性质的工作和任务,任何对象的固定的领导人格特质、领导类型和领导行为方式,都是不切合实际的,领导所具有的有效性是由领导者、被领导者和环境因素三个主要变量共同决定的,因此,需要根据实际情况来选择领导类型和方式。权变理论整合了领导现象所包含的复杂性问题,提出了实现一套有效领导方式的参考标准,更符合实际工作领导者的需要,逐渐成为西方领导理论的主流。

(二)权变理论对农村社会工作的启示

中国农村社会工作的开展,从广义的范围来说是一个管理问题,权变理论无论是对农村社会工作专业模式的建构,还是对农村社会工作者的个人素质培养都具有启迪意义。第一,权变理论认为,没有适应一切、一成不变的组织结构和模式。农村社会工作应根据所在地区的具体政治、经济、文化以及受助群体的特征环境来适时地选择社会工作的专业模式和服务方法,不可用一成不变的专业实践模式去服务所有的农村地区。第二,农村社会工作应重视农村社会工作者的培养。

权变理论也有着自身的缺陷,如过度地考虑过于庞杂的环境、领导变量以及两者之间的相互作用,会给农村社会工作的实践效果带来事倍功半的消极影响;现有的权变理论过于强调领导对所在环境的适应性,不利于农村社会工作者主观能动性的发挥,也不利于相关农村问题的解决。

---

① [美]费莱蒙特·E.卡斯特、詹姆斯·E.罗森茨维克:《组织与管理:系统权变方法》,傅严、李柱流等译,中国科学出版社 1976 年版,第 139 页。

六、系统理论

（一）系统理论的基本内容

> 系统理论和生态系统理论是在农村社会工作中经常用到的理论，在讨论大多数案例时几乎都需要系统理论的考量。

系统理论主要包括一般系统理论和生态系统理论。在社会工作中，系统概念和理论的使用主要来自冯·巴特兰菲的一般系统理论。所谓系统，是指若干部分相互联系、相互作用，形成的具有某些功能的整体。一切实体、存在（如人、家庭、邻里、组织等）都是一个系统，一个系统又是由其子系统构成；一个系统会不断地与周围环境发生互动现象，但不会因此而被环境消解，这主要就是因为系统是有其边界底限的，任何一个系统都有自身和外界的界限，正是依靠这些界限把系统和社会环境区别开来。

依据系统的开放程度，系统可分为开放系统和封闭系统。开放系统是指具有开放性的系统，其主要特点是界限周边的事物具有相互渗透性，表现为内部的资料、能力和资源与其外部环境发生互动和交换的系统。这种系统的优点是易于与外界取得密切的联系，动力大、活力足，也易于从环境中获取资源；缺点是可能会影响它所能得到的支持力度，因为过分的开放和活力使其在系统内外不易建立较为巩固的关系。封闭系统是指那些具有封闭性的系统，特点是界限固定、僵硬，不允许发生互动和交换，是一个与外界环境完全相互独立的系统。因为往往是由同类群体组成，具有较高的同质性，所以，系统内部相互之间支持的力度比较强；缺点是同质性高，系统内部资源就相对较少，加之与外部环境没有互动，使其较难获得环境中的资源和支持。开放系统和封闭系统并不是绝对的，在一定的条件下可以相互转化。

系统理论认为，系统的内部与外部环境之间的互动和交换，使系统的各个组成部分保持了联结状态。系统理论尤为重视所谓的结构平衡和最佳的稳定状态，认为如果一个系统出现了问题，就说明该系统与其他系统之间的平衡出现了问题。

生态系统理论是系统理论中的另一支柱，由卡罗尔·梅叶最先提出。其核心观点就是生命系统与周围的环境之间有着持续的交流和互动,在社会工作实务过程中强调要对人与环境两方面进行理智平衡的把握。

(二)系统理论对农村社会工作的启示

乡村振兴战略是一项巨大的系统工程,系统理论可以给农村社会工作者以启迪。第一,农村社会工作者在农村社区开展工作时,要认识到农村社会是一个各组成部分有机联系的整体,开展农村社会工作要从系统的角度出发。第二,农村社会工作不应把为服务对象的着眼点仅放于当事人身上,要从与其相关的周围系统中的多方面来分析问题、解决问题,不但重视案主系统,还应关注目标、行动和改变媒介等系统,这样才能从根本上帮助案主解决问题。第三,从系统理论来看,农村社会工作者应认识到农村居民与各个系统之间的关系是动态的、不固定的,因此,需要不断地对农民与环境的关系作出及时的判断,把他们的问题放到各层面的系统中去分析和加以解决。

系统理论在指导农村社会工作时也有着自身明显的缺陷。因为系统理论过度地强调人与环境的相互依赖,不利于农村社会工作发现受助者与环境之间已有的矛盾;它还具有非方向性,致使农村社会工作可以容纳任何一种理性介入方法,容易转变成福利管理主义。

七、女性主义

(一)女性主义的基本内容

女性主义往往被认为既是一项争取男女两性平等的社会运动,也是消除性别歧视和解放女性的一种文化思潮。它与妇女的解放运动始终关联。妇女运动主要分为两个时期:第一个时期是指19世纪末期的妇女运动,主要强调两性平等、参与政治权利、突出女性在智力和能力上与男性没有区别;第二个时期的妇女运动发生在20世纪60—80年代的美国,这次运动的主要宗旨是消除性别歧视

性别视角在农村社会工作中尤为重要,同时也是农村社会工作的切入点和突破口,可以说贯穿工作的始终。

和性别差异。

长久以来,男权制度一直是社会的主流价值。在男权占主导地位的社会中,因为争取男女平等的方式和道路的不同,女性主义发展出自由主义女性主义、社会主义女性主义和激进女权主义三个流派。也有学者将女性主义划分为后现代女性主义、文化女性主义和黑人女性主义等。具体来说,女性主义理论的基本观点主要包括以下几点:第一,现实中男女两性不平等的状况应该也必须加以改变。第二,在社会中,主流的男权制度规定着两性的性别角色和行为,把女性强制限定在小范围的私人领域中,使女性依赖于男性,并在与男性的互动中处于被动的从属地位。第三,两性关系具有政治性的特征,与女性有关的社会问题的发生与占社会主导地位的男权制度有关,是男权的社会制度对女性的压迫所致。第四,男权制度是先于资本主义制度而存在的,所以,推翻资本主义制度只是女性压迫得到解放的必要不充分条件。第五,女性主义与世界体系理论有关,世界体系理论将世界区分为中心地域、半边缘地域和边缘地域,并倾向于对这三个地域之间的权力关系进行分析。在世界体系理论中,女性常被看作男性家庭中的附属,不会单独地考虑女性,不会单独地分析女性在经济发展中的贡献。

(二)女性主义对农村社会工作的启示

传统的男权主义在中国的农村社区有着根深蒂固的影响,"重男轻女"就是对它的最直观反映。时下的农村社区中,男女不平等的现象仍然存在;许多农村妇女在家庭中地位低下,尤其是改革开放以后农村出现的留守妇女大军不但承受着家庭劳动的沉重负担,还可能遭遇丈夫变心、同村男性骚扰等困境。因此,农村妇女作为弱势群体中的弱势者,应当成为农村社会工作关注的重点。农村社会工作者可以从宏观和微观两个方面帮助农村妇女。在宏观方面,农村社会工作者应与政府沟通,推动各级政府出台尊重妇女劳动和保障农村妇女权利的各项政策,为实现农村妇女的基本权益作出努力。在微观方面,第一,通过农村个案工作,提升妇女的平等权利意识,调整部分农村妇女否认自己的错误认知,肯定她们的自我价值，增强她们实现自我价值的自信心；第二，通过农村小组工作，将具有相同问题的农村妇女组织起来，促进她们相互交流，共同面对困难，也可以请已经解决困难的妇女重新回到小组，与她们分享解决经验；第三，通过农村社区工作，为农村妇女建构社区支持网络。

需要注意的是，社会工作在农村社区中过分地强调女权主义，可能会给社区带来新的权力冲突。因此，农村社会工作者应当根据所在地区的实际情况选择合适的专业服务方案，这样才能实现农村社会工作的初衷。

八、后现代主义

（一）后现代主义的基本内容

后现代主义是开始于 20 世纪 60 年代的一种西方社会思潮。关于后现代主义的定义比较广泛，后现代主义者之一的格里芬有关后现代主义的一段话可以帮助我们更好地理解后现代主义的内涵："如果说后现代主义这一词汇在使用时可以从不同的方面找到共同之处的话，那就是，它指的是一种广泛的情绪而不是任何共同的教条，即一种认为人类可以而且必须超越现代的情绪。"①。

虽然后现代主义的定义很难统一，但它的基本理论取向却在学术界达成了一致，后现代主义共有四种理论倾向：以强调内在联系的实在性为特征；突出整体有机论；强调过去和未来之间有一种新的时间联系；后现代主义具有创造性和多元论的理论取向。后现代主义具有三种形态：一是激进的或否定性的后现代主义；二是建设性的或修正的后现代主义；三是简单化的或庸俗的后现代主义。

在后现代的诸多学者中，影响较为深远的是米歇尔·福柯（Michel Foucault）和让·布希亚（Jean Baudrillard）。福柯对现代社会中的权力运作机制进行了重新阐释。在他看来，现代社会遵循

---

① [美]大卫·雷·格里芬：《后现代精神》，王成兵译，中央编译出版社1998年版，第20页。

着一套"真理"的权力机制来实现社会控制。其中,社会中所谓的"真理"是通过权力斗争的方式得来的。现代社会就是经过话语和权力的实践过程来达到对主体文化权力掌控的目的,从而对社会秩序进行维护,福柯认为应对那些有悖社会秩序的疯狂、"异常"性行为进行监控。布希亚用后现代的思想对文化和符号进行了反思,强调文化的断裂和符号差异的模糊性。布希亚对当前被称为"后工业时代"的高科技社会进行了后现代性的反思。他提出社会发展三阶段理论:前现代社会即由符号交换建构起来的社会秩序;现代社会即借助围绕生产组织起来的客体系统将个人整合到资本主义社会秩序中;后现代社会即一个由模型、符码、控制论支配的幻象时代[①]。他还认为社会进行变迁的历史使命应寄托在社会边缘群体的身上,如黑人、妇女等。在他的印象中,后现代社会是一个符号的时代、幻想的时代、消费的社会。

后现代主义通过话语的解构来破除以往所有理论的"真理"和"客观性"的预设,并把话语看成人们争夺权力和意识掌控权的主要方式和手段。

(二)后现代主义对农村社会工作的启示

第一,后现代主义中的关系多样性、思考多元化的理论主张提醒农村社会工作者应多角度地认识农民受助者,切勿只将农民当作被动接受的工具,要充分认识他们的主体地位,激发他们的创造力,更好地解决他们遇到的问题。第二,后现代主义把"社区作为恢复主体权力、培养成员自我意识和参与行动、养成共同体意识的重要场所"[②]。在农村社会工作中,应充分重视社区工作,实现社区之间、社群之间的协调和沟通。第三,后现代主义比较关注边缘群体和弱势群体的生活现状和心理状态,这告诉农村社会工作者需要主动关注农民的境况,更诚心地服务农民。第四,后现代主义对话语、符号暴力的分析告诉农村社会工作者应尤其注意与受助者、广

---

① 乐国林:《后现代的社会理论与后现代之下的社会工作》,《社会科学辑刊》2002年第4期。
② 同上。

大农户进行交流时的言语使用和表达，防止出现符号暴力。

后现代主义提示我们在开展农村社会工作时不要局限于仅有的认识和思维，应多思考、多实践，开辟农村社会工作的多种可能性。同其他理论基础一样，后现代主义并没有提出一套对农村社会工作有建设性意义的服务和介入模式，只是一味地批判传统价值观，但并未提出让大家接受的新价值观。此外，对不确定性的过分强调会使社会工作的开展无据可循，容易形成工作的随意性。

第三节　农村社会工作的实务理论

农村社会工作的实务理论是指在开展农村社会工作服务过程中所运用到的策略、思路与实务模式。农村社会工作的实务理论对社会工作者开展农村社会工作实践具有指导意义，为实践提供了方法和原则。

一、弱势群体和社会支持理论

（一）弱势群体和社会支持理论的基本内容

弱势群体又称脆弱群体，是一个用来对现代社会的经济分配和社会权利分配的不平等以及社会结构不协调、不合理进行分析的概念。当前，学者依据自己的研究旨趣和学科特点对弱势群体进行了不同角度的界定。经济学认为"脆弱群体指的是这样一些人口群体：由于各种外在和内在原因，他们抵御自然灾难和市场风险的能力受到很大限制，在生产和生活上有困难。脆弱群体一部分已经是贫困者，另一部分是潜在的贫困者"①。政治学认为弱势群体"是属

---

① 沈红：《中国贫困状况与贫困形势分析》，载汝信、陆学艺、单天伦：《中国社会形势分析与预测》，社会科学文献出版社1998年版，第93页。

于政治力量低下，在竞争中处于不利地位或需要用政策、法律来维护其正当权益的人"①。社会学从经济利益关系的角度将中国社会各阶层区分为四个主要社会群体，即特殊获益者群体、普通获益者群体、利益相对受损群体和社会底层群体②。其中，社会底层群体即弱势群体。

社会支持作为一个专业术语，在20世纪70年代被正式提出来。索茨把社会支持定义为"重要的他人如家庭成员、朋友、同事、亲属和邻居等为某个人所提供的帮助功能。这些功能典型地包括社会情感帮助、实际帮助和信息帮助"③。他还进一步将社会支持区分为物质性支持、情感性支持、工具性支持、满足自尊的支持、网络支持和抚育性支持等类型。科恩和威尔斯将社会支持分为四个方面：一是尊重的支持，指的是个体被他人尊重和接纳，又称作情感性支持；二是信息支持，即有利于对问题事件进行说明、理解和应对支持；三是社会成员身份支持，即能够与他人共度时光，从事消遣或娱乐活动，这可以满足个体与他人接触的需要，转移对压力问题的忧虑或者通过直接带来正面的情绪影响来降低对压力的反应；四是工具性支持，指提供财力帮助、物资资源或所需服务等④。

中国学者则多从社会网络的角度对社会支持理论进行阐释，认为社会网络可划分为正式社会网络和非正式社会网络两种。正式社会网络主要包括政府、企事业单位、社区组织和市场等官方的、制度性的网络；非正式社会网络包括血缘关系（自己及配偶的父母、兄弟姐妹及子女）、亲缘关系（自己及配偶的亲戚）、业缘关系（同事及同学）、地缘关系（邻里）和私人关系（朋友）五种非官方的、

---

① 赵慧珠：《中国社会弱者的社会支持因素》，《东岳论丛》2000年第1期。
② 李强：《当前中国社会的四个利益群体》，《学术界》2000年第3期。
③ [荷] 马特·G. M. 范德普尔：《个人支持网概述》，肖鸿泽，《国外社会学》1994年第4期。
④ S. Cohen, T. A. Wills, "Stress, Social Support, and the Buffering Hypothesis", *Psychological Bulletin*, 1985（2），pp.310-357.

非制度性的关系①。

(二) 弱势群体和社会支持理论对农村社会工作的启示

在中国，相比城市地区而言，农村地区无论是在政治权利的实现上还是在经济水平的发展上，都处于落后、弱势的地位。那些生活在农村中的留守老人、留守妇女和留守儿童更被看作弱势群体中的弱势者。因此，农村社会工作应为农村中的弱势群体建立多层次、多形式的现代社会关系支持网络，切实帮助他们解决困难。此外，农村社会工作者应促使弱势群体自觉并自助，使弱势群体通过自身的努力或从与他人的互动中来获取社会资源，最终由"弱"变"强"。例如，要帮助和动员农村留守老人、妇女及儿童加入社会支持网络，如老人活动中心、妇女之家、"四点半课堂"等，为留守群体建立彼此之间的支持和帮助，提升他们处理问题的能力，并提供心理支持。

> 如何构建新的农村社会支持网络，是在制定农村社会工作方案中必须考虑的因素和理论支撑。

二、社会资本理论

(一) 社会资本理论的基本内容

社会资本理论兴盛于 20 世纪 60—70 年代。社会资本的概念界定基于多重视角。一是微观视角的界定。布迪厄在社会网络的基础上把社会资本定义为："当一个人拥有某种持久性的关系网络时，这个由相互熟悉的人组成的关系网络就意味着他实际或潜在所拥有的资源。"② 因此，一个人拥有社会资本量的衡量既取决于其调动资源关系网络的规模，也取决这个网络内人群拥有资本的数量。二是中观视角的界定。詹姆斯·科尔曼（James S. Coleman）从社会结构的意义层面上界定社会资本概念："社会资本是由它们的功能而来的，它不是某种单独的实体，而是具有各种形式的不同实体。其

---

① 丘海雄、陈健民、任焰:《社会支持结构的转变：从一元到多元》,《社会学研究》1998 年第 4 期。
② [法] 皮埃尔·布迪厄:《文化资本与社会炼金术》,包亚明译,上海人民出版社 1997 年版,第 202 页。

共同特征有两个,即社会资本由人际关系结构中的各个要素组成,它不依附于独立的个人;社会资本只为结构内部的个人行动提供便利,并且它还具有不可转让性。与物质资本和人力资本一样,社会资本并非可以完全替代,只是对某些特殊的活动而言,它可以被替代为某种行动提供便利条件的特定社会资本。"[①]在科尔曼看来,这种社会资本不是通过市场交换产生的,而是在较稳定、封闭的社会结构中通过互动形成的。三是宏观视角的界定。罗伯特·普特南(Robert D. Putnam)认为:"社会资本是指社会组织的特征,诸如信任、规范以及网络,它们能够通过促进合作行为来提高社会的效率;像其他形式的资本一样,社会资本也是生产性的,它使得某些目标的实现成为可能,而在缺乏这些社会资本的情况下,上述目标就无法实现。"[②]在普特南看来,社会资本会促进自发的合作,并已渗透到政治秩序的内在结构要素中,必然能推动政治的有序运行,它最重要的影响力是在社会和政治生活之中。

虽然对社会资本的概念界定一直以来没有公认的唯一的界定,但研究者达成以下共识:第一,社会资本功效达成的共识,即社会资本是一种分析问题的新的概念工具,并认为这种概念工具具有积极功效;第二,社会资本表现形式达成的共识,即都承认社会资本有多种表现形式,包括关系网络、信任、规范以及声望等。

(二)社会资本理论对农村社会工作的启示

第一,农村社会工作要致力于增强农村社区居民间的互助,重建约束和帮助机制。改革开放以来,随着进城务工人员的增多,农村原有的社会网络逐渐淡化甚至瓦解,约束和帮助机制日渐消解。因此,要消除农村社区的问题,就必须重建农村社区的社会网络,加强对农村社区社会资本的构建,促进农民之间的互助。第二,在开展农村社会工作的专业服务时,还应理顺农村社区的各种关系,

---

[①] [美]詹姆斯·S.科尔曼:《社会理论的基础》(上),邓方译,社会科学文献出版社1990年版,第354页。
[②] [美]罗伯特·D.普特南:《使民主运转起来》,王列、赖海榕译,江西人民出版社2006年版,第195—196页。

如村与村之间、村与组之间、组与组之间的关系；家族之间、宗族之间的关系；社区与基层政府之间的关系等。第三，农村社会工作者应认真学习政府有关助农发展的相关决策和信息，努力利用这些优势服务农村社区。

三、增权理论

（一）增权理论的基本内容

增权是由"empowerment"翻译过来的，又被翻译成充权、赋权。增权理论是在权力、无权和去权等概念体系中建构出来的。在20世纪70年代开始实践于社会工作专业中，以1976年所罗门（Solomon）的《黑人增权：受压迫社区中的社会工作》一书的出版为标志。所罗门认为，增权是一个处理问题中特殊障碍的过程，是对受到了外在社会污名化团体的重新界定，从而促使团体内的成员全新认识自己的团体，以达到增强自信和自尊的目的。同时，他还强调增权是一个减少无权感的过程，主要方法是通过发现"无权的一群"的权力障碍，帮助这一群体消除非直接权力障碍（如形象低落、无助感、宿命观念等）的效果与直接权力障碍来进行操作。增权的核心概念是权能，这主要包括两种观点：一是能力观，代表人物是平德休斯（Pinderhughes）。他认为："'权能'是一种能力，可以掌控自己生活空间与发展的各种有利动力，而凡是会阻碍个人对自己生活空间行使决策或自我控制的机会就是缺乏权能"[1]。无权不仅是指主体缺乏能力或资源，更重要的是指主体自身的那种无权感。二是意识观，其主要代表人物李（Lee）认为："'权能'是个人觉醒到自我的意识和认知受到压迫，才能透过此觉察的增权历程中看到更多的选择机会，也才能促进个人或周围环境的转型，个人终于得以脱离压迫与原来社区生活的历程及结果，朝向改变社会的

---

[1] E. B. Pinderhughes, "Empowerment of Our Clients and for Ourselves", *Families in Society*, 1983（6）, pp.331-338.

方向发展"①。

> 增权与赋能既是农村社会工作的重要理论基础,也是工作的理念和手法。

增权理论的最终目标是激发个体的潜能,这是建立在五个假设基础上的:一是个人经历深切而全面性的无力感,以致无法与环境交流、实现自己;二是个人周围存在直接与间接的权能障碍,以致无法参与社会与政治、实现自己;三是权能可以透过社会互动增加与衍生更多的个人及人际权能;四是案主应被视为有能力、有价值的个人;五是社工人员应与案主建立一种伙伴关系②。增权理论强调个人的主观能动性和主体潜能,认为个人有能力也有机会对生活和工作作出决定。同时,增权又强调主体的潜能在得到发挥后,应努力保持这种能力,从而改变他们自身的被动地位。

总体而言,增权可以被视为一种理论或专业实践、一个服务目标或心理状态、一个发展过程和一种工作的介入模式。值得注意的是,增权并不是"赋予"人们权力,而是要挖掘或激发人们的潜能③。

(二)增权理论对农村社会工作的启示

增权理论的发展方向是服务弱势群体,与农村社会工作中助人自助的核心思想有不谋而合之处。第一,增权理论强调工作者与案主之间的伙伴关系、案主的长处,承认案主是积极的主体。对于农村社会工作者来说,在对待受助者时应与其建立充分的伙伴关系,对受助者的表达、说明、自身的生活理解和反思应积极地鼓励。第二,农村社会工作者应相信农村社区受助者的潜能,并通过专业服务开发本社区的资源,特别是增强受助者的权利感、能力感和自信心,培养他们参与、权利、发展和自主的意识,增加他们对生活的决定能力、适应社会发展的能力以及解决现实问题的能力。第三,农村社会工作者也应注意,在协助受助者为了他们自身的利益向社会争取权利以及促使他们作出生活决定时,切不可违背案主自决原

---

① 转引自唐咏:《中国增权理论研究述评》,《社会科学家》2009年第1期。
② 何雪松主编:《现代社会工作理论》,华东理工大学出版社2005年版,第290页。
③ 陈树强:《增权:社会工作理论与实践的新视角》,《社会学研究》2003年第5期。

则，代替受助者作出有悖于他们实际情况或期望的决定。

四、亚文化理论

（一）亚文化理论的基本内容

亚文化是与主文化相对立的一个文化概念。所谓主文化，是指在社会中起主流作用的文化，即在社会上占据主导地位，为社会中的大多数成员所接受的文化。主文化体现的是一个特定社会中文化的同质性和共通性，能够对大多数社会成员的价值观念、行为方式、认知思维产生重大的影响。对于亚文化，不同的学者给出了不同的界定。德国著名的犯罪学家施耐德（Hans Joachim Schneider）认为："亚文化指的是一种社会性的行为和价值体系，它独立于社会上主导的行为和价值体系而存在，但仍然是这一主要体系的一部分。生活在亚文化中的群体分享主导文明的因素，也保持某些独特的行为榜样和价值观念"[①]。美国社会学者波普诺（David Popenoe）指出："从广义上来说，亚文化通常被定义为更为广泛的文化的一个亚群体，这一群体形成一种既包括亚文化的某种特征，又包括一些其他群体所不包括的文化要素的生活方式"[②]。

亚文化具有一种认可的凝聚力，是属于这一文化群体中成员间交往的中介和共同的价值标准。亚文化理论认为，在当前复杂的社会环境中包含着众多的亚文化，其中的每一个亚文化都有其独特的标识、符号、价值观念、行动模式和目标。亚文化又可以分为民族亚文化、职业亚文化和越轨亚文化。民族亚文化是为社会中少数民族群体所特有的文化，如汉、满、回等多种民族亚文化；职业亚文化是指为各种职业群体特有的文化，如现今各个行业的术语、道德、习惯等；越轨亚文化指为一些反社会集团所特有的文化，如在

---

① ［德］汉斯·约阿西姆·施耐德：《犯罪学》，吴鑫涛、马君玉译，中国人民公安大学出版社1990年版，第571页。
② ［美］戴维·波普诺：《社会学》，李强等译，中国人民大学出版社1999年版，第78页。

群体内创造了一套联结暗语或黑话。

亚文化对于处于文化内的社会成员起着提高认同的作用,而对文化外的社会成员有着启发、激励他们作出该文化行为的作用。可以借用罗伯特·贝尔(Robert Baer)的一句话来理解亚文化的作用:"亚文化刚刚开始活动的时候,它的一项重要职能就是招募和同化新成分……个人一旦被亚文化吸引过去,经过一段时间的学习便达到完全同化的地步。谁想要归属亚文化,谁就应掌握它的全部符号和特征,他不仅应当根据自己的意愿,而且要根据亚文化的要求作出非随众行动。"[①]

(二)亚文化理论对农村社会工作的启示

随着生产力的发展和科技的进步,全球化趋势日益明显,各种思想观念渗透到世界各地,也辐射到中国的广大农村地区,对传统文化带来了巨大的"撞击"。因此,一方面,在农村社区开展工作应充分考虑文化多样性,同时重视本土文化的建设;另一方面,农村社会工作者应充分学习亚文化理论,并认识到农民往往被主流文化看作为亚文化群体,所以,在对农民受助者开展专业服务时,应给自身和案主各自的角色予以明确的定位,更好地帮助受助当事人解决问题。例如,在开展农村青少年越轨行为矫治的工作时,应认清彼此的角色,并充分考虑所在地区青年亚文化的状况,不能仅从案主单个人的问题角度出发。

五、标签理论

(一)标签理论的基本内容

标签理论又称为烙印理论,形成于20世纪50年代的美国,60年代逐渐兴盛,70年代已经成为美国社会学界研究心理、犯罪等越轨行为最主要的理论。标签理论主要从符号互动理论演化而来,认为越轨行为是社会互动的必然产物。标签理论主要研究越轨行为

[①] 朱力:《抑制社会转型中的不良亚文化》,《社会科学研究》1995年第2期。

发生的过程而并非研究越轨行为产生的原因，认为一个社会成员之所以发生越轨行为，就是因为在社会交往的过程中，在熟悉群体、陌生群体以及社会上的正式和非正式组织处理个人的越轨行为时，被贴上诸如"杀人犯""坏人"的标签，这些主观赋予的标签带有一种社会耻辱性标记，它把这些越轨者同社会上的非越轨者区分开来。而被贴上标签的那些越轨者也慢慢认可并逐渐按照标签的指示，继续从事越轨行为。长此以往，越轨者将会越陷越深，最终难以自拔。同时，"标签理论强调社会对越轨者的反应，包括训斥、责骂、歧视、惩罚等，认为社会的反应是造成初级越轨者一步步加深，最终陷入'越轨生涯'这一深渊的重要原因"①。

标签理论的代表人物是美国社会学家贝克尔（H. S. Becker）。标签理论的主要内容包括以下三点：第一，对越轨行为的解释。贝克尔认为，世界上并无越轨行为的本身，而是人们通过社会规范的界定之后，某种特定行为才成为越轨行为。社会团体制定了规范，并把破坏这个规范的人界定为越轨行为者，然后再以标签将他们公开地标示为"越轨者"，从而使"圈外人"踏上"越轨生涯"②。所以，标签理论认为越轨行为的发生源自社会反应，越轨行为由社会建构形成。第二，标签的张贴具有选择性。在贝克尔看来，并不是越轨行为都会被贴上标签。换句话说，标签的张贴是有选择性的，它因时、因地和因人的不同而不同；同时，标签的张贴表现了社会的不公平，弱势者极易被贴上标签。第三，越轨行为的形成是一种被辱的过程。标签理论认为越轨行为是一个动态的、相对的过程。这一被辱过程主要有三个步骤："首先是权威者或关系密切的人对越轨行为的觉察；其次是对越轨者贴上违规标签；最后是越轨者加入越轨群体或越轨亚文化，他的越轨行为在群体和亚文化中得到支持和认可"③。

---

① 康树华、张小虎：《犯罪学》，北京大学出版社2004年版，第286页。
② H.S. Becker, *Outsiders: Studiers in the Sociology of Deviance*, New York: The Free Press, 1963, p.914.
③ 徐玲：《标签理论及其对教育"问题青少年"的启示》，《社会》2000年第5期。

（二）标签理论对农村社会工作的启示

社会工作的一个重要任务就是要通过一种重新定义或标定的过程来使那些原来被认为是有问题的人恢复为"正常人"，农村社会工作也应担此重任。第一，在广大的农村地区，越轨行为时常发生。农村社会工作者在对待越轨农民案主时，应摒弃对案主的偏见，认识其越轨行为的特殊性。同时，社工要努力调整案主认知，重塑其"自我"意识，促进案主的改变。第二，农村社会工作者在农村地区应拓宽专业服务范围，积极地给案主所在的非正式群体提供服务和帮助。既要做好所在农村越轨团体的解体工作，也要积极地做好家庭、邻里等初级群体的引导辅助工作。第三，农村社会工作者应做好越轨者的回归工作，减弱断裂的"标签效应"。在农村社会工作的专业实践中，农村社会工作者除了应该积极鼓励引导案主回归社会外，还应注意存在着社会的消极影响和人们的负面心理等断裂的标签，应致力于减弱它们的再作用。

六、社会分层理论

（一）社会分层理论的基本内容

> 在农村社会工作中，既要关注农村社区资源，也要关注农村社会资源，了解社区结构与分层。

社会分层主要是指根据特定的标准，将社会成员划分为高低有序、等级不同、层次不同的多个社会群体的过程和现象。它体现的是社会的不平等。

社会分层经典理论的主要人物是卡尔·马克思和马克斯·韦伯。他们提出了两种基本的理论范式和分析模式，即阶级理论和多元理论。这两种理论对社会分层的决定要素、形式以及实质等作出了不同的说明，代表了社会分层中的两种基本的理论视角。

马克思最先提出了一套系统的阶级理论，这是马克思主义的核心要素之一。他的阶级理论主要包括四个方面的内容：第一，阶层与社会结构论。马克思认为，阶级出现于由历史组成的社会结构中，在历史上，不同时期、不同的社会结构常存在着不同的阶级特征。因此，必须把阶级放在特定的社会时空框架内作具体的研究，而不是将其仅看作抽象的概念。第二，阶级产生与演变论。马克思的阶级史观建立在他的历史唯物论上。马克思认为，阶级只有在出现了剩余产品和生产资料私人占有的条件下才会产生，并指出社会分工是阶级产生和演变的基础。第三，阶级划分标准论。马克思将阶级的存在同生产发展的一定历史阶段（生产关系）联系起来，从生产过程中工人与资本家对生产资料的占有关系来揭示阶级的本质。在私有制社会里，是否占有生产资料或劳动决定着人们的阶级归属。第四，阶级划分的必要条件论。马克思认为共同的生活方式、阶级利益和教育程度是划分阶级的必要条件。马克思虽然反复论证在阶级产生中经济因素的决定性作用，但同时也充分认识到政治和生活方式等因素的影响，避免了片面性[1]。

韦伯提出了多元社会分层理论。主要包括：第一，综合标准论。韦伯采用三位一体的分层标准，主张用经济标准、社会标准和政治标准来进行社会分层。第二，阶层论。韦伯用秩序来表示社会阶层，他认为秩序是高低不等的权力的表现。权力有三种秩序，分别是经济秩序、政治秩序和社会秩序。第三，阶级论。韦伯解释的阶级有两层意思：一是阶级是以财产来界定的；二是市场是决定个人生活和社会地位的基本条件，阶级的情况是由市场的情况决定的，阶级状况就是市场状况。第四，地位团体论。韦伯以生活方式来界定地位，认为地位团体具有以下特征：一是相同地位团体的人有其独特的生活方式；二是排外性；三是特权性[2]。

（二）社会分层理论对农村社会工作的启示

农村社会工作应努力维持社会的公平和正义，努力为农村居民及其弱势群体谋求利益；农村社会工作者在看待和解决农村居民问题时，应从多个维度如经济、权利、受教育程度等全面认识受助当事人，切不可仅从一个维度单方面、片面地认识受助者，这样将更有利于问题的解决；农村社会工作者在农村开展专业服务时，需

---

[1] 瞿铁鹏：《马克思主义社会理论》，上海社会科学院出版社1995年版，第39页。
[2] 何景熙：《西方社会学史纲》，四川大学出版社1995年版，第156—161页。

认清农村和农民的现实地位，放下自己的主观偏见，努力倾听受助者的心声，理解他们真实的处境，依循农村现实的分层实际来理解他们。

复习思考题

1. 简述农村社会工作的价值观及其作用。
2. 简述农村社会工作的价值体系。
3. 简述农村社会工作的理论基础对农村社会工作的启示。
4. 简述农村社会工作的实务理论对农村社会工作的启示。

参考文献

1. Frederic G. Reamer：《社会工作价值与伦理》，包承恩等译，洪叶文化有限公司 2000 年版。
2. 何雪松：《现代社会工作理论》，华东理工大学出版社 2005 年版。
3. 李迎生：《社会工作概论》，中国人民大学出版社 2004 年版。
4. 王思斌：《社会工作概论》，高等教育出版社 1999 年版。

第五章

农村社会工作实务模式

农村社会工作的实务模式是对农村社会工作实务工作方法和过程的总结与归纳，也是农村社会工作应遵循的一般程序。本章在阐述农村社会工作实务模式的含义与特征的基础上，重点分析了农村社会工作实务模式的类型及其选择与评估，同时介绍了农村社会工作实务的通用过程模式。

第一节 农村社会工作实务模式概述

一、农村社会工作实务模式的含义

模式通常指人们基于某类问题解决方法的总结和归纳所进行的理论概括,也称为范型、范式或模型。因此,模式是从经验中提升出来的一种相对稳定并具有普适性的解决问题的方式方法。美国社会学家瑞泽尔(George Ritzer)指出,模式是对客观事物的综合描述和科学抽象,它由与研究对象有关的因素构成,体现了各种因素的特征及内在逻辑形式,并对现实具有指导作用和借鉴价值。

实务(practice),也译为实践,是社会工作专业服务的核心概念。社会工作实务泛指社会工作者在各种处境中帮助服务对象和从事管理工作的活动总称。

农村社会工作的实务模式是对农村社会工作实务中解决各类问题的方法的总结与归纳,对农村社会工作具有重要的指导意义。农村社会工作的对象千差万别,其面临的问题错综复杂,因而实务工作中使用的具体方法技巧各不相同,但其中所贯穿的专业理念和方法具有一定的共同性,这也是农村社会工作实务模式产生与发展的基础和必然。因此,农村社会工作的实务模式即在农村社会工作实务过程中逐渐形成的具有普遍性的工作方法,是农村社会工作实务共性的概括和抽象,是农村社会工作实务活动的类型化,也是农村社会工作基本规律与农村社会工作实务本质特征

> 英文practice的翻译让很多学者困扰,也正因如此,实务模式与实践模式常常被学者们混淆使用。相对而言,中国学者在社会工作研究更多使用实践的概念。

的理论化说明[①]。

二、农村社会工作实务模式的特征

作为社会工作的一个分支，农村社会工作的实务模式必然具有社会工作实务模式的一般特征，如中介性、普适性、相对稳定性等。与此同时，由于农村社会工作是以区域划分的社会工作分支，它以农村社区为活动舞台，这就使其实务模式也相应地具有鲜明的区域性特征。总体上，农村社会工作侧重通用（整合）及社区为本的实务模式，具体的方法策略也经历了从个案/家庭、小组工作的专业方法到社区为本的整合社会工作实践的转变[②]。具体来说，农村社会工作实务模式的特征主要体现在以下五个方面。

1. 普适性

农村社会工作的实务模式具有普遍的、规范的实务指导性。农村社会工作实务模式指导下的农村社会工作服务强调工作者应该针对服务对象的不同特征和不同境遇选择相应的模式，再在该模式的基本框架下开展科学服务。同时，在同类型的助人服务中，模式是可以复制的，具有普适性。因为任何一种农村社会实务工作模式的形成都是经过无数次的实践总结提炼出来的，是特定场景下的特定问题的解决方案和最佳实践。农村社会工作的实务模式源于实践，但又高于实践。农村社会工作实务模式的提炼使农村社会工作的开展超越了感性摸索的主观局限，进一步走向专业化的普遍推广。在实际的服务中，农村社会工作者面对的服务对象可能是农村的老人、妇女、青少年等，他们面临的问题也许具有一定的差异，但是社会工作者可以透过这些表面的不同，针对同一性质的问题采用相同的实务模式。

> 普适性并非照搬照套，而是要善于寻找现实问题的本质与共性特征，运用经过检验的有效模式方法进行干预。

---

① 刘继同：《英美社区实务模式的历史演变与发展趋势》，《华东理工大学学报（社会科学版）》2004年第3期。
② 张和清、闫红红、尚静：《社区为本的农村社会工作实务模式探索——国内外农村社会工作研究文献的综述》，《学海》2019年第2期。

社会工作是在发现社会需求、回应社会需求中发展的。不同历史阶段社会的不同需求会催生不同的实务模式。因此，欧美社会工作不同实务模式的形成与发展，与其每个历史阶段的社会问题、社会结构以及社会工作专业发展紧密相关。历史性既体现了农村社会工作实务模式所解决的问题的时代性，也是比较分析农村社会工作实务模式的重要视角。

由于国外的社会工作主要以城市社会工作为主，因而中国农村社会工作的本土化不仅要面对社会工作的中国化问题，还要解决农村社会工作的本土化问题。思考：如何结合中国农村社会特有的文化传统与社会结构，充分吸收国外社会工作实务模式的发展规律和历史经验，发展具有中国特色的农村社会工作实务模式？

2. 中介性

农村社会工作的实务模式是在农村社会工作实务中形成的，在相对固定的理论架构指导下产生的具有普适性指导价值的社会工作服务方式，它是农村社会工作理论与农村社会工作实务的中介和桥梁。农村社会工作的实务模式是面向实践的，具有鲜明的应用导向。它不仅建立在一定的理论基础之上，而且还能够指出实务中需要注意的处置原则和具体实务技巧。因此，农村社会工作的实务模式可以看作农村社会工作理论的一种简化形式，也是对农村社会工作实务中诸多问题和关系的直观、简洁描述，它能够向人们表明农村社会工作实务过程中的主要组成部分及其相互关系。

3. 历史性

社会工作的专业发展具有鲜明的历史性特征，不同历史阶段形成与发展的社会工作实务模式因而也呈现出鲜明的时代特征。虽然农村社会工作的发展相对滞后，但在不同的时期也形成了不同的实务模式。从传统的遵循社会工作的实务模式，或者借助城市社会工作的价值理念、方法和技巧开展工作，到现在随着时代的发展探索出适应农村需求的各种农村社会工作模式，可以说，农村社会工作实务模式的发展也具有历史性，将随着社会发展而不断创新与拓展。

4. 本土化

本土化是指在立足中国农村发展现实的基础上，把来自国外的社会工作理论、方法与中国农村的传统、文化和价值观念有机地结合起来，使这种结合后的社会工作理论、方法能够有效地服务农村的发展。农村社会工作的本土化体现在：第一，针对服务对象，要缓慢地改变。因为农村的生活节奏比较缓慢，不能照搬城市社会工作的方式方法，社会工作者要有足够的耐心和自信心，要给予服务对象更多的信任和支持。第二，在实务模式的运用中，农村社会工作的实务模式被称为系统功能主义，要求社会工作实践能够运用系统的知识、价值和技术，发挥社会及个人的正向功能，促进农村社会良性发展。第三，在具体的工作方法上，要注重微观的个案工作，更要强调宏观的社区工作，鼓励服务对象运用各种社会支持网络建立自主组织。

5. 区分性

每种社会工作的实务模式都有自己独特的价值基础、政策目标、实务内容、服务对象和行动策略。不同实务模式之间虽然在处理具体事件时会有交集，但是不同的模式所聚焦的问题并不一致，各有偏重，在评估服务对象环境时选取的指标也不一致。因此，每一种模式都无法兼容并包，应注意区分各种实务模式的异同之处，加深人们对实务模式的理解，准确和全面地把握社会工作。在农村社会工作服务过程中，面对的问题可能各不相同，如农村老人赡养问题、留守妇女与儿童问题、干群矛盾等，当针对不同对象、不同问题时，社会工作者选用的实务模式也会有所不同。

第二节　农村社会工作实务的策略模式

一、农村社会工作实务策略模式的类型

农村社会工作模式可以分为过程模式和策略模式两大类。由于学者们对社会工作实务的通用过程模式已经形成共识，因此实务模式的研究常常指策略模式的研究。借鉴社会工作实务模式，尤其是社区实务模式的研究成果，依据不同的原则和标准，农村社会工作的实务模式可以划分为不同的类型。

因为过程模式研究较少，因而实务模式的研究探讨主要围绕策略模式进行。本节对于实务模式的分类与选择、评估，也主要是基于策略模式进行的。

（一）直接干预模式与非直接干预模式

借鉴班顿（Brendan）对社区工作模式的划分方法，依据社会工作者的干预方式，可以将农村社会工作实务的模式分为直接干预模式和非直接干预模式两种类型。

对于像农村留守儿童这样缺少社会经验、较为单纯的服务对象，直接干预模式较为适用。

直接干预模式是指农村社会工作的目标和选用的方法都是由工作机构和工作人员决定的，他们在服务中处于主导地位。直接干预模式基于以下两个基本假设展开：一是社会工作者对服务对象的问题和需要具有非常充分的认识和了解；二是由社会工作者提出的方法是最具效率的。这一模式的最大优势是效率高，弱势是缺乏民主。

非直接干预模式与直接干预模式正好相反。在这一模式中，机构和社会工作者只负责协助，社会工作者的角色是被动的，服务对象则处于主动地位。社区的问题和需要、工作的目标和方法完全由社区内的居民主动提出和推行。非直接干预模式的开展基于以下三个假设：第一，社区内居民对自己的问题和需要有充分的认识和了解；第二，居民有强烈的参与意愿，他们投入社区工作，效果会更为显著；第三，居民对社区内的事情有自决的权利。这一模式的最大优点是民主程度高，缺点是效率低下。

（二）泰勒与罗伯茨的五模式

美国学者泰勒（Taylor）与罗伯茨（Roberts）用资助者主导和当事人主导这两种取向分析各种不同的社区工作方法，提出社区工作模式可以根据资助者/当事人在实务、策略、决策中的影响程度三个因素分为五个模型[①]。借鉴这一视角,农村社会工作实务模式可以分为以下五种类型：

1. 项目开发和服务协调

项目开发和服务协调模式主要关注农村社区服务的机构或机构联盟的决策执行过程，其工作重点是实际的操作过程。农村社会工作者的任务是发现资源及利益机制，从事中介和社区联络工作，促进成员成长。

2. 策划

在农村社会工作实务的策划模式中，社会工作者主要扮演计划者的角色。策划模式强调理性决策，在实务过程中，其基本分工如

---

① S.H. Taylor & R.W. Roberts, *Theory and Practice of Community Social Work*, New York: Columbia University Press, 1985, p.12.

下：计划者依托正式机构和管理组织运作，利用理性程序和分析技术进行综合活动，以达成计划或预测将来事件，并细化和执行具体项目；民众作为消费者和社区的知情者，在决策中发挥一定的作用。

3. 社区联络

泰勒认为，在一些以提供直接服务（如老人服务、家庭服务、青少年服务等）为主要责任的机构也进行着社区层面的工作。因此，农村社会工作实务的社区联络模式主要是由直接服务机构的行政人员和直接工作者来执行社区工作的功能。行政人员除了内部行政工作外，还承担着社区层面的联络工作，如社区关系、支持活动、环境探测和机构间联系等，其目的在于促进机构间关系，通过交流及合作，确保机构提供有效服务、发掘社区资源、获得社区支持，为机构建立良好的形象。直接工作者的工作则涉及倡导、需求评估和项目开发等。这两类人员在工作中都需要运用社区实践的技巧干预社会环境和人际互动。

4. 社区发展

社区发展模式中当事人发挥着主要作用，工作者充当"使能者"的角色，工作集中在鼓励居民参与，培育当地领袖，组建有利于改善社会经济环境的机构。这种模式强调居民的参与和教育过程，目的在于借助自助、互助、社区研究和具体项目，使个人、群体、邻里和社区由"无能"转为"有能"。

5. 政治行动

政治行动模式强调成员的参与和介入，认为达成目标必须运用权力。农村社会工作者在这一模式中主要担任教师、资源开发者的角色，他们对于资助机构和当事人的影响都比较小。社会工作者可以利用合作技术提高居民和组织的士气，发展新服务和建立新决策机构解决问题，开展负责任的服务进行功能转换，形成社区层面的不同利益组织以实现权力转换，以此促进个人成长、技巧获得，以及制度和政治责任的变化。

（三）威尔和甘布的八模式

借鉴 20 世纪 90 年代中期威尔（Weil）和甘布（Gamble）根据

预期目标、目标系统或改变系统、主要对象、关注范围和社会工作的角色等纬度对社区工作实务的划分,可以将农村社会工作实务分为八种模式。

1. 邻里与社区的组织

邻里与社区的组织模式的预期目标是帮助某一地区成员在他们的地理区域内共同组织和工作,获得权力,以使他们能在涉及他们自己社会、政治、经济和自然环境的决策中具有更大的影响力。在农村外出务工人员的教育上,社会工作者可以运用这一模式。这一模式将能力发展和任务完成并重,社会工作者的角色主要是组织者、催化者、教师和教练。

2. 组织功能社区

组织功能社区模式的预期目标是要通过改变成员的行为和态度,提供服务来达到社会公正。这一模式致力于就某一关心的具体领域中作出正面的改变,所要改变的目标系统是大众和政府机构。由于关注的范围是特殊问题或群体,因此它可以是在地区层面上,也可以是在全球层面上。在农村老人的医疗和养老问题上,社会工作者可以运用这个模式。这一模式的主要策略是教育和提倡。社会工作者的角色是联络者、组织者、倡导者和催化者。社会工作者的任务是帮助成员相互认识,招募有相同兴趣的人来建立一个组织,致力于为某一事件或某一人群作出改变。

3. 社区的社会与经济发展

社区的社会与经济发展模式的中心目标是建立能力,为基层制订发展计划,帮助居民利用社会和经济投资来改善社会经济条件,增加机会,提高生活质量。这一模式所要改变的对象是低收入者、边缘人群和被压迫群体,帮助其在收入、资源和社会支持方面获得发展,改善基本教育状况和领导技巧。在城中村的改造和发展中,社会工作者可以运用此模式。在这一模式中,社会工作者主要扮演谈判者、教师、倡议者、计划人员和管理者的角色。

4. 社会计划

社会计划模式特别注重社会需求和地区公共规划的整合,协调服务网络。在这一模式中，社会工作者的角色主要有研究者、计划书撰写者、联络者和管理者。在新农村建设过程中，社会工作者可运用这一模式，依托村委会来推动社区的发展。

5. 项目开发和社区联络

项目开发和社区联络模式的目标或预期结果是要创造一种新的服务，扩充或重新调整机构的项目来改善对社区需求的回应，提高社区服务效率和组织新服务。该模式关注针对特殊群体进行服务开发。社会工作者的角色包括计划者、计划书撰写者、发言人、协调者以及在与社区团体和外部支持者的互动过程中的促进者。当项目确立之后，社会工作者经常担任经理、监督员和评估者，以确保项目处于轨道之中，满足它服务、改变和回应社区需要以及改变环境的目标。

6. 政治与社会行动

政治与社会行动模式的目标是促进致力于社会公正的行动，关注改变政策和政策制定者或改变不利于低收入群体的企业的行动。这一模式的主要策略是动员公众，强调建立政治权力和推动制度上的改变，以利于社会公正；平衡权力，使得那些早期被排除在决策过程之外的人能在未来的决策中发挥作用。社会工作者的角色包括拥护者、教育者、组织者和研究者。在内部，组织者根据团体的进程和决策的技能进行能力的培养，在外部集中于直接行动、传媒关系以及调查研究的能力。

7. 联盟

联盟模式的预期目标是建立多机构的权力基础，以影响项目方向和获取资源。这一模式关注的范围是与社会需要相关的特殊议题。由于联盟的建立有时间上的要求，所以，只有当组织在某一问题上遇到了相当的利害关系才会参与联盟。为了联合在一起，联盟发展复杂的互换关系，寻求对问题不同关注点的平衡，整合不同的角度。在这一模式中，调解和协商技巧是关键。社会工作者的角色是中介者、谈判者和发言人。

8. 社会运动

社会运动模式的预期目标是提出针对特殊群体或问题的新规

则，以采取追求社会公正的行动，集中在对政治和社会规范的改变上。这一模式要改变的对象是公众、传媒和政治体系。当社会运动成功了，先进的理念就会被接受成为新的、合法的政治和社会的规范。社会工作者的角色通常是倡导者和催化者。

（四）缺乏模式与优势模式

> 正确理解"需要为本"与"资产为本"，有助于了解缺乏视角与优势视角。

以社会工作者看待社区问题的视角来划分，农村社会工作可以分为缺乏视角下的农村社会工作和优势视角下的农村社会工作两种不同的实务模式。不同视角下的社会工作者介入农村社区开展工作时采取的策略是不同的。

1. 缺乏视角下的农村社会工作

缺乏视角是将服务对象问题化。无论是服务取向、教育取向，抑或是组织取向的农村社会工作，如果是以缺乏视角介入农村社区，基本的介入策略都是通过外来者的具体资助、现代教育和建立农民合作组织，帮助农村实现现代化。

这种模式的不足是，当从缺乏视角看待农民的问题和不足时，常采取"输血式"的方法帮助农民解决问题，这就使作为主体的农民被客体化了，导致他们的主体性、优势、能力和资产等都容易被忽视，进而不利于发挥农民的积极性和农民能力的发展。

2. 优势视角下的农村社会工作

塞勒伯（D. Saleebey）明确指出："优势视角是对传统社会工作实践的一次戏剧性飞跃。优势视角取向的实践意味着：作为社工所应该做的一切，在某种程度上要立足于发现和寻求、探索和利用案主的优势和资源，协助他们达到自己的目标，实现他们的梦想，并面对他们生命中的挫折和不幸，抗拒社会主流的控制。"[1] 所以，优势视角的实践要求我们从一个完全不同的视角来看待案主、他们的环境和他们的现状，不再是鼓励地或专注地集中于问题，而是把眼光投向可能性。它强调每个个人、团体、家庭和社区都有优势，

---

[1] ［美］Dennis Saleebey：《优势视角——社会工作实践的新模式》，李亚文、杜立婕译，华东理工大学出版社 2004 年版，第 20—25 页。

这种优势可以是财富，也可以是资源、智慧或知识；虽然创伤、虐待、疾病和抗争等具有伤害性，但它们也可能是挑战和机遇；与案主合作，可以更好地服务于案主；所有环境都充满着资源；注重关怀、照顾和脉络①。

不同于问题为本的社会工作介入模式，优势视角下的农村社会工作反对将农民问题化及采用彼此割裂的介入方法（划分为个案、小组、社区三大方法），强调以农村可持续发展和农民能力建设为主线，从个人、群体、社区、社会政策等多层面综合地思考社会工作的介入策略，充分体现以人为本的基本理念。

（五）罗夫曼三模式

美国学者罗夫曼（J. Rothman）总结的社区工作三模式是社区工作模式划分中最具影响力的分类方法。据此，农村社会工作实务模式可以分为以下三种类型。

1. 地区发展模式

根据罗夫曼的定义，地区发展是指地区发展的目标在于建立社区的自助能力和社区资源的整合，其方法注重社区村民充分广泛的参与，澄清居民本身存在的问题，并采取集体行动去改善社区问题，从而达到社区各方面的改善。

（1）问题假设及工作策略

伴随着社会生产力水平的提高，人类社会步入工业化、城市化、全球化时代，在创造了丰富财富的同时，也产生了诸多社会问题。这些问题不仅影响着城市社区，也波及农村社区。工业化促进农村大量青壮年劳动力外出打工，导致农村劳动力严重缺乏；与此同时，人与人之间的关系越来越疏远。面对这些问题，农村社区的村民显得十分被动，加上农村村民的经济独立性，村民之间的合作相当少。长此以往，各种社会问题将越来越严重。

面对这样的现实困境，地区发展模式强调社区内民众广泛参

> 农村社区是社会工作的落脚点和实践场域，地区发展模式关注农村社区整体发展。

---

① ［美］Dennis Saleebey:《优势视角——社会工作实践的新模式》，李亚文、杜立婕译，华东理工大学出版社2004年版，第20—25页。

与的重要性；强调社区居民之间的互动和合作；重建和谐的社区关系；提升社区居民的归属感和安全感，激励社区居民对自己社区的奉献精神；强调增强居民自助能力及通过共同努力解决社区问题的能力。

罗夫曼还指出，地区发展模式基于两个基本假设：一是公民应该并愿意参与社区事务；二是社区问题产生的主要原因是缺乏合作和有效沟通，因此如果能通过参与来改善沟通与合作，社区问题便能够解决。

地区发展模式采用的主要策略是参与和合作。通过有效的沟通和合作的渠道，达到有效利用地区资源、解决社区问题的目的。这种策略基于这样的假设，即社区内存在不同的利益群体，但其本质上并不对立，只要找到共同利益所在，他们之间的分歧就能化解，所面临的问题也能得到改善和解决。

具体到农村，地区发展模式一方面强调与政府或非政府组织的合作伙伴关系；另一方面，在地区发展过程中十分重视村民解决问题的能力，强调在村民的广泛参与下，澄清各种需求和问题，共同设计方案，采取集体行动来解决问题。

（2）社会工作者角色及模式评价

在地区发展模式中，社会工作者扮演"使能者"、中介者、教育者的角色。"使能者"的角色即协助农民表达不满，推动农民组织起来，促进农民广泛参与，帮助农民良好沟通，以催化社区目标的实现；中介者的角色是指工作者要协调、动员社区内外的资源，投入社区的发展项目中，帮助村民组织发展项目，解决社区问题；教育者的角色即培训农民提高组织能力，提升其参与和自决的能力。

对于农村社会工作来说，运用地区发展模式解决农村社区的问题具有明显的优势：首先，地区发展模式强调农民的参与、合作和自决，有助于农民能力的提升；其次，此模式注重营造和谐互助的社区氛围，有助于社区支持网络的形成和社会的稳定；再次，此模式注重良好的沟通和互动关系，有利于民主协商一致。但是地区发展模式也存在一定的局限性：第一，过分强调和谐和稳定，忽视社会问题的复杂性和结构性，不利于社区问题的彻底解决。第二，地区发展模式的前提假设是认为社区内不同利益群体之间具有一定的相容性，通过沟通与合作，可以化解他们之间的冲突。但事实上，很多农村的社会矛盾不是个人层面的，很难运用调解的方法完全化解掉。第三，地区发展模式相信只要人们广泛参与，便能达到问题解决及自助的目标，但实际上，村民自助能力的提升单靠自身参与是很难达到的。

2. 社会策划模式

社会策划模式强调通过一个技术过程去解决实质的农村社区问题，如青少年犯罪问题、农村留守儿童问题、农村养老问题等。理性、精心策划和有控制的变化是社会策划模式的核心。

（1）问题假设及策划过程

首先，社会策划模式认为在复杂的现今社会，社区问题的解决需要依赖专家的社会地位和专业能力进行社会策划。其次，社会策划模式认为人都是理性的，人际关系一般都是理性选择的工具性交换关系，这种关系不会导致人际关系的异化和疏离，相反，在理性原则指导下的人际互动会带来社会活动效率的提高，以满足人们日益增长的各种需要。再次，社会策划模式认为人必须进行管理和规范才能带来社会的秩序和合力，否则，人的自私动机会带来社会的混乱和人际冲突。同时，主张通过对社会发展进行研究并掌握内在规律，统一计划、管理，促进社会的发展和变迁。

具体到农村社会工作，社会策划模式强调社会工作者的专家地位和专业能力，要求社会工作者在进入农村之前必须依据科学的研究充分了解农村社区的需求，制定可行性计划，然后选择最佳方案介入问题。

一般来说，社会策划模式的基本工作策略包括：一是澄清规划机构的服务理念和规划者的能力；二是社区问题的调查分析；三是需求和目标的界定；四是澄清自己可动员的资源；五是服务方案的制订、分析和优选；六是方案的测试和调整；七是方案的执行；八是方案的反馈和调整；九是方案的评估。

（2）社会工作者角色及模式评价

此模式下的社会工作者策划的每一个步骤都居于主导地位，并发挥着专家的作用。同时，社会工作者还是一个方案执行者。在具体的项目实施中，社会工作者往往还扮演着项目规划者、项目经理、监督实施者、专家协调者、村民组织者、意见反馈者和评估者等角色。此模式下的社会工作者一般会定期评估社区的需求，主动向农民提供服务；运用各种工具发掘社区资源，帮助农民建立社会支持网络；倡导新的服务，以满足农村社区的需要。而且，此模式对社会工作者自身的能力要求较高，社会工作者需要具备科学调研、优选方案、组织管理、监督实施、评估检查等技能，还必须能在共识策略（协商、沟通、对话等）和冲突策略（游行、静坐、抗议等）之间作出理性的选择。

社会策划模式具有易于控制、操作性强、容易见效等优点。这种自上而下的模式既保证了专业的权威性，又能够避免社会行动的风险。此模式的不足主要在于：忽视了农民的主体性和参与意识，导致服务对象被排斥在决策过程之外；专家主导的介入模式，容易造成农民的被动参与和依赖性不断增强。

3. 社会行动模式

罗夫曼指出，社会行动假定有一群处于不利的群体，他们需要被组织起来，联合其他人向整体社会争取资源及取得符合民主和公平的对待。由此可见，社会策划模式的农村社会工作就是组织缺乏资源、失去权利、受到不公正待遇的村民，通过集体行动，获取资源、维护权益，并在行动中提升自身意识。

（1）问题假设及工作策略

社会行动假设社会问题的出现是由于社会上不同的利益群体存在着利益冲突，而社会的转变是基于这些不同群体的利益的争取而发展。所以，利益的争取才是解决问题的关键。而社会问题的出现可能是由于当权群体对困难群体的了解及关注不够，也可能是彼此缺乏适当的沟通，以致未能充分反映各自的需求，甚至是存在着不公平的资源分配及决策权分配不均①。

基于上述假设，在社会行动模式下，农村社会工作的目标是为农民争取权利和资源，改变不合理的社会政策（或体制），推动农村社会变迁。根据社会行动手段的激烈程度划分，大致有四种策略及其相应的活动形式：一是对话性行动，主要形式有游说、请愿、宣传等；二是抗议性行动，主要形式有签名运动、记者招待会、请愿和游行、静坐、群众集会等；三是对抗性行动，主要有罢工、拖欠或拒交有关费用等；四是暴力性行动，主要是和相关部门人员发生冲突。

（2）社会工作者角色及模式评价

在社会行动模式中，社会工作者主要扮演四种角色：一是倡导者的角色。倡导改变不合理的分配机制，或倡导重新修订不合理的社会政策，或倡导农民团结起来，维护自身利益。二是组织者的角色，包括细致入微的农民组织工作、具体行动的组织动员以及活动的策划等，以保证目标的达成。三是教育者的角色。社会工作者应该通过社会行动使农民提升意识，协助他们认清问题，找出问题的根源，思考可能的解决办法。四是资源提供者的角色。社会工作者应该及时向农民提供行动所需要的各种资源。

简单地说，社会行动模式的农村社会工作的优势主要有：首先，易于广泛吸纳群众。社会行动通常都是从村民最关注和急需解决的事件入手，因此容易将村民联系起来。其次，能够使问题迅速解决。因为社会行动较多地采用集体行动、社会冲突等途径，可能造成较大的社会影响，使问题得到迅速解决。再次，村民自我意识及能力得到提升。社会行动过程中，十分重视对村民各种技能的训练，而且易于培养村民领袖。但社会行动在中国农村运用的风险较大：一方面，在社会行动的过程中，一些利益集团会抓住机会操纵群众，以达到自己的目的；另一方面，在社会行动的过程中，矛盾

---

① 甘炳光等：《社区工作：理论与实践》，香港中文大学出版社1994年版，第137页。

可能会激化，特别是对抗性行动很容易变成权力结构的对立面，激进的社会行动还会造成社会不稳定等。

（六）中国农村社会工作的本土实践模式

近年来，中国学者对农村社会工作的实践模式进行了诸多探索，这些对于实践模式的思考有助于中国农村社会工作的本土化推进。

中国农村社会工作本土实务模式的研究是建立在农村社会工作的本土化发展实践基础上的。随着中国农村社会工作实践经验的快速积累，实务模式的研究具有了丰富的素材。

朱雨欣、郭伟和将中国农村社会工作置于现代化转型背景下，建立了基于国家与社会、维护传统和适应现代的二维框架。如图 5-1 所示，在主体性方面，中国农村始终处于现代国家体制与农村社会响应的互动关系之中，农村社会工作正是在这种互动关系之中获得行动力量，国家与社会应该作为中国农村最基本的两个行动单元，构成中国农村社会工作实践策略分析的主体变量；在方向性方面，无论是现代化、本土化还是土生化，其核心始终是在处理中国农村的现代转向问题。面对现代化的冲击，中国农村社区是应该不断进行传统的自我调适从而实现转型发展，还是应该打碎重组从而最终实现现代改造和同化，不同的方向定位影响着中国农村社会工作实践中的态度、手段和方法选择，从而形成中国农村社会工作实践中以"现代转向"和"传统恢复"为两极的方向变量。基于此，将类型框架的垂直维度设置为农村社会工作的行动主体轴，将以政策体制为代表的"国家干预"和以农村传统为代表的"社会势力"设为中国农村行动主体的两极，用以说明中国农村社会变迁的主导力量完全由国家主导或社会主导的两种极端情况。将水平维度设置为农村社会工作的变迁趋势轴，将"传统恢复"和"现代转向"设为两极，用以说明中国农村社会变迁是恢复传统性还是迈向现代性的两种方向趋势。由此形成了国家主导的传统取向、国家主导的现代取向、社会主导的传统取向和社会主导的现代取向四个分类象限[①]。

---

① 朱雨欣、郭伟和：《中国农村社会工作实践策略的模式分类——基于双层分类框架的透视》，《社会建设》2020 年第 5 期。

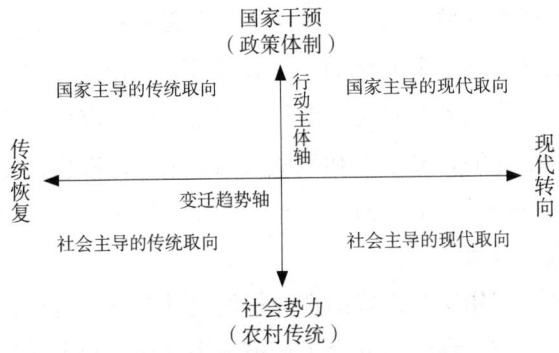

图 5-1 四种取向的农村社会工作实践模式

此外,还有学者把基于社会工作发展路径的本土(内生)性与专业(外来)性的现实张力,与社会工作专业实践中的临床治疗取向和结构变迁取向的传统冲突相结合,构建了以本土性和专业性为横轴,以个体-心理和制度-结构为纵轴的分析框架,并以此形成农村社会工作中主体塑造、互惠合作、社区支持、公平正义四种实务介入策略[①]。

二、农村社会工作实务策略模式的选择与评估

由于已经发展了多种农村社会工作实务模式,因此,在具体的农村社会工作服务过程中,不可避免地面临着模式选择问题,即选择哪一种社会工作模式作为农村社会工作实务的处置原则和主导思想。在确定农村社会工作实务模式后,为了明确模式的选择是否恰当,还需要对模式选择进行评估。

(一)农村社会工作实务模式的选择

社会工作并不是一般性的助人活动或慈善服务,它是在一定的理论指导下,采用专业的方式、方法和技巧的专业服务工作。社会工作实务模式是社会工作专业化、科学化发展的产物。不同的社会

---

① 卫小将、何芸:《应变、检视、构建:农村社会工作发展路径与介入策略》,《新视野》2018 年第 6 期。

工作理论发展出各种不同的农村社会工作实务模式[①]。农村社会工作实务模式是开放性、多元化的。在农村社会工作实务中，选择一个适当的社会工作实务模式是必要的。但是，由于农村社会工作面对的是具有能动性的、复杂的和易变的人，因此，农村社会工作实务模式的选择也是极为复杂的。

1. 模式选择的重要性

农村社会工作实务模式的选择指的是社会工作者在全面展开社会工作服务之前，在诸多社会工作模式中选择一套主导的操作模式来指导整个社会工作的服务过程，以便能够最有效地帮助案主解决问题，发展自我。

社会工作者在选择一个主要的工作模式来指导实务的同时，要注意不能被这一个模式所限制。一个案主在面临困境时，他所遭遇的问题往往非常广泛，包括较低的经济能力、政治能力、社会交往能力等方面。没有任何一个实务模式可以独立地解决案主的所有问题。如果社会工作者仅仅以他所认同的单一模式来解释所有案主的问题或者案主面临的所有问题，他所提供的服务肯定会带来一些负面的效果。社会工作者应该从案主的需求出发，全面评估案主的问题，尊重案主自决原则，整合可利用的资源，进而选择合适的服务计划和实务模式。

有效的社会工作实务模式必须以对服务对象问题和环境的评估为基础，合乎服务目标。社会工作者必须全面掌握各种实务模式，并且善于选择和运用。不同的实务模式适用的对象是不同的，有些仅仅适用于个人问题，有些则适用于家庭和团体功能的缺失，还有一些实务模式则适用于改变环境。选择合适的实务模式非常重要，不适当的实务模式将导致服务无效，甚至造成反面的效果。例如，面对一位因为患有疾病、遭遇贫困和社会排斥的案主，就不能采用以提升案主自决为目的的模式去处理他的心理沮丧问题。又如，对

---

① ［美］劳伦斯·纽曼、拉里·克罗伊格：《社会工作研究方法：质性和定量方法的应用》，刘梦译，中国人民大学出版社2008年版，第81页。

于因为沟通和互动不良而导致婚姻问题的夫妻来说，单独对他们进行心理分析是没有效果的。在实践中由于服务对象的生理、心理成熟程度不同，找到适合于他们生命发展阶段的实务模式非常重要。所以，社会工作实务模式的选择必须以对服务对象问题和环境的评估为基础，只有这样，才能实现服务目标。

2. 模式选择需要考虑的因素

社会工作实务模式并不是随意、随机选择的，而是要综合考虑社会实务过程中所涉及的各种因素。一般来说，农村社会工作模式选择时需要考虑以下四个方面的主要因素。

（1）服务的具体目标

社会工作是应对社会问题的一种制度设计，是帮助案主解决问题、提高自身能力的合理性手段。社会工作是以案主为中心展开的专业服务，因此，社会工作实务模式的选择必须坚持以服务案主、解决问题为根本宗旨。在现实生活中，案主所面对的问题是不同的，因此，面对不同的案主、不同的问题，要根据初步拟定的社会工作目标选择社会工作的实务模式。

（2）服务对象的规模

在社会工作模式中，有些模式适用于微观层面的案主系统，包括个人、夫妻和家庭；有些模式适用于中观层面的服务对象，这些人的关系比家人的关系疏远，但比整个社区的人际关系亲近，如社区中各种社会组织的成员、学校学生或社区邻里。还有一些模式则适用于宏观层面，对象是整个社区或更大范围。

（3）服务对象的接受程度

要顺利、有效地开展农村社会工作，服务对象的积极参与和配合是必不可少的，所以，在社会工作开展之初，社会工作者都会试图与服务对象建立起良好的合作关系和互动关系。因此，在农村社会工作实务模式的选择上也需要考虑服务对象的主观意愿和接受程度。只有在服务对象认可并接受的前提下，服务对象才可能积极配合社会工作的开展，社会工作者才会顺利、有效地使用社会工作技巧去帮助案主。

（4）社会工作的资源

社会工作的过程不单单是社会工作者与案主的互动过程，还是一个资源传递的过程。为了有效助人，社会工作者常常需要联络其他社会工作者、福利服务机构、政府部门和广大社会，向他们争取受助者所需要的各种社会资源，并将它们传递到受助者的手中。因此，在选择社会工作实务模式时，需要考虑到社会工作机构能够提供的资源和社会工作者可以整合到的社会资源。

3. 模式选择中的两个衍生问题

（1）权衡问题

在实务模式选择中，可能会发现在上述因素都考虑的基础上，有两个或两个以上的模式可供选择，此时，社会工作者就面临着对多个实务模式进行权衡，选择最适合的实务模式的问题。从成本角度来看，如果多个实务模式在解决问题、达成社会工作目标、案主接受程度以及社会工作资源等方面都相差无几的前提下，应该选择耗费时间较短、花费金钱较少、动用资源较少的那种模式作为主导模式。

（2）补救问题

在实务工作中，实务模式具有刚性特征，一旦选择，在整个社会工作过程中就不能轻易更改。这是因为实务模式具有"范式"的功能，不同的实务模式具有不同的基础理论、处置原则和工作技巧，一旦实施就会形成一定的工作张力。若在实施过程中改变实务模式，不仅会造成工作双方资源的浪费，导致案主对社会工作者失去信心，甚至还会破坏先前建立起来的良好关系，使案主无法再接受社会工作。所以，社会工作实务模式的选择是一个谨慎的行为，应慎之又慎。即便如此，在实践中仍然不能排除社会工作实务模式选择失误，需要重新选择社会工作实务模式的问题。一般来说，只有在下列三个条件同时满足的情况下，才能将失当的模式予以抛弃，重新选择实务模式：一是案主刻意隐瞒某些信息，如隐瞒病史、真实态度等；二是社会工作者错误地评估了案主的情况，如过分乐观等；三是先前的模式确实已经达不到预期的目标①。

(二) 农村社会工作实务模式的评估

1. 社会工作实务模式评估的含义

斯米斯 (Simth Mery Lee) 和格拉斯 (Gene V Glass) 认为，评估是指"以证据为基础的建立价值判断的过程"②。"评估的整个过程就是围绕理论—证据联结的可靠性程度而展开的，它重点考察的是研究过程各基本要素之间联系的有效性。"③评估测量的是一个模式选择的有效性，或者是一个工作方法的有效性。简而言之，社会工作实务模式评估就是回答社会工作实务模式选择的有效性问题。因此，我们认为，社会工作实务模式的评估指的是以社会工作证据为基础，对社会工作实务模式的有效性进行价值判断的过程。

纽曼和克罗伊格 (W. Lawrence Neum & Larry W. Kreuger) 认为，评估研究有两种类型：形成性评估研究和总结性评估研究。形成性评估研究是一种对模式进行内在持续性的反馈研究，旨在改进模式选择过程。总结性评估研究关注的是模式选择的结果。如果按照这一类型的划分，社会工作实务模式的选择评估应该属于形成性评估研究，因为社会工作实务模式评估的目的是为了进一步完善社会工作实务模式选择，通过评估，对社会工作实务模式中的理论、原则、方法和技巧进行质疑、增补、修正等；而对社会工作实务模式实施结果的评估应该属于总结性评估研究，通过评估，可以了解社会工作实务模式实施的效果。

一般来说，社会工作解决问题的过程可以简化为如下模式：评估—计划—干预—结案—评估。在这个简化模式中，我们可以看出，社会工作实务中存在两次评估：一次是社会工作实施前期的评估，巴克认为这种评估主要是"确定问题的性质、原因、演化和后

---

① 文军：《社会工作模式：理论与应用》，高等教育出版社 2010 年版，第 30 页。
② Mery Lee Simth, Gene V. Glass, *Research and Evaluation in Education and Social Sciences*, Englewood Cliffs, NJ: Prentice Hall, 1987, p.31.
③ 袁方：《社会研究方法教程》，北京大学出版社 1997 年版，第 705—706 页。

果以及问题中涉及的人格和环境的过程,获得对问题、成因和能够改变什么来减少问题或者解决问题的理解的功能"[1]。另一次是社会工作结案后的评估,扎斯特罗等人认为,这种"评估指的是利用研究技术以评价社会工作干预的结果的过程"[2]。习惯上,将前者叫作评估或预评估,而将后者叫作评价或评鉴。

社会工作实务模式的评估既是对其模式选择的评判过程,也是对其模式实施的有效性评价过程,它与整个社会工作的评价紧密相关,但是切忌将两者等同起来。在此重申一点,社会工作实务模式的评估是对社会工作实务模式的选择和实施的有效性进行评判的过程,其基本问题是社会工作实务模式选择和实施是否有效,而社会工作实务模式是否有效的一个重要测量指标就是社会工作目标是否达到,社会工作目标是否达成则是整个社会工作实务评价的主要内容。因此,我们认为,社会工作实务评价和社会工作实务模式评估都是与有效性密切相关的,而社会工作实务模式评估需要借鉴社会工作实务评价中所包含的信息和资料。

2. 社会工作实务模式评估的主要内容

在进行社会工作实务模式评估前,需要认识到评估研究对于社会工作实务模式来说主要的研究对象是什么,抑或是社会工作实务模式评估的主要指向是什么。社会工作实务模式的评估主要包括以下三方面的内容:

(1) 社会工作目标的完成情况

农村社会工作的最终目标是助人,因此,助人目标的完成情况不仅是社会工作者对案主及自己服务机构的基本职责,也是社会工作实务模式评估的首要内容。在评估农村社会工作目标完成情况时,可从以下几个问题入手:案主的期望有没有实现以及在多大程度上实现了?案主的问题有没有解决以及在多大程度上解决了?案

---

[1] R L. Barker, *The Social Work Dictionary*, 4th ed., Washington, DC: National Association of Social Workers Press, 1999, p.32.

[2] [美]查尔斯·H. 扎斯特罗等:《社会工作实务:应用与提高》(第七版),晏凤鸣译,中国人民大学出版社2005年版,第369—370页。

主的能力有没有发展以及在多大程度上发展了?

（2）社会工作实务模式的实施过程

社会工作实务模式是贯穿于整个社会工作过程中的一根线，它联系着社会工作理论和实务。社会工作实务模式评估需要在完成对社会工作目标评估之后，分析在整个社会工作目标达成过程中，所选择的社会工作实务模式是否起到主导作用，是否有其他因素或力量成为社会工作目标达成的主要力量。

（3）社会工作实务模式的实施结果

社会工作实务模式是开放性的，它自身也在不断地发展，这就需要在一个个社会工作实务案例中对社会工作实务模式进行科学的归纳和总结。因此，社会工作实务模式的评估也应包括对社会工作实务模式实施结果的总结性评估，如对基础理论的修正、对处置原则的调整、对工作技巧和方法的建议等。

3. 评估的信息来源

社会工作实务模式评估的信息来源主要包括三大类。

（1）案主信息

案主的信息需要社会工作者或者社会工作机构去主动搜集。搜集案主资料的方式有很多，可以采用书面问卷的形式，也可以采用口头访谈的形式。值得注意的是，在搜集案主反映社会工作实务模式的信息时，既要尊重案主，又要避免案主提供不真实的信息。

（2）社会工作者信息

社会工作者是社会工作过程中的全程参与者和社会工作实务模式的运用者。在整个社会工作过程中，社会工作者能够敏锐地感觉到社会工作实务模式运用中的具体表现，包括案主的行为、表情等方面的反应等，这就需要社会工作者在整个工作过程中及时、细致、真实地记录社会工作过程，如果不能当场记录，在事后也应尽快记录社会工作的过程，形成社会工作过程性的记录。同时，社会工作者应该在每一个具体实务结束后，自觉地总结社会工作实务过程的经验和教训，以便能折射出社会工作实务模式中存在的问题。

（3）社会工作过程中辅助工具的信息

随着现代科技的发展，近年来，一些辅助工具已被引入社会工作的过程中，包括录音设备（如录音机、录音笔）和录像设备等。这些现代化设备的引入，成为社会工作过程中较好的辅助性工具，它们不仅能够帮助社会工作者在服务过程中不断反思社会工作的服务，还可以为社会工作实务模式的评估提供更加直观、形象的数据资料，其中又以录像设备的辅助功能为首。

第三节 农村社会工作实务的过程模式

一、农村社会工作实务过程的含义和分类

过程包括一连串的工作方法与步骤以及应用技巧。农村社会工作实务的过程是指为实现农村社会工作的目标而实施的一系列连贯有序的工作步骤，以及相应的方法、技巧的运用。

农村社会工作是社区工作的一个组成部分，适用于社区工作的社会工作实务通用过程模式也可用于农村社会工作。对于社区工作的过程和步骤，不同的专家学者在其著作中作了具体的分析。其中，林德门（Edward C. Lindeman）将社区行动分为十个步骤：社区需求意识的表达；社区需求意识的传播；需求意识的扩散，使之更普及；情绪鼓舞，以立即寻求需求满足；提出其他行动对策；各种行动方案的冲突；对各种行动方案可行性展开调查；讨论行动方案；对行动方案整合；对于行动方案的折中。柯汉（Cohon）则认为，社区工作基本上是一个问题解决过程，他提出了一个基本问题解决模型：第一，搜集、探究并分析与问题有关的各种重要事实，其原因、历史、范围、结果以及过去或现在为处理这个问题所曾尝试过的各种方法；第二，寻求可能的解决途径并加以详述；第三，

> 社会工作实务的通用过程模式融合了不同理论、实务方法和社会工作的价值，是一个综融的实务模式，适用于社区工作，也适用于农村社会工作。

从下列各种角度衡量不同解决途径的可行性——事实、经验、时间、组织目标、所希望达成的成果、资源、政策;第四,选定最佳对策;第五,发展适当的行动结构;第六,完成行动计划;第七,评估①。我国台湾地区学者徐震则将社区行动的步骤分为下列六个阶段:社区需求的研究、工作目标的确定、行动方案的拟订、大众意见的征求、行动方案的修订和工作进程的反馈②。徐震和林万亿在《当代社会工作》一书中则提出了一个较一般性的社区工作过程,即建立关系、社区分析(社区生活、社区需求、社区资源)、发展计划、社区行动(会议、协调、人事、财政、宣传)和成效评估五大阶段。我国香港地区学者陈丽云将社区工作分为探索期、策动期、巩固期和检讨期四个阶段③。我国香港地区学者莫邦豪也将社区工作的历程分为四个阶段,即准备与探索、动员与组织、推展与巩固、检讨与反思④。

虽然不同的学者对社区工作过程的划分存在差异,但总的来看,社区工作的通用过程模式一般包括准备、建立关系、社区分析、制订计划、实施计划和评估六个阶段。下面从这六个阶段对农村社会工作的过程模式进行介绍。

二、农村社会工作实务的通用过程模式

(一)准备阶段

准备阶段是农村社会工作的第一个阶段。在这一阶段中,需要开展一些基础性的准备工作,以便为进一步开展农村社会工作作准备。这个过程包括两个步骤,即农村社区的介入和认识农村社区。

---

① 吴亦明:《现代社区工作——一个专业社会工作的领域》,上海人民出版社 2003 年版,第 172 页。
② 徐震:《社区与社区发展》,台湾正中书局 1981 年版,第 278 页。
③ 陈丽云:《基层社区发展工作:阶段性介入模式》,载《社区工作——社区照顾实践》,香港社会工作人员协会 1989 年版,第 49 页。
④ 莫邦豪:《社区工作原理和实践》,香港集贤社 1994 年版,第 33 页。

1. 农村社区的介入

（1）计划进入

在计划进入过程中，农村社会工作者主要通过关系和不同渠道进入某农村社区，并要熟悉该农村社区的情况和四周环境，此过程可以用"社区行"、入户访谈、谈话等方式展开，以便对即将开展工作的农村社区有一个具体印象。同时，也需要学习一些与这个农村社区有关的实践书籍、当地地方法规与地方志等有关的图书资料。通过这些基础性的工作，为下一步集中思考将要开展的工作内容做好准备。

（2）协商介入

与计划进入农村社区密切相关的还包括为计划和将来的存在获得初步的支持和认同。在这一阶段工作的主要场所为当地政府部门和当地村支"两委"，若有其他机构也在当地社区开展工作，也需要争取这些机构的支持和认同。一是当地政府部门。工作者需要花一定的时间与当地政府部门相关人员接触、交谈、会面，留意这一地区正发生的事情。政府部门的支持对介入当地农村社区开展工作有至关重要的作用。二是当地村"两委"。村"两委"作为当地的正式组织，通过初次接触和礼节性的拜访，可以对该社区的工作、存在的问题进行深入了解和探讨，并借此获取认同，为顺利开展今后的工作建立良好关系，同时也奠定基础。三是其他机构。如果所介入的农村社区有一些其他的社会机构，社会工作者应积极接触，以便于角色得到理解和认可。从事农村社会工作，需要来自不同机构的工作者的支持和合作。

2. 认识农村社区

详细了解农村社区的基本情况是农村社会工作前期准备阶段非常重要的步骤，因为获得大量丰富的社区第一手资料，是制定农村社会工作行动计划的基础，同时，了解社区基本情况的过程也是与农民建立信任关系的过程。

（1）了解社区的历史与现状

一是了解村庄的历史。所有现实社会问题都有其历史根源，因此，农村社会工作者介入前必须了解该村村史。村史一般包括村庄及族群的起源、村庄的发展历程、村里出现的重大历史事件和重要历史人物等方面的内容。二是认识村庄的自然地理、公共设施、文教卫生及商业状况。地理环境主要包括所在村的面积、地理位置和地形特征等；自然资源和土地状况主要包括所在村蕴藏的自然资源、土地面积及耕种状况等；社区的公共设施状况主要包括水、电、路、卫生、文体、广播电视、通信等硬件设施状况；教育状况主要包括学校、教师、学生及教学设施状况；社区服务及商业状况主要包括商业网点及社会福利服务状况。三是了解和掌握村民的基本情况。村落基本资料包括村庄人口规模和流动状况、年龄构成、家庭类型及规模、民族构成及分布等；居住状况包括是否有足够的住房、房屋结构等；职业状况包括村民务农、经商和外出打工的状况等。生产和生活状况包括农作物种植和家畜（禽）的养殖状况、村民劳动及生产方式、村民的饮食起居等；村民的风俗习惯和价值观念包括当地的服饰、民居、婚丧嫁娶、民间文艺、宗教信仰、禁忌习俗等。

（2）村庄的组织状况

农村组织可以分为正式组织和非正式组织。党政组织和权力机关是农村最重要的正式组织之一。在我国农村乡（镇）设有中国共产党的基层组织，下属的行政村都设有党支部和党小组，乡（镇）人民代表大会是本级政权的最高权力机关，具体的执行机关是乡（镇）人民政府。另外还设有人民法庭、公安派出所等国家派出机构。政府职能部门、群团组织和村民自治组织也是农村重要的正式组织。此外，农村组织还包括适应市场经济体制产生的各种农村经济组织，如农村股份制经济组织、新型经济合作组织等。与此同时，一些非正式组织也在蓬勃发展：一是传统宗教和宗教组织不断复兴（如宗祠、庙会等）；二是村民自发组织的兴趣小组（如文艺小组、运动队、民间手工艺小组等）也在蓬勃发展。

（二）建立专业关系阶段

与村民建立专业关系是介入农村社会工作的第一步。这里所指的专业关系，是指工作者与村民之间为了一个共同的目标，在特定的时间和空间里，工作者运用专门知识和技巧与村民进行心理、情感的互动，为物质上的援助和心理上的疏导做好充分准备。之所以要建立专业关系，是为了让村民认识和了解社会工作者以及寻求未来工作的支持者。开展农村社会工作，工作者所要面对的案主是整个村庄的村民，虽然社会工作者是受邀到村庄开展工作，但并不是社区的每一个团体或个人都了解和一致邀请他们。很多农村社区在社会工作者介入之前，已经有了他们自己的习俗、规范及文化。这些已有的因素可能会使村民对社会工作者的介入存有怀疑和抗拒的态度，有些人虽然不会排斥工作者的介入，但是也会对社会工作者感到陌生。所以，社会工作者有必要让社区的村民、组织或团体了解自己的角色和职责，并能接纳自己的介入，能够主动配合工作。因此，能否建立良好的专业关系直接关系到下一步工作的成败。

这一阶段社会工作者和案主所要建立的专业关系主要有：一是提供配合案主需要的服务信息渠道；二是了解和评判村民遇到的问题以及他们的自主自愿状况；三是决定如何提供进一步的服务计划；四是让村民了解工作者的机构和工作者的能力与职责；五是明确服务的范围，认定案主的资格；六是建立和谐、合作的关系；七是协商服务契约的建立；八是在接触的初期就要为案主提供适当的帮助，以获得其信任。

（三）社区分析阶段

掌握了农村社区的基本情况，建立了彼此的信任关系之后，农村社会工作者的主要任务就是对搜集的信息进行系统的分析，界定社区的问题和需求，对社区动力和资源进行分析，明确工作中可以借助的资源。

1. 界定社区问题和需求

如何界定农民的需求，取决于我们看问题的理论视角。如果以优势视角看待农民问题，社会工作介入就会侧重于村民的能力和资产建设。当我们采取问题外化的方式评估社区需求，就会致力于提升农民的意识，让他们独立自主地面对现实。如果以缺乏视角看待问题，社会工作的介入就会侧重于专业服务。如果采取问题内化的方式评估需求，就会致力于帮助农民解决问题。以不同的理论视角分析问题，社会工作者采取的介入策略是不同的，但是无论以何种视角界定社区需求，工作者都会从以下四个方面协助农民澄清社区问题。

（1）描述社区问题

在对社区情况进行了解时，我们会发现村民对一些问题尤为关注，描述问题就是讲"村民是怎样感受这种问题的"。通过村民将社区的问题详细地描述出来，明白村民的思想感情和对问题的认识，深入理解村民的需求。

（2）界定问题

在界定问题阶段，应将问题的性质界定清楚，从村民的立场上去考虑，而不能从自己的观点出发界定社区问题。具体来说，村民所认同的"问题"是如何界定的？为什么如此界定？这种问题已经是一种"问题"，还是仅仅为一种状态？是由来已久的历史问题，还是一种概念上的问题，抑或是有明确指标的问题？

（3）明确问题的程度和范围

主要需要明确：问题影响的人数有多少？村民受影响的方式如何？状况持续的时间以及村民认定为"问题"存在的时间有多久？问题集中的地点和人群有哪些？涉及的价值观念冲突有哪些？改善这个问题对社区和个人有什么得失、影响？

（4）分析问题的原因

找出导致问题产生、发展和加剧的原因，进而思考解决这些问题的可能的动力因素。如：是否有可以解决问题的人？行动的方法如何？在什么条件下可以行动？人们愿意为行动作出哪些贡献？

2. 社区动力和资源分析

社区动力主要是指可以对社区发展起到积极推进作用的力量。如社区村民的类型、社区中的领袖、专业人员、大学生的数量和村民对社区工作的态度，社区中是否有其他的社会团体或组织，能否与社会工作者结成联盟，开展合作等。

此外，还要发掘农村社区中可以借助的人力或物质资源，如医院、学校、幼儿园、养老机构等，有些是可以共享的人力资源，有些是可以共享的物质资源。社区中的干部、社区中德高望重的人、专业人员、教育工作者都可以成为积极参与的行动者和村民的领袖，可以帮助宣传、呼吁和直接引进资源，协助社区开展工作。

（四）制订计划阶段

制订计划就是运用一些既定的原则、标准、按照实际的环境、需要，配合不同的资源调动，将项目、步骤以适当的次序排列出来。工作计划的制定，不仅可以保证活动按照既定的方向进行，而且可以加强工作人员之间的沟通和协调分工，使资源合理配置。社区工作计划的内容主要包括：

1. 确定介入目标及优先次序

在制订计划的过程中，社会工作者可以将一些不同目标按照优先的次序排列出来，在讨论实施步骤的过程中再慢慢地筛选出最适当的目标。一般可以从以下几个方面进行目标排序：一是村民及工作员的主客观评价；二是机构的期望和资源状况；三是社会工作者的经验、技术和兴趣等；四是成功的可能性。

2. 制订行动策略

确定计划目标后，就要思考采取何种方式组织村民，如何调动社区资源，相关人员如何协助，介入的困难及应对策略等。农村社会工作的介入策略大体可以分为冲突策略和合作策略。前者一般通过集体行动（如示威、上访、媒体曝光等）造成社会压力，以期带来社会改变；后者一般通过修修补补的策略，改善社区的不足之处，维护社会稳定。无论采取何种策略，其目标都应该是：力争使村民利益最大化；保证村民不能在行动中受到伤害；行动能够促进村民福利改善、权利增强；行动能促进村民组织健康成长等。

3. 对行动计划的可行性进行评估

当计划制订出来之后，下一个步骤就是要对各个活动的可行性进行评估。评估可行性时应列出行动计划的优缺点，并考虑其对资源的需要。另外，需要预测计划可能遇到的困难和阻力，并考虑如何克服这些困难。除此之外，还需要随时根据实际情况的变化、发展，重新修订或调整某些项目。

（五）实施计划阶段

当制订出切实可行的行动计划之后，就要具体执行计划，这就是介入。农村社区执行计划要求以社区村民为基本力量，组织动员可以利用的一切社区资源，采用某种工作策略达成计划目标。这个阶段包括资源准备阶段、行动阶段和行动成果巩固阶段。

1. 资源准备阶段

资源准备阶段包括发动群众、挖掘资源、建立新组织、联系旧组织等步骤。

（1）发动群众

发动群众就是鼓励村民积极地参与社区事务、为社区的发展献计献策。社会工作者若要成功地把群众动员起来，需要恪守利、诚、忠、信四大原则。所谓利，就是要找到与群众利益休戚相关的社区问题，为之排忧解难；所谓诚，就是社会工作者对群众的问题和困难由衷地关心、关注，这种关心、关注不是出于职业的需要，而是发自内心的自觉自愿；所谓忠，就是忠于机构、忠于案主、忠于工作；所谓信，就是言而有信，言必信，行必果。

（2）挖掘资源

挖掘资源就是想方设法、动用一切力量，把社区内外的潜在人力、物力、财力资源开发出来。首先是发掘人力资源。发展和培养社区内的义工人员，是发掘人力资源最重要的一部分。开展社区工作需要社区内的成员参与和协助，所以，发展义工应在社区内进行，以青年人、社区内的热心成员为主要对象。此外，社区内的知名人士和有威望的村民也是重要的可以借助的人力资源，能争取他们的支持，自然事半功倍。大众传播媒介的记者也应该成为工作者争取的对象，若能得到他们的同情和特别关注，让他们对社区内的事件进行善意的报道，社区工作将从中受益。其次是发掘物质资源。社会工作者在开展社区工作时面临的主要问题就是物质资源短缺，因此，筹集资金是社会工作者面临的艰巨任务。社会工作者在筹集资金时应根据工作的性质采取不同策略：若是群众的文化娱乐，应寻找一些商业赞助；若是政治性或争议性的工作，应从社区经费中划拨，以免因募捐而影响开展工作的自主性。

（3）建立新组织

> 由于大多数农村社区的社会组织不发达，因而培育新组织是农村社会工作的重要内容。在培育新组织时，要注意结合当地的组织基础，依据其组织需求开展培育。

一些问题社区大多是因为缺乏组织而呈现出四分五裂、一盘散沙的局面。因为缺乏聚合机构，社区发展失去了动力和依靠。组织意味着力量和有序化，只有把群众组织起来，才能同舟共济、共克时艰。建立的新组织有三种类型：全民性参与的组织、代表性参与的组织和分开性参与的组织。第一种组织适合小型的社区，每一个村民都可以参加；第二种组织适合较大的社区，由村民选出代表参加；第三种组织适合各种类型的社区，先有热心人士发起，然后慢慢壮大。

（4）联系旧组织

联系旧组织就是联系当地已经存在的村民组织、社团、宗教团体、福利机构，或把与农村社会工作性质相同的团体组织起来，建立更大的组织或结成联盟。其目的就是为了交流信息、整合资源，使资源发挥更大的效用。

2. 行动阶段

在这一阶段，社会工作者与案主系统一起运用各种手段，采取切实行动，解决社区面临的各种问题和需要，提高案主解决问题的能力，实现预期目标。实现目标的方法、手段多种多样，使用什么方法要依据工作目标和工作者、案主的选择而定。下面介绍几种常用的解决问题、实现目标的方法。

（1）为居民提供各种急需的服务

这是一种最温和、最正常、最没有争议的方法。它不会制造冲突和对抗，所针对的目标不是资源、权力及地位分配的制度或结构不公，而是因缺乏群众所需的社区服务从而影响了村民的生活和解决问题的能力。所以，提供社区服务不仅能满足群众的需要，也是赢得群众支持的有效方法。这些服务的内容多样，既可以是为老年人提供活动场所，也可以是为贫困家庭寻求经济支持等。

（2）制造社会舆论的压力

这也是一种正常的、被机构和工作者广泛采用的方法。它所针对的目标不是表层的服务不足，而是社会制度结构的不合理，其目的是要改变某一项政策，或改变资源、权力等方面的分配不公。若要成功地制造社会舆论的压力，首先要争取大众的同情、支持；其次是引起大众传媒的注意并作出善意的报道。

（3）谈判

这是一种较为激进的方法。其目的是通过对话解决双方的矛盾，以求政府政策和做法的改变。若要在谈判中居于有利地位，让对方接受案主提出的要求和条件，拥有实力是关键之举。谈判在实质上是双方实力的较量，因此，如何获取资源壮大自己的实力，是工作者在谈判中面临的一大挑战。增强自己的实力可以从三个方面着手：一是激励更多的群众参与到激烈的社会行动中来，保持对当权者的持久压力；二是争取社会舆论、社会团体、社会知名人士的支持；三是窥探对方的弱点并加以暴露。

3. 巩固行动成果

社区问题的产生多半是因为缺乏组织，缺乏组织就缺少凝聚力和战斗力。解决问题应先从组织群众入手，问题解决以后，为巩固成果和促进发展，也应该从巩固组织开始。巩固组织就是巩固已经建立的正规组织和非正规组织，其内容有四点：

第一，加强成员之间的关系。要做到这一点，社会工作者首先要确立组织成员认同和共守的一套办事、决策和解决问题的程序和原则；其次是尽可能地协助和促进成员发展个人化的友谊关系；最后要了解参与组织的个人需要和动机，合理的需要和动机给予肯定和帮助，不合理的需要和动机给予教育和纠正。

第二，加强内部的分工与合作。随着组织的壮大，组织内部的结构和职能不断扩张，需要更多的人员承担一定的职责，原来的职位和新设的职位，其功能也可能会随着时间的推延而需要重新界定和调整。在重新界定和调整的过程中，组织内的分工合作制度便得以发展和巩固。

第三，建立稳定的资源系统。在人力资源方面，注意从社区中吸纳新的村民；在物质资源方面，注意通过各种途径寻求资金及物资支持。

第四，对组织成员进行培训，提高他们的工作能力和技巧。

（六）评估阶段

在完整的农村社会工作过程中，后期评估是重要的组成部分。通过终期评估，农村社会工作者可以知道工作目标是否实现，具体介入是否带来了预期的改变等。系统的评价还可以提升农村社会工作的服务质量，激励社会工作者提升专业素质，与此同时，评估也是对资助机构或农村村民的最后交代。

评估主要包括过程评估、成效评估和效能评估。过程评估侧重于社会工作的过程和基本状况；成效评估着重于预定的目标是否达到、达到多少、结果如何；效能评估主要是看投入产出情况。

社会工作评估主要围绕以下几个方面进行：工作目标是否达到？案主或社会各方对社会工作的成效是否满意？社会工作者使用的方法是否适当？社会工作者的角色是否得当？

评估过程可以概括为以下五个主要步骤：

1. 界定评估目标

如果没有清楚地界定目标，就很难测评计划是否取得预期成果。在订立工作计划目标时，社会工作者应该注意以下几点：

第一，所测评的成果必须是适当的。在一个可以评估的项目中，通常会涉及许多方面的成果变化，所以，在制定评估目标时应明确指出项目的预期对象，即因这项工作而受益的个人、团体、组织或社团。只有清楚地界定项目的目标对象，才可能期待会发生哪些方面的成果改变。

第二，评估目标必须是清楚明确、可测量的。在实施评估程序时，对项目目标的描述必须清楚和明确，避免使用一些模糊和空泛的语言去界定工作目标。所谓清楚，是指工作者知道自己想要达到一个怎样的效果。所谓明确，是指目标要具体，便于进行操作。例如，"促进社区参与"是一个比较空泛的目标，但若改为"参与社区普法行为"则较为清楚和具体。有时候为了使目标更清楚和明确，可以在一些较宽泛的目标下再制定更具体的次目标，以帮助制定清楚、精确和可测量的项目目标。

第三，社会工作者应在评估目标上达成共识，避免出现争议。

第四，评估目标和项目计划目标要联系起来。项目评估不能脱离项目计划单独考虑，评估目标应当同项目目标一致。

2. 制订测量标准

评估目标界定后，第二步就是将描述的目标转化成可以观察和量度的可操作性指标。在进行评估中，成果测量的操作化是十分重要的步骤。操作化过程应注意如下事项：

第一，操作性指标必须是具体和可供量度的，这样才有助于寻找那些可以用作测评程序目标的成果资料。

第二，测量指标应该是有效的测评标准。换言之，测量指标应该具有效度。例如，社区的报案数量较低，这一指标如果作为社区犯罪水平的测量指标，可能会表明社区犯罪水平较低。但报案率是否能够真实反映社区犯罪情况呢？如果居民在发现犯罪后都报案，则其效度较高，相反，如果发现犯罪行为后向警方报案的比例低，则其效度不高。

第三，一个项目的成功与否，很多时候并不能靠单一的成果量度指标得以充分评估。在大多数情况下，对目标的成果评估往往涉及多个指标或标准。

3. 选择恰当的评估策略

目标对象的改变受到多种因素的影响。在农村社会工作中，往往很难分辨出哪些因素是影响问题得到改善或解决的主要因素。是社会工作的介入起了作用？还是其他因素发挥了作用？所以，为了证实计划或措施是否有实际效果，必须选择恰当的评估策略降低"其他解释"的可能性。例如，选择参照系进行比较评估，可以选择没有社会工作介入的村庄作对比研究，在比较中测评社会工作介入的效果。也可以采取阶段性测评的方法，比较和测评预期目标在不同时间段所发生的变化。例如，可以通过介入前后的比较，评估

排除其他因素的影响，明确社会工作干预的成效非常重要。现实中，我们无法排除所有干扰因素的影响，但应尽可能采取有效的策略，减少其他因素的影响。

村民互动关系的变化。

4. 搜集评估资料

在确定测评指标和测评策略后，就要搜集各种评估资料。搜集资料的方法有很多，常用的有问卷调查、访问、观察、文献等。不同的方法提供的资料和信息不一样，各有利弊，因此，有效的成果评估往往会采用不同的方法搜集所需要的资料。

5. 分析评估

当资料搜集齐备后，就要利用各种工具对资料进行分析和评估，一般有两种资料分析的方法：一是运用统计软件对量化数据进行电脑处理，然后从概率和相关分析中得出一般性结论；二是运用质性研究方法对访谈和观察的资料进行描述和分析，深入理解参与者的主观感受、评价及参与活动背后的深层次的动机和意义。最后是撰写评估报告，对整个计划作出完整的评价，包括计划的执行情况、效果和建议等内容。

以上是开展农村社会工作的一般过程。但在实际工作中，农村社会工作很难按照这几个界限分明的阶段去开展，每个阶段的内容往往是交叉重叠的。之所以把每一个阶段作一定的区分，主要是为了便于研究。因此，在从事实际社会工作时，不能死守固定的程序，而应根据具体情况加以灵活运用。如在危机时，社会工作者可直接进入实施阶段，先行纾缓和解决紧急问题，然后再完成其他内容。

复习思考题

1. 农村社会工作的策略模式有哪些主要类型？
2. 选择某一实务模式开展农村社会工作需要考虑哪些因素？
3. 如何评估农村社会工作实务模式？
4. 简述农村社会工作的过程模式。

参考文献

1. ［美］查尔斯·H. 扎斯特罗等：《社会工作实务：应用与提高》（第七版），晏凤鸣译，中国人民大学出版社2005年版。

2. ［美］Dennis Saleebey：《优势视角——社会工作实践的新模式》，李亚文、杜立婕译，华东理工大学出版社2004年版。

3. 史铁尔等：《农村社会工作》（第二版），中国劳动社会保障出版社2015年版。

4. 文军：《社会工作模式：理论与应用》，高等教育出版社2010年版。

5. 张和清：《农村社会工作》，高等教育出版社2008年版。

6. 周沛、易艳阳：《社区社会工作》（第二版），社会科学文献出版社2019年版。

第六章

农村社会工作的方法与技巧

农村社会工作的对象是农村居民,按照农村社区和农村居民的特点,农村社会工作需要结合农村的特殊情境和村民的特殊需求来开展。农村社会工作方法沿用了社会工作的三个基本方法,即个案工作、小组工作和社区工作。

第一节　农村个案工作

一、农村个案工作的含义

农村个案工作是指农村社会工作者遵循社会工作的基本价值理念，运用科学的专业知识和技巧，以个别化的方式为遇到困难的村民个体或者家庭提供物质和心理方面的支持与服务，以帮助个人或家庭减低压力、解决问题、挖掘潜能、改善生活质量，不断提高其福利水平。

了解农村个案工作需要掌握两个重要概念，即个案救助和个案管理。

个案救助是个案工作的一种类型，在当前我国的农村社会工作中开展的个案服务有相当一部分属于个案救助，即社会工作者依据国家的救助政策，对民政救助对象进行一对一的救济和帮扶。帮扶内容主要包括灾害救济、贫困救济、大病医疗、残障救济等，主要服务对象是农村的低保户、五保户、脱贫户和其他遭遇困境的村民或家庭，如为符合低保政策的家庭申请低保，为农村五保老人申请供养，为受灾人员申请补助，为受大病影响的个体申请医疗救助，为因经济困难而失学的儿童申请教育救助。个案救助的弱点在于服务内容比较单一，无法深入了解个人和家庭问题产生的根源，缺少从心理、社会层面的支持和帮助。

> 个案救助的目的在于精准找到农村社会服务的对象，如低保人员、残疾人员、流浪乞讨人员以及其他特困人员。

个案管理是在个案救助的基础上对服务对象进行长期的跟踪和服务，尤其是对于面临多重困境的家庭和个人，个案管理可以提供更全面、更深入和持续的资源链接服务。

家庭在整个农村社会结构中占据非常重要的位置,农村社会的活动一般都是以家庭为单位的,因此,对村民个人的个案工作往往会涉及整个家庭,最终会以家庭为单位来开展工作。当前农村家庭的特征表现为:第一,家庭结构以核心家庭为主,并不断核心化;第二,家庭规模有所缩减并将进一步小型化;第三,家庭结构的类型多元化,单亲家庭、空巢家庭、再婚家庭、分居家庭和流动半流动家庭逐渐增多。

二、农村个案工作的过程

农村个案工作可以分为接案、问题识别与需求评估、制定目标和计划、介入、评估、结案等不同的阶段。每一个阶段都有相应的任务和工作重点,同时各阶段之间相互连接、相互影响,构成一个有机整体。

(一)接案

> 注意规避出现"被服务"情况。

农村人常常不习惯于向家人之外的陌生人寻求帮助,农村地区的个案工作服务对象较少是主动求助,更多的是他人转介或者社工通过入户走访等方式发现潜在的个案,之后通过建立专业关系将潜在的服务对象变为现实的服务对象。农村社会工作者不能站在自己的角度上认为某个村民或者家庭需要帮助,因为受"家丑不可外扬"的家庭文化影响,这些村民或者家庭可能对社工的进入持不信任甚至拒绝的态度。

在农村社会工作服务中,社会工作者通常的做法是:通过那些潜在服务对象较为信任的中间人(如村"两委"成员、亲戚、邻居、朋友、一起打工的工友)或受人尊重的乡贤等,与社会工作者一起进行入户走访以获取信任。此外,社会工作者在农村服务期间,需要与村民有更多的生活接触,如参与服务对象的生产劳动、社区聚会等,以增加彼此信任。总之,在开展农村个案工作时,社会工作者需要主动寻找潜在个案,在服务对象熟悉的生活场景中,循序渐进地与服务对象建立信任关系。

（二）问题识别与需求评估

对村民个人和家庭的问题识别主要是从经济收入、日常生活、身体健康、心理健康、家庭关系、子女教育、社会交往、创伤性事件等方面进行。服务对象的问题往往并非单一的问题，社会工作者要厘清根本问题和次生问题，确定问题的轻重缓急来决定介入的顺序。

问题识别之后需要对服务对象的需求进行评估，需求评估要避免社会工作者代替服务对象来界定需求，要与服务对象一起来评估需求。需求评估不是一蹴而就的，社会工作者需要定期对实际服务对象和潜在服务对象进行需求评估，不断更新介入计划。

（三）制定目标和计划

农村社会工作者与案主一起制订服务的工作目标和计划，从而保证为案主提供合适、有效的专业服务。

目标是个案工作要达到的方向。包括总目标和具体目标，具体目标是指具体的工作指标，实现了一个个具体的目标，就能达到总目标。目标设定时要注意以下原则：一是目标陈述要明白易懂，重在促进服务对象的成长；二是目标要具有可操作性和现实性；三是目标是社会工作者与服务对象共同协商的结果。

服务计划的基本内容主要涉及以下几个方面：一是服务对象的基本资料，主要包括服务对象的姓名、性别、年龄、受教育程度、婚姻状况和职业状况等情况；二是服务对象的真实需求，主要包括希望得到解决的主要问题以及其他一些相关的问题；三是服务工作计划的目标，包括总目标和每一个阶段的子目标；四是服务开展的基本阶段和采取的主要方法，包括各阶段的工作重点以及需要发掘和运用的资源；五是服务开展的期限，包括每一个阶段的时间安排和总的时间期限；六是联系方式，包括直接见面和不直接见面的联系方式。同样，在制订服务计划时，社会工作者要与案主沟通、协调，以案主的需求、目标为本，结合案主的时间、特定情况来进行设计。制订一个完备的服务工作计划需要社会工作者做到以下几点：一是能够准确地分析服务对象的需要和问题；二是明确服务工作的目标和掌握相应的操作方法；三是熟悉所提供的具体服务；

四是清晰地认识社会工作者具备的能力；五是了解服务对象拥有的资源。

制定目标和计划之后，社会工作者和案主还需要签订协议。工作协议可以是书面的，也可以是口头的。在农村个案工作中，通常会采用口头的工作协议方式，口头达成服务双方共同认可的工作目标、基本的权利和义务。

（四）介入

农村个案介入服务形式，从服务地点上可以有入户式服务、社工站的服务、社区内的服务三种。从服务的内容上可以分为谈话式服务、行动体验式服务以及两者结合的服务。谈话式服务是通过语言的方式就服务对象所面临的问题进行厘清或者进行一定的心理支持服务。行动体验式服务就是借助非语言的方式，在实际的情境中，让服务对象体验和参与一些相关活动来达到服务目标，如对处理焦虑问题的个案进行放松训练。两者的结合则是非常有效的一种服务方式。通常，如果能够在一些行动体验式服务的前后与服务对象进行一些关于行动的讨论，包括在行动开始前可以讨论服务对象可能会面对的问题以及演练应对方式，在服务结束后讨论对整个行动中的感受和体验，这样就构成一个有协助与支持的行动和一个有情景的对话，有利于提高个案工作服务的效果，也能够加深与服务对象的关系。

（五）评估

个案工作中的助人计划执行情况、介入计划目标达成情况、个案工作的实际效果等，均需要系统评估来把握和调整。评估的类型有过程评估和效果评估。过程评估是对整个介入过程的监测评估；效果评估是对整个介入过程的最终阶段进行评估，包括目标达成的结果和理想结果。评估的常用方法有基线测量评估、对服务对象影响的评估、任务完成情况的测量评估、目标实现程度的评估等。

（六）结案

社会工作者通过评估后，发现服务对象已经实现了最初的服务目标，在与服务对象进行协商后，确定不再进行服务，可以结案。有的结案也可能是不完整服务的结案，如服务对象主动要求结束服务，服务对象因为搬家、去世、入狱等情况导致服务无法进行，服务提供者离职导致服务提前结束等。无论哪一种情况的结案，结案时都需要有完整的对个案服务过程、结果、评估的描述记录，并对所有相关的文档进行归类和妥善保管。

三、农村个案工作常用的技巧

（一）人际沟通与会谈

社会工作者尊重案主的态度和对同感的理解需要通过沟通来表达，社会工作者要充分运用语言符号、身体符号和环境符号，让案主明白自身所表达的内容和情感，只有这样，双方才能达到更好的沟通效果。

沟通在个案工作中是非常重要的，需要案主能把自己的思想、行为、感受表达出来，包括负面感受。对于感受的表达，西方文化强调个人独立，认为个人的感受很重要，因此，每个人对自己的感受很敏感，也习惯于表达出来。在中国传统文化中，一般不太重视自己的感受，又受各种规范限制，习惯压抑自己的感受和想法，面谈中很可能无法表达，尤其是年长一代在涉及负面感受时更是不习惯表达。这一点在传统文化积淀较深的农民身上表现更为明显。因此，社会工作者除直接语言沟通之外，可以辅以其他一些方式——如角色扮演、一起看电影等——可能会有比较好的效果。

此外，在沟通与会谈中的方言问题不容忽视，有些农村地区比较封闭，尤其是边远的或少数民族村落，很多村民特别是老年人习惯使用方言，听不懂普通话，或者虽然能听懂但不会说普通话，导致外来的社会工作者无法与他们直接沟通。为解决这一困境，个案工作者初期可以请当地懂普通话的村民协助翻译，后期要努力学习当地方言，以方便沟通，拉近与案主的距离，也能更好地保护案主隐私。

> 除了翻译、学习方言，非语言的沟通也是重要的。

（二）建立专业关系

与服务对象建立良好的合作关系是农村社会工作者在整个服务介入工作中的重要任务之一。这里所说的建立关系，是指农村社会工作者与村民初次接触建立相互信任的专业合作关系，以便个案工作的顺利开展。主要技巧如下：

第一，感同身受。尽可能多地了解服务对象所面对的处境，把自己置于案主的位置来体会其面对的压力和挑战。

第二，建立有利于服务对象积极表达的关系模式。通常情况下，村民对社会工作专业服务关系并不了解，农村社会工作者需要与案主建立有利于其积极表达的关系模式。

第三，制造气氛。通过选择和安排与村民初次见面的环境，营造良好的气氛，促进专业合作关系的建立。农村个案工作专业关系的建立可能不是在室内固定地点进行的，田间地头路边、村民家中、社工站点都可能是建立专业关系的场所，社会工作者要灵活把握，不拘一格。

第四，积极主动。村民寻求帮助时通常内心充满矛盾，农村社区的封闭性使得村民往往对陌生人或外地人比较警惕和隔阂，初入农村社区的社会工作者通常因被村民当作搞"营销"的骗子而被拒之门外。农村社会工作者积极主动的态度和友善的行为可以减轻案主的紧张和不安，增强其信心。

> 建立信任关系的方法有很多，如熟人带领、通过儿童课业辅导向家长介绍自己等。

（三）个案工作记录

个案工作记录指社会工作者以专业知识为判断基础，把案主情况、社会工作者对案主问题的分析、处理过程的详细情况进行记录的活动。

1. 个案工作记录的方式

个案工作的记录方式可以分为文字记录、录像记录和录音记录。其中，文字记录是个案工作最常用的记录方式。文字记录能详细反映个案工作者与案主的内心想法与感受，经济实用，方便管理，但受个人主观因素的影响较大。录像记录是通过录像设备，将社会工作者与案主接触的过程录下来，其完整性高，可以再现工作过程，有声音、有图像，有利于社会工作者对自己的会谈技巧和处理方法进行检讨和评估。同时，录像记录有利于督导员对社会工作者的个案工作进行督导，能够有针对性地分析社会工作者个案处理的得失，利于示范与教学，为教师讲解、分析有关方法与技巧提供了素材。但是它关涉案主隐私与同意原则，容易增加案主的紧张和不信任感。录音记录是将社会工作者与案主的谈话录下来。

2. 个案工作记录的原则

一是资料的完整性。个案记录要求资料完整、全面。一般来说，案主生理、心理、环境方面的基本资料，案主问题的资料，以及社会工作评估、介入及处理情况的资料是必不可少的。二是资料的真实性。社会工作者必须尊重事实，不歪曲记录。三是资料的保密性。录像记录和录音记录方式的运用，涉及社会工作专业伦理的问题。根据保密的原则，除非征得案主同意，否则，社会工作者不可以使用。

3. 个案工作记录的要求

一是以会谈后做记录为主。为了不影响社会工作者了解案主的信息和案主的表达，文字记录主要在会谈之后进行。二是正确使用专业术语。如果专业术语使用错误，不仅会影响沟通，也会给案主造成一定的伤害。三是简明扼要。对个案工作服务的内容可以进行简要的记录，但重要的信息不能省略。

第二节　农村小组工作

一、农村小组工作的含义

农村小组工作是农村社会工作的直接方法之一，指在农村社会工作者的协助和小组成员的支持下，通过小组过程和小组动力去影响小组成员的态度和行为，使参与小组的村民获得态度和行为的改变、社会功能的恢复与发展，进而促进村民个人和农村社区发展的

在农村开展小组工作，一个重要的任务是让组员认识小组的作用和功能，避免组员形成对社会工作者和对小组的依赖。

活动过程和方法。

农村小组工作是根据农村社区和不同村民的实际问题和需要进行策划和开展的，农村社区与村民所面临的问题和需求相较于城市城区和城市居民而言，具有较大的差异性和独特性，不能照搬城市工作的经验。农村小组按照性质有多种类型，如自助-互助小组、文化娱乐小组、任务小组、教育小组等。

第一，自助-互助小组。它是以成员自己的资源和能力为依托建立的志愿性小组类型，小组成员利用自身的资源和优势，在参与小组活动和与组员的互动中转变态度或行为，达到解决问题的目的。中国农村有着非常悠久的互助传统，亲戚、邻里之间守望相助曾是村民解决生活、生产困难的重要途径。然而，在现代化和城市化进程中，随着现代文化元素冲击农村地区、中青年劳动力向城市流动，传统的熟人关系互助网络发生了很大变化，传统的互助互惠精神日渐衰弱，留守群体之间的互助关系日渐薄弱，这导致农村很多群体之前通过乡土网络得以解决的问题难以解决，如留守老人缺乏生活照料和情感慰藉、留守儿童缺乏关爱等问题。小组工作者可以将具有相似问题和需求的村民组织在一起，通过发挥村民的优势和发掘村民自身的资源，帮助村民构建社会支持网络，让村民依靠自身的力量来解决问题，如留守老人互助小组、留守妇女互助小组、村民议事小组等。在各地开展的农村社会工作实践中，最常见的自助-互助小组是生计发展小组。该类小组以村民的生计发展为关注点，通过生产技能培训、资源链接、生计项目开发等方式帮助村民拓展生计出路，提高村民收入，改善村民生活水平，实现脱贫致富的目的。

第二，文化娱乐小组。文化娱乐小组是农村最常见的小组。小组工作者可以挖掘当地传统文化习俗，也可以带入城市社区的新形势，如山歌队、刺绣小组、民族舞蹈队、广场舞队、乐器演奏小组、美食小组等，开展丰富多彩的文化娱乐小组。在农村社区中，村民们的休闲娱乐活动以看电视和串门聊天为主，少部分村民会在闲暇时间跳广场舞、打牌和赶街，休闲娱乐的方式比较单一。因此，娱乐小组是帮助村民丰富闲暇生活方式的重要载体，也是帮助社会工作者打开服务局面的重要敲门砖。在农村社区中，最常见的娱乐小组当属广场舞小组、歌唱小组和美食小组，将留守老人和留守妇女组织起来跳广场舞，或者在传统节日制作美食，不仅可以帮助他们消磨时光，还可以增强群体间的情感交流，有助于支持网络的建立。

第三，任务小组。任务小组是为了完成某一特定任务而组成的小组。当农村社区出现共同的问题与困难时，需要村民一起面对，如土地征用、修建道路、用水卫生等。社会工作者可以发动社区力量，倡导组成各种任务小组以解决社区中的问题。任务小组有时会转化成社会行动小组。

第四，教育小组。教育小组的目的在于通过培训、示范和讨论的方式帮助成员掌握一定的知识和技巧。在农村，村民的平均受教育程度低于城市，接受初中及以下教育的人口比例最大，受过高等教育且选择回到农村生活的人非常少，年龄越大，文盲半文盲率越高。村民们由于缺乏科学的生产知识和技能，生活容易陷入困境。针对受教育程度低、缺乏科学知识和技能的村民开展教育小组，如种养植技能培训小组、青少年性知识教育小组、留守儿童安全教育小组、留守老人智能手机学习小组、留守妇女文化扫盲小组等，帮助村民掌握知识和技能。以留守儿童安全教育小组为例，可以为留守儿童开展防拐防骗、交通安全、消防、食品安全、防校园欺凌等知识的教育，提高留守儿童安全防护知识和自我保护意识。

二、农村小组工作的过程

结合农村小组工作的实务经验，可将农村小组工作的过程分为小组筹备期、小组第一次聚会、小组规范形成期、小组冲突期、小组成熟期和小组结束期六个阶段。

（一）小组筹备期

1. 需求评估

需求评估是小组筹备期的首要任务，小组工作者需要根据服务对象存在的问题和真实需求来决定是否成立小组，以及成立什么类型和性质的小组。

小组工作者可以通过社区摸底、入户调研、参与式观察等方法评估不同群体的问题和需求。小组工作者需要采用多种收集资料的方法，也需要从服务对象及其家人、亲戚、朋友、邻居、同学、老师等多个系统中掌握有关服务对象的问题和需求信息。

2. 招募和选择成员

农村小组工作的成员招募方法是多元化的，可以向了解各村社情况的基层政府干部、村主任或支书、学校老师等重要人物咨询和沟通。获得他们的支持和帮助是开启组员招募的第一步。然后，通过入户走访和宣传、服务对象推荐、海报和招募书宣传、社区广播通知等方式，可以顺利地帮助工作者完成招募的任务。根据小组成员招募情况，社会工作者需要对报名参与的潜在小组成员进行逐一访谈、个别会面或者集体面谈，确认他们参与小组的目的、评估报名者的问题和需要，作出小组成员的最终选择。

小组成员的选择除了遵循同质性原则外，还需要考虑成员是自愿参与还是非自愿参与。一般而言，自愿参与的成员参与积极性比较强，也更容易进入沟通和互动状态，而被迫参与（如被村支书、老师或者监护人强迫参加）的小组成员则需要社会工作者花较多时间说服其参与。此外，还需要从性别、年龄、性格等各方面合理选择成员。例如，在一个留守儿童人际交往小组中，社会工作者除了选择人际交往困难的学生外，还选择了两位人际交往比较好的学生，以便在小组中起模范作用，帮助社会工作者活跃小组气氛，通过他们展示和分享交友经验与心得，促使其他成员正向改变。

3. 制订小组服务方案

确定了服务对象的需求和小组工作目标后，就需要制订一份完整的小组服务方案。小组服务方案是社会工作者根据工作目标及人、财、物等方面的条件，精心制订出的可以实施的计划。

针对农村不同群体进行小组服务的方案设计，需要同时考虑服务对象的真实需要和群体特征。例如，针对农村留守老人的小组活动设计,需要考虑老年人的身体健康状况和文化观念,一般老年人对游戏有抵触心理,尤其是在多性别的小组中,要尽量避免身体接触性游戏和活动,或者过早的肢体接触的游戏。同时,对活动主题和活动规则的设计不能过于抽象,难于理解,活动内容要符合农村老年人的理解水平和文化水平。对农村儿童的小组活动设计,则需要以游戏和体验性活动为主,通过多元性的活动设计增加儿童参与的积极性。围绕农村妇女开展的服务,则需要突出妇女之间互助、情感支持、生计发展等方面的需求。

> 社会工作者可以提前了解当地乡风民俗和农民生活习惯,选择开展组员喜闻乐见的活动。

此外,社会工作者还需要完成服务资源的申请和链接、协同领导者的安排、活动地点和时间的确定等准备工作。如果没有公共的服务场所,可以在村民家中、村委会会议室等场所开展。如果没有足够的社会工作者来协助开展小组活动,可以充分利用社区中的人力资源,如邀请村委会的工作人员、在村的大学生、社区积极分子、社区党员等担任志愿者。

(二)小组第一次聚会

在小组第一次聚会时,成员之间会因为陌生感或者对小组活动的未知感而出现焦虑、恐惧、紧张、担忧或好奇、兴奋、期待等两极情感。但在农村,村民之间多是熟人关系,在第一次聚会时的紧张、担忧等情绪反映多是因为对社会工作者和小组工作缺乏了解所导致。

1. 小组成员的特征

第一,观望羞涩。村民们因为对小组不了解、对即将发生的事情不确定而对参与活动和参与效果持观望态度。表现为不轻易尝试游戏、分享、讨论等活动,需要社会工作者示范或者看看别人怎么做,再决定自己的做法。不敢轻易暴露自己的情绪和想法,对从未参与的活动、与他人牵手、在公开场合分享自己的感受等感到害羞和为难。

> 很多时候,组员之间相互熟悉而对社会工作者不熟悉,社会工作者要准备好出现这种情况的应对之策。

第二,紧张沉闷。村民们在第一次参加小组活动时,会因为多种原因产生紧张的情绪,如留守儿童可能将社会工作者视为老师派来监督和教育他们的人,从而表现出紧张情绪,气氛不够活跃,在介绍自己时也不会主动,声音会很小。空巢老人可能因为被村支书强迫来参加活动而紧张,表现为参加活动不积极,宁愿与身边的成员聊天,也不愿意在小组分享自己的经验和感受。

第三,依赖社会工作者。组员由于对小组感到陌生,往往把社会工作者看成权威者,一切以社会工作者为中心,非常依赖社会工作者。例如,组员在说话的时候总是眼睛看着社会工作者,只与社会工作者交流,或者等待社会工作者的指示。

2. 社会工作者的任务

在小组第一次聚会时,社会工作者处于中心位置,扮演初级角色。社会工作者是小组的核心,是小组活动的策划者和组织者,具有主宰小组的作用;小组第一次聚会的工作任务是固定的,其工作重点在于帮助小组成员之间彼此认识和熟悉,让小组成员之间建立信任感。

第一,协助成员彼此认识。协助组员相互认识、消除陌生感是拉近彼此关系的第一步。在农村社区,需要根据村民们相互熟识的程度、群体特征等来设计有创意的活动,帮助组员彼此认识,加深了解。

第二,澄清小组目标。社会工作者要带领组员澄清参加小组的期望,引导大家订立共同认可的小组目标,并让小组成员对小组目标有清晰的认识。

第三,建立小组契约与规范。小组规范是小组初期社会工作者和小组成员一起建立的适合管理和协调组员行为的准则。社会工作者需要协助和引导小组成员根据小组的特性和成员的想法制订出适合小组和小组成员的规范或契约,以约束、规范和引导小组成员的行为。在制订小组契约或规范的过程中,一定要考虑到老年人、儿童或妇女们的文化水平,对于不识字或者识字不多的群体而言,可以采取组员口述、社会工作者书写的方式将小组契约记录下来。对于农村留守儿童或者困境儿童,可以采取趣味性游戏(如"魔箱的指示"等)的方式来制订契约。

第四,创造安全、信任的关系。帮助小组成员之间建立信任感，贯穿于小组工作始终。在小组初期，塑造信任感的小组氛围的方法包括：一是主动与组员沟通，积极倾听和回应组员，建立信任关系；二是创造机会让组员表达自己的想法，通过组员间的相互回应和关怀增强信任感；三是寻找并强调组员之间的相似性；四是澄清组员之间可能存在的误解；五是通过信任游戏（如不倒翁、盲行、信任背摔、信任天梯等）创造安全、信任的气氛。

（三）小组规范形成期

经过小组第一次聚会后，随着聚会次数的增多，小组成员的紧张、抗拒、担忧等情绪逐渐减弱，小组成员之间的亲密度增强，情感互动与交流增多，小组中逐渐形成次团体，小组规范和小组结构逐渐形成。在小组规范形成期，社会工作者位于轴承的位置，扮演可变的角色，为既中心又边缘的角色：当小组有需要时，社会工作者站在中心位置；当小组不需要时，社会工作者可以退居边缘位置，观察小组的过程。

1. 小组成员特征

第一，体现一种自我中心的期待。在这一阶段，每个组员都试图将小组带向自己喜欢的或想象的位置，期待自己的需求能够在小组中得到满足。

第二，组员开始用较肯定的方式来表达需求和满意。小组成员开始分享较深的情绪，可以通过积极的语言来接触对方，个人也可以经常寻求他人来表达对事件的思考与感受。

第三，小组系统已经能够影响与控制组员的行为，使之朝向目标。规范能够引导小组的行为，分享小组的经验，管制小组的互动。

2. 社会工作者的任务

第一，评估管理小组的规范。小组规范不是由社会工作者制定的，组员才是规范的决定者和执行者，社会工作者在规范的形成过程中扮演着估量、评价和管制的角色。社会工作者需要协助衡量规范是否有价值、检视规范是否有害于小组发展，当发现某些规范是负面的时候，社会工作者应采取不鼓励、改变和修正的干预措施，引导小组成员修改小组规范，并在小组过程中遵守小组规范。

第二，支持和鼓励组员参与互动。社会工作者的支持和鼓励具有两层含义：一是鼓励小组自我管理和自我约束。特别是对于不善表达的组员，应该给予特殊的注意。二是社会工作者要对组员的行为负责任，不仅应该帮助他们解决后顾之忧，还要鼓励组员参与，鼓励组员遵守规范，努力扮演好自己的角色。

（四）小组冲突期

当小组的沟通日益深化、组员对小组的感情和角色投入加深、自我表露深化、与其他组员的交往增强，小组便进入矛盾和冲突形成和公开化的阶段。在这一阶段，社会工作者在小组的权力和地位逐渐由中心位置向边缘位置转移，在处理冲突的过程中，社会工作者更多扮演协助者和引导者的角色。当然，并不是所有的小组都会经历冲突期，短期小组（12次以内）较难经历冲突，而长期小组的组员产生冲突的概率更高。是否长短期小组并非判断小组是否会产生冲突的充分条件，事实上，有些小组在第一次小组聚会时组员就会有摩擦和不快产生，冲突的产生与组员的特征、活动的内容等都有可能相关。

1. 小组成员的特征

在小组冲突期，小组组员之间既表现出亲密、认同的一面，也表现出冲突竞争的一面。

第一，对小组具有较强的认同感。经过小组初期后，多数组员对于所参与的小组会产生比较明确的归属感和认同感，愿意与他人相处或沟通，也愿意在小组中表达自己的想法。组员之间的互动增多，感情交流加强，组员之间会产生较深层次的感受分享。

第二，冲突和攻击性行为。小组冲突期，一些组员希望更真实地表达自己不同的意见和分歧，有时也会对别人进行批评和指责。随着自我意识和权力意识的增强，一些组员可能通过权力竞争来争取自己在小组中的位置。为了竞争，有些组员可能出现攻击性语言和行为。在这种情况下，有些组员可能因感受不到安全和满足而退出。此外，还有的组员会挑战社会工作者，对社工的做法提出质疑，表现出不配合的态度。

2. 社会工作者的任务

社会工作者在小组冲突期的工作重点在于处理小组冲突。

第一，协调和处理冲突。在面对冲突时，社会工作者应该有包容、冷静和理性的态度。可以运用的具体措施有：一是帮助组员澄清冲突的本质，特别是澄清冲突背后的价值观差异；二是增进组员对自我的理解，如运用角色扮演的方法重现冲突情境，以增进自我了解和对他人处境的敏感度；三是重新调整小组规范和契约；四是协助组员面对和解决由冲突带来的紧张情绪和人际关系紧张；五是运用焦点回归法，把问题抛给组员自己解决。具体的方法包括包容、冷静、理性、稳定、焦点回归等。

第二，保持组员对整体目标的意识。在冲突期，组员之间的摩擦、争执、冲突常常会取代小组的整体目标。因此，社会工作者需要经常以各种方式提醒组员保持对小组目标的意识，使组员时刻注意小组目标或与小组目标一致的个人目标。

第三，适当控制小组的进程。在冲突期，社会工作者需要适当控制小组的进程，引导组员以小组为中心进行互动，创造一个以小组为中心的环境和解决问题的情境，以期更好地实现小组目标。

> 在农村，除了学龄儿童开展的小组，其他人群的小组要想保持封闭性地开展通常是困难的。

（五）小组成熟期

当小组冲突顺利解决之后，小组达到了最高的结合和凝聚，其内外在系统更趋向于整合，小组成员的沟通基本达到理想状态，彼此之间的了解更深入，能进行深层次的理解和自我披露。在这一阶段，社会工作者走向边缘的位置，扮演催化者的角色。此时的小组是一个自我管理、自我决策、自我探索的小组，社会工作者需要具备的技巧主要是引导和支持的催化技巧。

1. 小组成员的特征

第一，信任与接纳。经历前一个阶段的内心冲突、挣扎和尝试，组员发现自己逐渐袒露了内心的真正自我之后，仍然能够被其他组员接受,即使意见不同也能受到欢迎,因而认识到小组的安全气氛和组员之间的真诚互动,认识到其他组员是可以信任和接纳的,从而产生了信任和接纳感。

第二,同理心与关怀的气氛。组员对他人的心情、感受很容易产生共鸣性的了解,组员之间能很好地倾听、真诚地同理,形成了开放和关爱的小组氛围。

第三,和谐一体感。组员感觉自己与小组是真正有关系的,从小组的边缘进入小组中心,认同自己是小组的一分子,甚至会对外人的批评、攻击奋起争辩,维护小组的利益。

第四,认同和承诺。小组成员不仅认同社会工作者,也认同整个小组,追求共同的目标和期望。有了认同之后,就会对小组承诺、奉献。组员必须愿意献身于小组,才会有真正的行为改变,才会相信小组过程会使其受益,因而愿意为小组牺牲,并为达成小组的目标而提供自己的资源、付出自己的努力。

2. 社会工作者的任务

在小组成熟期,社会工作者的工作重点在于社会情绪的维系与工作任务的完成。

第一,协助组员进一步认识自己。在此阶段,因为开放、安全和关爱的小组氛围营造,组员更愿意深入探索自己、表露自己,社会工作者需要协助组员进一步认识自己,使其了解自己的问题和行为原因,帮助组员自我突破和自我发展。

第二,鼓励组员彼此尊重和关怀。在小组成熟期,社会工作者需适当地鼓励组员彼此支持、互帮互助,并向其他组员表达自己对他的关注和兴趣。彼此关怀和支持能令其他组员感到被接纳、被尊重、被关心和被专注,从而产生舒适和信任的感受。

(六)小组结束期

当小组目标实现、任务达成时,或者约定的时间已到、任务没有实现时,小组面临着结束。这一阶段,社会工作者重新恢复到初级的角色、中心的位置。因为此时,每个成员又变为一个个即将分离的独立个体,每个组员都有分离的感觉和失落感,社会工作者需要站在中心的位置来协助组员克服这些情绪困扰。

1. 小组成员的特征

第一，浓重的离别情绪。在分离的情景中，组员有积极和消极两种情绪反应，即肯定、有信心和否定、失落。具体包括：一是正面的、积极的情绪。小组成员通过参与小组活动，增强了对自身的认识和了解，自我不断完善，组员的自我形象和社会功能有所提高，有能力去面对和支配自己的生活，也会热切期待在未来的生活中可以实践在小组中学到的东西，对自己的将来有一份美好的期待；二是负面的、消极的情绪。小组成员在面对小组结束时会担忧、失落、否认、逃避、行为倒退、产生对外面世界的担心等。尤其是在长期缺乏情感支持的农村"三留守"群体中开展的小组，通过小组活动为留守老人、留守妇女和留守儿童提供了相聚和交流的机会，帮助他们排忧解难、疏导情绪、缓解压力，促进他们之间良好的关系建立和情感交流，当小组面临结束时，分离情绪会更为明显，需要社会工作者做好情绪疏导和后期跟进服务。

第二，小组关系结构的弱化。小组后期，小组的影响力和小组规范的约束力都逐渐减弱，组员之间的联系也比较松散，互动频率和强度相对降低。同时，一些组员开始将部分精力向外界转移，为适应实际生活做准备。也有的成员因为害怕结束给自己带来伤感，会采取"自卫"行为，及早离组或对小组投入情感减少，从而降低小组分离对自身的伤害。

2. 社会工作者的任务

在小组结束期，社会工作者回归到中心位置，重新扮演初级角色，需要在该阶段完成固定的工作任务，工作重点在于处理组员的离别情绪，帮助组员保持在小组中获得的经验。

第一，处理离别的情绪。社会工作者需要提前告知小组成员有关小组结束的信息，让组员提前做好结束的心理准备；社会工作者还需要与组员一起分享和处理自己和小组成员之间的离别情绪，帮助组员认识到离开小组进入现实生活的必要性和积极意义。

第二，协助组员整理学习成果。社会工作者需协助小组成员梳理和总结从小组中学习到的经验和收获，包括小组各阶段的经验分享，学到了什么、小组的作用、组员的改变、各种学习、生活的技巧等。并对小组成员的收获和成果给予积极肯定，以增强组员应对未来生活的信心。

第三，协助组员准备适应外界的情境。社会工作者带领组员讨论将来可能会遇到的各种事件和困难，引导组员释放对未来的担忧情绪，通过制定切实可行的计划，鼓励相互支持，增强组员面对未来生活和困难的信心和能力。

第四，处理未完成的工作。社会工作者需要对小组以前制定计划中没有实现或者还没有做的事情进行相应的处理，给予组员必要的解释。

第五，回馈与祝福，提醒保密。社会工作者可通过角色扮演和成果展示的方法，帮助组员回忆自小组建立以来的重要事情；或者重新介绍对方，以肯定或修改小组初期的印象，再表达肯定或修正的背景或经验，将小组各阶段的重要经验摘录下来进行分享。要求大家轮流发表数月或几周来的感言，对当初的感受和现在的印象进行对比，包括付出了什么、得到了什么、对未来的打算以及祝福的话语。

第六，评估小组效能。社会工作者需要评估小组的效果和效率，评估小组目标达成情况、小组动力情况、小组成员对小组工作的满意和评价情况等。为了获得小组的量化资料，社会工作者应事先设计好评估量表，作为评估工具。评估量表的设计一定要针对本小组的目标和特性，不可随意抄袭他人的量表。

第七，跟踪服务。跟踪服务的内容包括帮助小组成员链接资源、建立互助网络、提供转介的信息和服务，以巩固小组成员在小组中的收获和成果。在农村小组工作的具体实践中，跟踪服务是普遍被忽视的服务内容，这容易导致小组活动中取得的成效缺乏持久性，也无法具体帮助在实际生活中遇到困难的小组成员。

三、农村小组工作常用的技巧

(一)小组沟通与互动的技巧

社会工作者带领小组的技巧包括社会工作者与小组成员的互动和沟通以及引导小组成员之间的互动与交流。

第一,与组员沟通的技巧。一是倾听,社会工作者运用听觉器官获得组员的语言和非语言信息的技巧。社会工作者需要倾听小组成员表达出的经验、行为、感受和看法,在倾听的同时需要用眼睛去观察其他组员的行为和神情。二是反应,在倾听的前提下,将成员所说的话和非语言信息表达出来,从而引导下一步的讨论。社会工作者在小组中的反应包括对某个组员的反应、对两个或更多组员就某一个话题的反应、对整个小组正在经历的事情和阶段的反应三个层次。三是澄清,社会工作者在小组活动中需要定期澄清小组的目标、宗旨、活动内容、程序等。社会工作者需要通过提问的方式帮助小组成员澄清表达模糊的话语,也需要帮助成员澄清彼此的误会和矛盾。四是总结,在小组结束前或一个主题结束时,将组员讨论的核心观点和感受等用简短精辟的语言准确地表达出来,发挥强调和突出主题的作用。五是微型演讲,社会工作者为小组成员提供信息和知识。社会工作者经计划、准备之后,用3—5分钟为组员提供所需知识和信息的表达。六是鼓励支持,社会工作者用温暖的话语、愉快的面部表情、开放和放松的姿态语言等来向组员传递理解、支持、关怀,并鼓励组员相互支持和互动。七是基调设定,社会工作者通过环境布置、语言说明或游戏的方式来设置和创造一种小组的情绪氛围。情绪氛围可以是严肃的、轻松的,也可以是安静的、热闹的。八是自我流露,社会工作者将生活中一些管理很成功的经历分享给组员,协助有类似问题情境的组员共同讨论解决问题的方法和方案。

第二,促进组员沟通的技巧。一是提醒组员相互倾听,社会工作者用语言或肢体语言告诉组员倾听他人的重要性,要求其他组员发言时保持安静，及时提醒组员相互倾听和回应。二是鼓励组员相互表达和回馈，社会工作者通过示范、联结、融合等技术鼓励组员积极表达自己的感受。三是帮助组员相互理解，社会工作者在沟通时密切注意和观察组员的声调、语言、表情、态度和姿态等细微之处，帮助组员沟通和理解信息不一致和不明白的地方。

（二）小组讨论与分享的技巧

小组讨论与分享是促进小组互动、推动小组发展的重要方法，主要技巧如下：一是提问，社会工作者通过提问来获得更多的信息，帮助小组成员讲故事。提问的方法包括封闭式提问、深究回答型提问、重新定向型提问、反馈和阐述型提问。社会工作者可以根据不同的情境和时机运用不同的提问方法。二是摘要，社会工作者简明回顾小组过程中组员们讨论过的核心问题和重点。组员在小组讨论和分享时常常是一心一意地聆听细节、分享感受、想法，而忽视了对整个事件的洞察，社会工作者将组员们讨论和分享的重点内容摘述出来，以达到突出重点的作用。摘要除了在小组过程中使用，还可以在小组开始阶段帮助组员回忆小组以前发生的事情。三是设限，社会工作者对讨论和分享的主题进行限定，让小组成员的互动不偏离目标和主题，限定的内容包括发言的时间、主题、方式等多个层面。四是联结，社会工作者把组员之间的共同点提炼出来，强调组员之间的相似性，将组员尽可能地联结在一起，增进组员之间的沟通，增强小组的凝聚力。五是分类，社会工作者打散小组成员的问题或关心的事情，使之不至于太复杂，将问题分解为比较容易处理的单位。六是面质，社会工作者出于助人的目的，在适当的情形下，对组员言行的不一致、内在冲突的外在表现、试图逃避的事情等做出挑战，带领组员或整个小组对组员的软弱、盲点、内心矛盾和冲突做直接的接触。面质包括对质和挑战小组、挑战个人两种形式。七是示范，社会工作者在小组讨论和分享环节以身示范，引导组员模仿，表达自己的看法和感受。八是真诚，社会工作者在小组讨论和分享过程中需要营造一个开放而真诚的分享氛围，鼓励组员用一致性的态度分享自己真实的想法和感受；社会工作者也需要有勇气去面质组员心口不一的表达和分享。九是具体，社会工作者在讨论和分享过程中引导组员用清楚的、详尽的、明确的方式来作反应。具体的语言表达既要求社会工作者协助组员澄清用词，又要求社会工作者在内容上逐层引导组员分享。

第三节　农村社区工作

一、农村社区与农村社区工作

（一）农村社区

农村社区指聚居在一定地域范围内的农村居民所组成的、具有内在互动关系与文化维系力的地域性共同体。我国的农村社区与行政村对应，一个行政村通常包括若干个村民小组，村民小组又通常以自然村落为特征。

改革开放后，农村社区呈现出一些新的特征与功能。其一，社区结构系统由封闭化趋于开放化。市场经济的大潮冲击着千百年来形成的以血缘为纽带、小农经济为根基的社会关系，传统的封闭的乡村社会向现代社会转变，田园农耕式村落社区的结构开始分化。在经济快速发展的农村，随着产业结构日益复杂，农村社区结构也在转型。其二，劳动人口群体由同质化趋向异质化。家庭联产承包经营体制带来了农村社区劳动组织方式、农民生产资料占有形式、劳动产品分配方式，以及社区村民思想观念、文化素质、家庭功能以及产业结构的大变化。农民群体开始分化，出现了多样化的职业类型。众多农民成为相对自由的、不必固守土地的社会流动群体，从而改变了原先僵化的社会关系结构，乡村社会具有了多元性、复杂性的特质。其三，社区经济活动由简单化趋于复杂化。农村改革既导致农村社区生产力的大发展，又致使农村社区人口摆脱了千百年来对土地的依附关系，农业劳动力获得了空前的解放，具体表现

思考：进入新时代，农村社区呈现出一些什么样的新特征？

为农业剩余劳动力的大量涌现。相对自由的劳动力要素流动，加快了农民向城乡二、三产业的转移。其四，村民自治组织在农村社区治理中的地位与作用日益凸显。村民委员会作为直接行使民主权利、依法办事，实行村民自我管理、自我教育、自我服务的基层群众自治性组织，承担着为农村社区制定和执行村规民约、协助党和政府贯彻落实国家的法律政策、组织村办经济、维护社区治安、发展社区公共福利等社区自我治理任务。

（二）农村社区工作

农村社区的变化和转型是社会进步的表现，但也给农村社会带来了一系列新问题，如留守群体问题、突发重大公共危机处理问题、老人农业以及农业女性化问题等。这些问题给农村社区工作带来严峻的挑战，也带来新的发展机遇。2020年10月，党的十九届五中全会明确提出了"社会治理特别是基层治理水平明显提高"的"十四五"经济社会发展目标，给农村社区治理和社区工作提供了政策依据。

农村社区工作是社会工作者遵照社会工作价值观，运用社会工作专业方法，以农村社区为平台，以统筹社区照顾、扩大社区参与、促进社区融合与社区发展、参与社区矫正、社区戒毒和社区康复等为主要任务的专业活动。农村社区工作的服务对象与范围是社区村民和整个农村社区。

二、农村社区工作的过程

（一）准备阶段

准备阶段旨在通过收集和分析农村社区资料，了解社区基本情况和服务需求；确定社区工作的主要任务和行动方案；制定介入策略和工作方法；做好人员、资金、支持体系等各方面的准备工作，包括心理方面的准备工作。在社会认同度低、干群关系紧张的社区，社会工作者要充分考虑到工作的难度和可能出现的冲突，做好充分的心理准备。

(二）执行阶段

农村社区工作的执行要求以社区村民为基本力量，发掘一切可以利用的社区资源，培养社区骨干，发动村民参与。执行阶段开展的主要工作如下：

第一，召开村民会议。召开村民会议是农村一直以来经常使用的发动村民、传递信息的传统方式，也是农村社区工作经常使用的有效方法。首先，社区工作与每个村民息息相关。通过召开村民议事会、院坝会议、红白理事会等，了解村民需求，动员村庄力量。其次，通过召开会议，鼓励社区村民参与沟通，就社区问题达成共识，并共同努力解决问题。

第二，宣传动员。为了使村民了解社区工作及其意义，鼓励他们积极参与，社会工作者应充分利用社区资源（如社区中的海报栏、黑板、宣传栏、公告栏等）开展宣传；还可以通过入户探访、发放宣传单、开展文艺活动等方式动员村民；村民 QQ 群、微信群和微信公众号等新媒体形式，都是可能和可行的宣传方式，社会工作者应该充分利用多种形式进行宣传动员，扩大影响。

第三，建立关系。社会工作者通过多种途径与农村社区建立关系，如社会工作者通过发掘和培养社区骨干以带领社区行动；社会工作者与社区内各机构、社团共同组建社区工作的理事会、委员会、工作小组等组织来开展社区服务。

第四，筹集资金。社会工作者要注意多方面筹措资金，争取政府部门和其他社会组织、基金会等的支持，精心编制预算，以防资金出现问题而阻碍社区工作的开展。

第五，协调沟通。社会工作者作为村民之间、社会组织之间协同合作的中间桥梁，通过传递信息、交流意见，协助明确分工，提供支持，以减少村民之间、组织之间的矛盾和冲突，争取用最少的资源投入获取最大的工作成效。

（三）巩固阶段

巩固阶段的行动方针是成立或巩固农村社区社会组织，让社区工作系统化。社会工作者要积极推动建立和培育具有代表性的社区

> 社会工作者在进入村庄时，通常会首先通过村委会了解村庄概况，并参加村委会组织村民的各种会议，借以亮相和介绍自己。

社会组织，让村民通过组织的形式参与社区工作，如帮助社区社会组织建立内部合理的运作程序，分享组织内村民的经验和技术，协助他们建立稳固的资源支持体系。

（四）工作评估

一是农村社区工作从准备阶段开始，就要进行需求评估；二是在项目与服务计划启动之后要开展过程评估；三是项目接近尾声，社会工作者准备撤离社区，要对工作成效进行结果评估，并反思整个工作过程，为社区下一阶段的发展提出对策建议，协助社区确定未来的工作方向；四是工作结束以后，为社区的持续发展，还应尽可能地定期进行跟踪评估。

三、农村社区工作常用的技巧

（一）认识农村社区的三部曲

社会工作者融入社区并与村民和谐相处，是开展农村社区社会工作的基础和前提。农村社会工作者应进入村民的生活世界，在深入理解其日常生活的基础上，评估村民需求，并与村民共同制订社区发展计划，提高社区福利和服务水平。因此，社会工作者认识农村社区的过程也是其融入社区的过程。

1. 了解社区背景

了解社区背景是进入农村社区的前提，主要通过收集文献资料和进行实地调查来展开。从文献资料收集来看，主要包括社区的基本资料和社区内资源的相关资料。社区的基本资料包括社区的外部环境、地理位置、人口数量、村民年龄结构与性别构成、村民的文化程度与职业构成、村民的生活水平、生活方式和人际关系等。社区内资源的相关资料包括社区内的各项基础设施状况，如教育、医疗卫生、休闲娱乐以及地方性政策法规、地方风俗、村规民约等。从实地调查来看，要想深入了解农村社区，社会工作者必须深入社区村民的生活场所，采用观察法、访谈法、问卷法等方法现场调查了解社区，与社区村民直接接触，熟悉乡土人情，聆听社区村民的声音和生活故事，建立初步关系。

2. 展开社区分析

社区分析就是在了解社区基本情况、社区相关资源以及村民日常生活之后，对社区存在的问题进行专业性评估，分析社区需要，找出社区存在的动力与资源。社区分析包括社区体系分析和社区互动分析。从社区体系分析来看，社区村民生活的自然环境、社区人口状况、社区组织及社区文化等构成了社区体系。社区体系在一定程度上影响着社区村民的思想观念及生活方式，通过对社区体系的分析，可以更好地了解社区村民的生活状况，有利于发现社区中存在的问题，也有利于挖掘其潜在的资源。从社区互动分析来看，社区互动方式主要有社区村民的合作、竞争、冲突、强制和顺应等，村民的互动产生了村民关系，对村民关系的把握有利于社会工作者更有效地运用村民力量。同时，村民的互动导致社区的整合和分化，进行社区互动分析有助于社会工作者对社区运行的发展有一个比较清晰的认识。

> 农村社区的情况通常比较复杂，社工不仅要了解现下村内各种关系，还要了解村庄历史。

3. 预估社区问题和需求

在社会工作者了解社区背景并展开社区分析之后，可以初步发现社区存在的问题并预估社区的需求，进而探索社会工作者的工作方向。社区问题主要包括两个方面：一是社区内的问题，包括社区村民自身遭遇的困难，如残疾村民的日常生活、"三留守"群体的生活学业需求；二是村民和社区机构认为社区存在的问题，包括社区治安不好、交通不便、人居环境差等。社会工作者在了解社区存在问题的基础上，初步评估社区需求，确定社区工作的任务目标。

（二）开展社区服务的三个切入点

农村社区是一个熟人社会，对于外来者比较敏感和容易质疑，社会工作者初入农村社区，常常被当作传销者或者政府"代言人"而被拒之门外。因此，社会工作者需要通过具体行动切入，解决村民面临的各种实际问题，使自己在村民眼中从"外人"变成"自己人"。

1. 从社区一般问题切入

社会工作者前期查阅资料和调研评估，初步了解当地村民的人居环境、文化生活、人际关系，可以通过有针对性地解决社区现实问题开展社区服务。例如，某村庄由于历史原因，干群关系紧张，导致社区人居环境问题成为一个"老大难"问题，之前基层政府和村"两委"想尽办法，但是村民们就是不配合。社会工作者进入社区以后，通过组织儿童从改善各自家庭和周边环境卫生入手，成立儿童爱护环境志愿服务队。社会工作者和儿童志愿服务队一起走入村民家中，带动村民家庭共同关心村庄人居环境问题，进而通过各个家庭延伸到整个社区。就这样，社会工作者从社区普遍存在的人居环境卫生问题入手逐步开展社区宣传教育。又如，留守儿童课业辅导困难、家庭教育缺失问题在农村社区较为普遍，社会工作者可以通过在社工站开办"四点半课堂"、节假日素质教育小组、夏令营、冬令营等方式，对社区儿童开展课业辅导、素质拓展，在解决留守家庭后顾之忧的基础上逐步取得村民信任。再如，农村社区精神文化生活普遍欠缺，社会工作者可以根据社区的文化传统和特色，定期开展社区文艺晚会、村史展览；村民组织农业生产缺乏技术指导、相互协作困难，社会工作者可以组织技术培训、组建农民专业合作社；等等。以上均是农村社区普遍存在的一般问题，社会工作者可以先后或者同时有针对性地开展各种活动，为后续深层次介入奠定基础。

2. 从社区特殊事件切入

农村自然灾害频发，村民应对各种突发事件（如疫情、工伤、车祸、重大疾病等）的能力脆弱。社会工作者进入农村社区，需要重点关注这些突发事件和遭遇困境的特殊群体，以解决这些问题为目标，获得村民的接纳与信任。通常的做法有：当自然灾害或者各种疫情发生之际，社会工作者作为服务的提供者和资源链接者，要给受灾村民提供物质帮助、劳务服务和政策信息，链接相关资源，缓解灾害疫情对村民的影响；同时作为支持者，社会工作者面对求助者不但要提供直接服务或帮助，也要开展心理支持服务，帮助村民重获生活的勇气和信心，鼓励、支持受灾村民在可能的情况下自强自立，克服困难，自我决策，实现助人自助。

当村民因病、因祸去世，社会工作者首先要对家属进行哀伤辅导，稳定他们的情绪，了解他们的困难和需求，并给予相应的支持和帮助。

3. 从策划倡导方面切入

社会工作者可以作为一个联系人、协调者来沟通社区村民与政府之间的信息，同时与村民共同策划、采取行动为社区争取更多的资源，如改善交通、发展产业等。社会工作者可以联系政府部门，表达村民心声，为村庄发展申请经费、争取资源支持。

（三）建立专业关系的三步骤

专业关系是社会工作者与服务对象之间的一种职业关系。社会工作者进入农村社区以后，在工作过程中为了解决村民的特定问题、达成特定目标，必须与村民积极合作，建立专业关系，以便共同努力，实现工作目标。值得注意的是，农村社会有其内部的关系和结构体系，为了与村民建立良好的专业关系，作为"外人"的社会工作者初到社区，如果没有经历村庄权威、精英认识的推介而擅自接触村民个体，常常会受到"熟人社会"中村民们的质疑。因此，社会工作者进入村庄以后建立关系的步骤通常是：首先要寻找社区组织，其次通过组织找到社区有话语权的重要或关键人物，最后通过组织和关键人物找到村民。

1. 与社区组织建立关系

农村社区组织包括村民委员会、红白理事会、老年协会等，它们是开展农村社区工作的重要资源。社会工作者进入社区后，首先要与村党支部委员会和村民委员会（村"两委"）取得联系，充分沟通，了解村庄发展情况和村民要求，同时摸清农村社区社会组织的家底。在摸清家底后，社会工作者可以协助社区组织策划相关活动，扩大社区组织的影响力和号召力，同时借社区组织在村民面前亮相，以便熟悉村民、获得信任。

2. 与社区重要人物建立关系

村干部、宗族元老、退伍军人、经济精英等重要人物通常被称为村庄的"明白人"，是农村社区的资源控制者、信息拥有者和权威人士。农村社会工作者可以通过社区组织认识这些社区重要人物，积极主动接触他们，与他们建立关系，取得支持，争取吸纳村庄"明白人"参与社区工作。社会工作者可以邀请这些人物出席社会工作者组织的联谊会等活动，让他们了解自己的工作，争取他们的信任和支持，以便更快地在社区站稳脚跟。

3. 与社区村民建立关系

社区村民既是农村社区工作的主要服务对象，也是开展社区工作的主要力量。社会工作者与社区村民建立良好关系是社区工作开展的关键因素，通过上述社区组织、社区重要人物了解社区村民情况只是与村民建立关系的第一步，而不是全部。社会工作者可以通过下列步骤与社区村民建立关系。

第一，参与观察，探访社区。农村社会工作者的一项重要工作就是用自己的脚丈量社区的每一片土地，俗称"混个脸熟"。在遍访社区的每一个角落的同时，可以与村民进行一般性交谈。具体而言，社会工作者进村后要走村串户，深入田间地头、商店庙会等村民聚集的场所，观察和记录各种常规和突发性事件，并选择恰当的对象和时机与村民进行接触，从村民感兴趣的话题入手进行交流。社会工作者这种"套近乎"的方式能够迅速消除彼此的距离感，建立互相信任的关系。

第二，入户访谈，体会村民疾苦。入户访谈是与村民建立关系最常使用的方法。通过入户，社会工作者能够深入体察村民的日常生活和困难需求，密切接触村民，建立友谊，这是与村民建立信任关系的基础。

第三，使用通讯和媒体工具，拓展交流渠道。村民可能会因为没有时间或其他因素而不能与社会工作者面对面地进行交流，社会工作者不妨采用电话访问的方式来了解和关心村民；与村民有了初步认识后，还可以主动索要村民的微信号、QQ号等，多渠道关心村民、追踪村民困难是否解决以及近况如何。在社会工作者与村民进一步熟悉以后，还可以加入或者协助建立村民微信群和QQ群，与村民打成一片，及时了解社区情况。

第四，问卷调查，掌握全局。经过上述步骤，社会工作者对社区有了进一步的认识，可以对村民进行结构性访谈，用问卷调查的方式与村民进行交流和联系，整体上了解村民共同关注的社区核心问题，以增强社区服务的针对性。

（四）培养村民骨干的三策略

培养村民骨干和挖掘人力资源是农村社区社会工作顺利开展的重要环节。社会工作者要对社区活跃的参与人员进行适当赋权，尊重他们的领导才能和地位，支持他们的工作，使他们承担起领导社区村民开展活动的重要角色。

> 培养造就乡土人才是强化乡村振兴人才支撑的重要方面。

第一，主动寻找并鼓励参与。社会工作者要善于发现具有领导特质的村民骨干，并主动邀请村民骨干参与社区活动的组织工作，针对缺乏自信、自我认同感不高的村民骨干，社会工作者要对他们的突出表现给予鼓励和肯定。同时，社会工作者要不断地向村民骨干灌输村民是社区主人的"当家作主"理念，协助他们建立自主、自立的意识，培养他们对社区的责任感。

第二，培养民主的自律意识。社会工作者应积极培养村民骨干的民主意识和自律意识，带动村民骨干多参与、多体验有关村民共同协商处理社区问题的会议与活动。社会工作者还要促进村民骨干对民主原则的全面理解和认同，民主不仅仅是少数服从多数，更包含着充分沟通、理性讨论和尊重少数等内容。

第三，培训工作技巧和管理能力。要想村民骨干能够独当一面，只依靠工作热情还远远不够，社会工作者要根据村民骨干的情况和能力给予适当的培训。可以通过主持会议、组织活动等方式来提升村民骨干的实践能力；寻找机会带领村民骨干到城市社区和其他做得比较好的农村社区学习交流，拓展他们的视野，让他们更多地掌握社区工作的技巧。

除了专业技巧，管理能力的提升也必不可少。拥有领导身份的村民骨干如果缺乏管理知识，不懂得权责分工，将许多工作集中在自己身上，会造成分工不明、权责不清，甚至导致村民骨干之间出现摩擦和工作效率低下。社会工作者应有意识地培养村民骨干的管理能力和水平,加强村民骨干的权责分工意识,更有效地做好社区工作。

(五)农村社区评估的两种方法

1. 参与式农村评估

参与式农村评估(participatory rural appraisal, PRA)是在快速农村评估的基础上,由国际咨询专家依据在肯尼亚和印度的工作实践于20世纪80年代末90年代初发展起来的。其源于"参与式发展理论",强调来自农民、依靠农民、与农民一道学习、了解农村、实现农村可持续发展,真正做到"从群众中来,到群众中去"。这一方法要求社会工作者真诚和广泛地听取农民的意见;在工作中尊重社区成员,对社区成员所知、所说、所为、所示表现出兴趣;耐心地听取意见,不鲁莽、不打断对方;多听、少说,忌用自己的观点诱导农民;谦虚,并热情鼓励社区成员表达、交流,分析他们的知识。

(1)参与式农村评估的优点

第一,村民的参与程度高。参与式农村评估方法最突出的特点是工作的全过程都强调村民参与,调查者和被调查者共同参与信息收集和问题分析、决策、实施过程,提升了村民解决问题的能力,增强了村民执行决策的自觉性。这种充分信任村民的参与方法,使计划方案更具可操作性和易于被村民所接受。

第二,资源共享。在参与式农村评估过程中,社会工作者应向村民虚心学习,充分尊重村民意愿,真实地了解农村社区的现状和问题。通过分享村民的乡土知识和自身的感受与经验,社会工作者和村民共同制定出行动计划。

第三,综合性高、灵活性强。参与式农村评估由社会工作者、村"两委"成员、村民骨干和普通村民等多类人员参与调查分析,具有较高的综合性;参与式农村评估可以在田间地头进行,也可以在社工站进行,场所不固定,而且方式方法也可以随着环境、条件的变化进行调整,具有较强的灵活性。

(2) 参与式农村评估的做法①

第一，社区行。社区行是在社区人员的指引下，对社区进行沿线走访，对社区生活的各个方面进行直接观察、总结和归纳，比较不同社区的主要特征、资源来源情况和存在的问题。采用此方法可更好地了解社区生活的实际情况。要求在走访时必须覆盖主要的生态区和生产区，并能反映村庄的地形、资源和社会经济变化等的多样性。走访时，在每个点都要停留并对社区居民进行非正式访谈，最后绘制样条图。

第二，社区分布图。社区分布图要绘制出社区的外围边界；社区的地形特点，如河流、小溪、山脉、公园；标示各种服务设施，如学校、医院、商店和市场、供水点；标示农业用地、林地或牧地等。通过社区分布图，能较好地了解社区的社会、生态、经济环境。

第三，大事表。大事表可以由个人完成，也可以由集体来实现。大事表展现了在村民个人生活和社区生活中有较大的影响事件，是一部乡村史，能够用来分析某一特别事件或一系列事件对整个社区发展的影响。这一方法不仅能够使社会工作者很好地了解一个社区的历史，而且可以分析该社区多年来变化的因果关系以及讨论未来几年社区的发展方向。

第四，农事历。农事历是在一张普通的时间表格中反映社区丰富资料的图表，常用于明确一般情况下社区中的一系列活动，如粮食供需情况、劳动分工、种植模式、食物结构、劳动力分配、粮食储存等，从而了解影响农业生产和人们生活的主要因素。

第五，每日活动安排图。每日活动安排图可以由个人完成，也可以由具有相同背景的小组（如一个小组的妇女）制作。每个人或每个小组制作图表时应包含 24 个时段，代表一整天的时间，并且对一天中最重要的活动标注重点符号。每日活动安排图可以用于了

---

① 古学斌：《农村社会工作：理论与实践》，社会科学文献出版社 2018 年版，第 66—69 页。

解个体或群体活动的细节在特定时间内的变化情况,对活动的看法以及每日如何运用时间,从而确定活动的时间安排。

第六,贫富分布图。贫富分布图主要是为了了解当地居民的生活水平,了解社区对贫富指标的认识,把每个农户分级归纳到不同的贫富区间中,分析产生不同贫富层级的原因。

第七,排序表。排序表通过将一些重要因素在重要性、价值、位置以及其他方面进行相对比较和排序,以此确定优先发展顺序并了解优先发展顺序形成的原因,讨论其随时间变化的情况。为了呈现不同性别的需求差异,可以分性别来进行重要性的排序,如表6-1。

表6-1 社区问题排序表

分项	第一重要		第二重要		第三重要		不重要		得分	排序
	男	女	男	女	男	女	男	女		
资金										
技术										
信息										
交通										
人才										
加工										
素质										

第八,资源评估表。资源评估表通常使用矩阵图评估社区成员对不同类型资源的使用和控制情况。为了明确发展方向,不仅可以了解其现在的情况,还可以了解其未来的情况,如表6-2。

表6-2 社区资源评估表

分项	数量		质量		配置		说明
	现在	未来	现在	未来	现在	未来	
财力资源							
物力资源							
技术资源							

（续表）

分项	数量		质量		配置		说明
	现在	未来	现在	未来	现在	未来	
市场资源							
环境资源							
文化资源							
人力资源							

第九，问题和解决办法。主要通过列举一系列可能存在的问题与解决的方法来开展讨论，并提出和讨论社区内存在的具体问题。

2. 口述史农村评估法

社会工作者遍访农村社区，通过与村民对话，收集、整理社会工作服务对村民个人以及社区改变过程的口述内容，了解村民的问题解决程度以及对社会工作服务的满意程度，这便是口述史农村评估方法。

> 口述史在农村社会工作中不仅仅是一种评估方法，也是一种工作方法。

（1）口述史农村评估的优点

第一，口述史提供了一种重新肯定个人作为历史主体的历史观。通过聆听村民讲述他们自己的故事，社会工作者可以听到大历史以外的多种声音。农村妇女、老人、儿童等弱势群体的声音往往被外界忽略甚至扭曲，通过口述故事可以呈现那些与村民个人有关而被忽略的生活经验；通过口述故事的累积，可以了解当地村民生活经验的多元性，对农村社区的过去与现在有更深刻的认识。从不同的故事中，社会工作者也可以了解个人与大历史之间错综复杂的关系，包括大历史如何影响个人的生命历程，个人又如何回应历史等。口述故事的方法比较民主，因为它强调讲故事者的经验和知识，使社会工作者比较容易明白和感受讲故事者的生活经验和喜怒哀乐，获得更多的信息。因此，口述史的方法不仅能够重建村民的历史自觉，还间接地扩大了村民参与农村社区工作的范围，从而使农村社区社会工作更全面、更客观。

第二，可以将收集口述故事演变成动员村民参与农村社区工作。口述史的方法不仅能够最大限度地动员村民、发展村民组织，而且口述故事对当事人也具有治疗的效果。首先，收集口述故事活动，可以将社区村民动员起来，如成立口述史小组，开展"大家一起写村史"的行动，可以增强农村社区的凝聚力，提升村民的主动参与能力。与此同时，口述史也是一个治疗的过程，当讲故事者敞开心扉述说自己的生活经历时，他们也是在重整、反思自己的生活，治疗过去的创伤并思考开启新生活。

（2）口述史农村评估的做法

第一，准备要充分。在口述史访谈之前要做好准备，如查阅相关资料，做好访谈时间、地点、对象等内容的计划和安排。

第二，必须与村民建立良好的专业关系。口述史的方法成功与否决定于能否调动村民的广泛参与，而民众的参与度又和社会工作者与村民关系的深浅有关。因此，社会工作者必须与村民建立良好的信任关系，才可能推动口述史工作。另外，社会工作者要尽可能地让村民理解和明白这种方法的意义和重要性，从而促进其积极主动参与。

第三，要坚持客观、全面的原则。在记录口述史时，社会工作者必须做好笔录工作，把讲述者的神态、体态等录音不能记载的信息记录下来，在转化成文本形式的过程中，要避免过多加入自己的分析和选择，以保持资料的真实性。

复习思考题

1. 简述农村社区的求-助关系特点以及社会工作者如何开展工作。

2. 举例说明农村社会工作者综合运用个案、小组、社区工作的方法和技巧。

3. 简述社会工作者融入农村社区及与村民建立专业关系需要注意的问题。

参考文献

1. 费梅苹:《社区青少年社会工作方法与技巧研究》,华东理工大学出版社2006年版。

2. 甘炳光、胡文龙、冯国坚等:《社区工作技巧》,香港中文大学出版社1997年版。

3. 刘梦:《小组工作》,高等教育出版社2003年版。

4. 卢敏、成华威、李小云等:《参与式农村发展:理论·方法·实践》,中国农业出版社2008年版。

5. 史铁尔:《农村社会工作》,中国劳动社会保障出版社2007年版。

6. 叶敬忠、刘燕丽、王伊欢:《参与式发展规划》,社会科学文献出版社2005年版。

7. 张和清:《农村社会工作》,高等教育出版社2008年版。

8. 邹学银、万江红等:《社工助力乡村振兴农村社会工作实务手册》,中国社会出版社,2022年。

第七章

农村反贫困社会工作

长期以来,贫困一直是全球面临的重要社会问题之一。反贫困社会工作是农村社会工作的重要内容。本章主要介绍农村贫困问题的基本特征,阐述中国农村反贫困社会工作的主要模式与策略。

第一节 农村贫困问题概述

一、贫困与农村贫困

(一)贫困的内涵

人类对贫困的认识是一个不断深化的过程,由此,贫困的定义经历了一个从简单到复杂、由狭义到广义的不断扩展过程。贫困是一个动态的、历史的和地域的概念,随着时间和空间以及人们的思想观念的变化而变化。在经济发展的初级阶段,绝对的收入和消费贫困被重点关注;在经济发展的高级阶段,相对贫困和多维度的贫困(资产贫困、能力贫困、权利贫困等)备受关注。

依照不同的分类标准可以对贫困进行不同的分类。

第一,将贫困分为收入贫困、权利贫困和能力贫困。其中,收入贫困是从收入与消费的角度来描述贫困,指缺乏最低水平的、足够的收入或支出,不能维持最基本的生活。权利贫困是从人的基本权利角度来描述贫困,指缺少本应享有的公民权、政治权、文化权和基本人权。它包括社会公正和适当的资源分配、工作、医疗、财产、住房、晋升、迁徙、名誉、教育、娱乐、被赡养,以及平等的性别等 12 大类权利。能力贫困是从实现自我价值的实际能力来描述贫困,指缺乏获取和享有正常生活、自由支配各种行为的能力。它包括用于消费的经济能力,影响政策决策过程的参与能力,作为有尊严的人参与社会事务的社会文化能力,免于自己陷入食物不安全、疾病、犯罪、战争和冲突的保护能力。

第二,将贫困划分为绝对贫困和相对贫困。在人类研究贫困问脱贫攻坚战解决的主要是绝对贫困问题，其全面胜利并不意味着反贫困社会工作不再重要。社会工作的理论与方法能够很好回应人民对美好生活的现实需要，在巩固脱贫攻坚成果，解决相对贫困、多维贫困问题上具有专业优势，在后脱贫时代的反贫困行动中扮演着非常重要的角色。

题的初期，主要涉及的问题基本上是绝对贫困。绝对贫困又叫生存贫困，是指在一定的社会生产方式和生活方式下，个人和家庭收入难以维持最低限度生活水平的状况。相对贫困是指当一部分人或一个家庭的收入比社会平均收入低到一定程度时所维持的生活状况，即不公平问题。阿玛蒂亚·森（Amartya Sen）把相对贫困定义为"being deprived"，并认为人们陷入贫困与其权利的被剥夺是紧密相连的。由此可见，绝对贫困主要涉及人的一般生存问题，相对贫困则更多是关于社会公平问题。

第三，将贫困分为慢性贫困和暂时性贫困。英国慢性贫困研究中心将慢性贫困定义为"持续相当长时期的贫困"。处于慢性贫困中的穷人始终或者说通常生活在贫困线以下，对他们来说，贫困往往要持续很多年甚至于全部生命周期或跨代传递。英国慢性贫困研究中心总结了强化慢性贫困的五大"陷阱"：一是无保障，即慢性贫困人口通常面临无保障的环境和几乎很少的资产或权益来处理冲击和压力；二是有限的公民权利，即慢性贫困人口丧失有意义的政治话语权，缺乏有效的政治代表；三是不利的空间因素，即偏僻、政治排斥和薄弱的经济一体性可以使贫困陷阱出现在某一地区；四是社会歧视，即缺乏有力的社会关系可能会使慢性贫困者无法获取公共产品和服务；五是稀缺的工作机会，即缓慢的经济增长使得人们很难获得工作机会，而且这些工作仅够维持生存，从而导致没有资产的积累和孩子的教育费用。正是由于这五大"陷阱"的存在，使得慢性贫困者很难摆脱贫困，甚至出现贫困的代际传递。暂时性贫困是相对慢性贫困而言的，它是指由于一些偶然的因素导致在个别时间范围内出现的贫困。例如，由于自然灾害、农产品价格暴跌、婚丧嫁娶、生意失败等原因导致的短期内出现的贫困，大多属于暂时性贫困。一般说来，当这些因素消失的时候，暂时性贫困也会逐步消除，但是也要防止暂时性贫困向慢性贫困的转化。这种转化的具体表现是贫困者的收入与消费支出在大部分时间中围绕着贫困线上下波动。收入与消费支出在有些年份低于贫困线，处于贫困；在有些年份则高于贫困线，脱离贫困。这种类型农户的经历可能是多种多样的，有些农户可能是人均纯收入接近贫困线，因此，他们每年在贫困线的上下摆动，有可能今年是贫困户，明年就变成了非贫困户；也有些农户可能在连续几年处于贫困状态之后，最终摆脱了贫困，成为持续的非贫困户。与该类农户相反，可能有些农户最初是非贫困户，但是由于偶然的、打击性较大的事件发生，从此陷入不可摆脱的贫困状态。总之，由于福利偶然波动造成的贫困就是暂时性贫困[①]。

（二）农村贫困

中国是世界上最大的发展中国家，也是以农业人口为主的人口大国，长期以来形成的城乡二元结构体制和薄弱的农村经济社会基础，造成了农村贫困人口多、分布广的基本格局。改革开放以来，随着农村体制改革、工业化和城镇化的持续推进，开发式扶贫、精准扶贫以及乡村振兴战略的实施，中国在缓解农村贫困问题、促进农村持续发展上作出了巨大贡献。2020年，我国实现现行标准下农村贫困人口全部脱贫摘帽，统计意义上的绝对贫困得到彻底消除，标志着我国的反贫困事业从解决绝对贫困问题向缓解相对贫困问题转变。由此，反贫困进入一个新的时期。前后两个时期的基本特点如表7-1所示。

表7-1　贫困时代转换的经验证据及具体特征[②]

基本维度	前扶贫时代	后脱贫时代
贫困性质	绝对贫困	相对贫困
脱贫目标	解决生存贫困	缓解发展贫困
贫困构成	农村贫困群体	农村贫困群体为主、城市贫民为辅
脱贫力量	外力为主、内力为辅	内力为主、外力为辅
贫困标准	单维（收入贫困）	多维（发展贫困）

[①] 参见吴海涛、丁士军：《贫困动态性：理论与实证》，武汉大学出版社2013版，第8—9页。

[②] 姜安印、陈卫强：《贫困时代转换的经验证据、特征研判及路径选择》，《经济学家》2021年第3期。

由表 7-1 可见，进入新时期，农村贫困与反贫困已经发生了明显变化。一是由绝对贫困向相对贫困的转换，拓展了贫困的内容和范围，变换了脱贫主体以及贫困的识别标准。贫困问题的有效治理面临新挑战，需要新思维。二是脱贫目标由生存贫困向发展贫困转换。将贫困群体可行能力的提升与再造作为脱贫工作的重中之重，是对巩固拓展脱贫成果和返贫风险的直接回应，更能突出减贫工作的靶向性和长久性。三是贫困主体构成由农村贫困群体向以农村贫困群体为主、城市贫民并存转换，贫困区域也由农村地域转换为城乡并重。将城市贫民纳入贫困治理范畴，使得贫困问题讨论更加符合我国的发展实际，有利于提出更加有效且具有针对性的治理策略。四是脱贫的主体力量由外力扶贫转换为内力脱贫。以往的脱贫形式多表现为产业扶贫、送钱送物等具体形式，无法全面覆盖深度贫困群体，也不具有可持续性。由此，应致力于贫困群体能力的提升与再造，既能实现脱贫成果的巩固拓展，又能建立起贫困群体长期可持续的脱贫机制。五是贫困的衡量标准由单维向多维转换。由收入标准衡量贫困的时代已然成为历史，无法适应新时代贫困治理的新要求和新特征，相对贫困的衡量标准更加多元。

基于此，需重新认识新时期农村贫困的特点，并在此基础上开展农村反贫困工作。新形势下，一是要关注脱贫人口脱贫的稳定性和预防返贫；二是要关注相对贫困人口和贫困边缘群体的发展变化，加强贫困的预防与预警，避免他们因病、因灾致贫；三是要特别重视反贫困的城乡统筹，不能局限于农村来开展反贫困工作。随着城镇化进程的不断加快、乡村振兴战略深入推进以及城乡融合发展三重变奏的历史交汇，农村居民对发展空间、基本公共服务等的需求更加迫切，对个人能力的提升和美好的生活愈加期盼，这成为农村地区相对贫困的主要表现形式。与此同时，大量农民工涌入城市后，贫困问题也逐渐由农村向城市转移。农民工群体虽然在城市地区工作和生活，近年来在社会保障与社会福利方面获得了明显的改善，但依然难以真正融入城市的体面生活，后脱贫时代使得农民工的相对贫困问题逐步凸显。

> 农村反贫困社会工作不能仅局限于农村区域和留守在农村的人群，也要关注流出农村的人口。
>
> 思考：人口流动对农村贫困问题的解决提出了什么样的挑战？社会工作应如何回应这一挑战？

二、农村反贫困工作

尽管中国农村的反贫困工作取得了令世界瞩目的成就，但是农村贫困地区的发展落后依然是中国经济和社会发展进步面临的主要挑战。农村的反贫困工作是一项艰巨而又长期的任务。在世界反贫困战略理论的实践运用中，学者们根据不同国家的反贫困道路总结出不同的反贫困理论和模式，这些模式为我国反贫困工作提供了有益借鉴。

（一）反贫困理论模式

1. 贫困恶性循环理论

经济学领域对贫困陷阱的研究源远流长，最早可追溯到18世纪英国人口学家托马斯·马尔萨斯（Thomas Malthus）的人口陷阱理论，其理论表明人口增长总是快于生活资料的增长，所以，社会总会达到人口饱和状态并陷于发展停滞。西方学者一般把处于贫困状态的个人、家庭、群体、区域等主体因贫困而不断再生产出贫困、长期处于贫困的恶性循环中无法自拔的状况称为贫困陷阱。关于贫困陷阱理论的第一次大讨论，发生于20世纪40年代末到60年代中期发展经济学的第一个繁荣时期，当时，发展经济学家非常关注对发展中国家贫困根源的探索和贫困现象的表述，并在此基础上逐步提出关于反贫困的系统理论。美国哥伦比亚大学教授拉格纳·纳克斯（Ragnar Narkse）在20世纪50年代提出的贫困恶性循环理论，可以说是经济学家解释发展中国家贫困问题的最早尝试之一。1953年，纳克斯在《发展中国家的资本形成》一书中系统地考察了发展中国家的贫困问题，探讨了贫困的根源和摆脱贫困的途径。纳克斯认为，发展中国家长期存在的贫困，是由若干个相互联系和相互作用的恶性循环系列造成的，其中，贫困的恶性循环居于支配地位，资本形成不充分是产生贫困和恶性循环的关键因素。纳克斯通过资本形成的供给和需求论述了恶性循环的过程。从供给方面看，发展中国家人均收入普遍过低，人们绝大部分的收入用于生活消费支出，而很少用于储蓄，导致储蓄水平低下进而引起资本形成不足，其结果是生产规模和生产效率都难以提高，从而导致人均收入低下，如此周而复始，形成恶性循环。从需求方面看，发展中国家人均收入水平低，消费能力弱，国内市场容量狭小，致使投资诱因不足，缺乏足够的资本形成，生产规模小，生产率低下以及由此而产生的恶性循环。供给和需求两个循环相互连接、相互作用，形成了发展中国家在封闭条件下长期难以突破的贫困陷阱。纳克斯把资本的形成定义为一个经济落后的国家或地区如何筹集足够的、实现经济起飞和现代化的初始资本，认为发展中国家要打破贫困的恶性循环，就不能把它的全部物质资料用于满足当前消费的需要和愿望，而是必须将其中的一部分用于生产资本品，即生产工具和仪器、机器和交通设施等可以大大增加生产效能的真实资本。他认为资本形成过程的实质，就是将社会现有的部分资源抽调出来增加资本品存量，以便使将来可供消费的资本品的扩张成为可能。他进一步指出，资本形成既包括物质资本，也包括人力资本，即在技能、教育及健康等方面的投资。

根据贫困恶性循环理论，纳克斯得出"一国穷是因为它穷"这个著名命题。贫困恶性循环理论是一种用结构主义方法来探讨发展中国家贫困根源的理论，这一理论的核心在于：资本缺乏是产生贫困恶性循环的根本原因，资本形成不足是经济发展的主要障碍和约束条件。因此，要打破"低收入—低储蓄能力—低资本形成—低生产率—低产出—低收入"的恶性循环，必须大规模地增加储蓄、扩大投资并促进资本形成。

2. 平衡增长理论

1943年，英国经济学家罗森斯坦·罗丹（Rosensten Rodan）在英国《经济学杂志》（6—9月号）上系统地阐述了平衡增长理论，提出了著名的大推进理论。

罗丹认为，像当时东欧和东南欧那样的"国际落后地区"，与其缓慢地实施自给自足式的工业化，不如适应国际分工的需要，以大量的国际投资或资本贷款为基础，借助于各个工业部门之间的互补性,迅速地、大规模地实施一步到位的工业化。如果一个经济中的若干部门同时采用收益递增的技术,则每个部门创造的收入都会为其他部门提供需求,从而扩大相互的市场,使得工业化能够通过整体同步的大推进来实现。只有全面地、大规模地在各个工业部门(包括基础设施部门)投入资本,通过这种投资的大推动,才能冲破市场狭小的束缚,实现工业化,达到经济发展的目的。发展中国家的发展战略,就是在贫困恶性循环的锁链上打开一个缺口,作为发展的起点,通过"大推进"实施全面增长的投资计划,对几个相互补充的产业部门同时进行投资,通过扩大市场容量和造成投资诱导机制获得外部经济效应,即这种投资能够创造出互为需求的市场,这样可以克服市场狭小、在需求方面阻碍经济发展的问题。平衡增长之所以必要,是因为各部门之间的经济活动在投入与产出、供给与需求上相互依赖、不可分割,有必要以大规模的投资来克服发展过程中供给与需求方面的不可分性。在实现平均增长的方法上,罗丹认为,通常的价格刺激不能迅速生效,一方面,由于发展中国家市场的不完善,价格刺激的有限作用可能因投资不可分性和技术的不连续性的障碍得不到发挥;另一方面,即使市场机制作用很大,要在短期内集中大量投资并按一定比例配置于各部门也是不可能的,所以,必须实行国家干预,通过宏观经济的计划性,担负起平衡增长的重担。

  该理论提出以后,为发展中国家或地区的工业化和区域开发提供了一种理论模式,并在一些发展中国家或地区受到一定程度的重视,对很多发展中国家的工业化发展战略产生了巨大影响。但平衡增长过分依赖计划和国家干预,忽视了政府失灵的可能性,因为一旦计划失误或干预失败,大规模投资所造成的损失往往非常严重。更为显著的是,这种模式限制了市场体系的发育和市场机制的运行,加上在工业化过程中片面强调单纯的工业化,忽视地区之间、部门之间的均衡协调发展,这样直接导致了综合经济效益的丧失。而且,资本短缺和资本形成率低是造成发展中国家或地区贫困的重要原因,在生产资源极其短缺的情况下推行平衡增长战略,甚至会

> 平衡增长理论主要是从国家层面思考反贫困,是基于区域、系统视角建立的反贫困理论。对社会工作从宏观层面理解反贫困工作具有重要意义。

产生灾难性的后果。20世纪50年代中国"大跃进"和70年代伊朗"大推进"的失败充分证明了这一点。

3. 人力资本理论

人力资本理论是20世纪60年代在西方经济学中迅速发展起来的一种经济理论，主要探讨人力资本的基本特征、形成过程和人力投资的成本与效益。人力资本理论对发展中国家反贫困战略的实践产生了广泛而深远的影响。

人力资本理论的研究者们丰富了新古典理论中资本生产率、资本边际生产率等概念，提出了关于人力资本及其经济效果的概念。1960年，美国芝加哥大学教授西奥多·W. 舒尔茨（Theodore W. Schultz）在美国经济学会发表题为"人力资本投资——一个经济的观点"的著名演说，首次提出了人力资本投资（human capital investment）这一概念，并建议把通过对儿童和成年人的教育，改进他们的健康和营养从而提高劳动质量和劳动收入的过程看成资本积累的过程。1962年，舒尔茨在其《教育的经济价值》一书中系统阐述了人力投资的成本及教育经济效益的核算，从而完整地创立了人力资本理论。在对农业经济问题长期研究的基础上，舒尔茨试图建立包括人力资本和物质资本的全面资本概念。他认为，物质资本是体现在物质产品上的，人力资本是体现在劳动者身上的，人力资本包括量与质两个方面，量是指社会中从事现有工作的人数及百分比，质是指知识、技能、经验和熟练程度以及其他可以影响人从事生产性工作能力的东西。舒尔茨具体论述了人力资本的主要内容，包括：保健设备和服务的各种开支；在职训练；正规的初等、中等及高等教育的支出以及非厂商组织的成人教育训练，特别是包括农村的推广教育；用于劳动力国内流动的支出；提高企业能力的投资等。舒尔茨特别强调了教育投资在人力资本行程中的作用。他认为，教育投资是一种重要的生产性投资，教育活动是隐藏在人体内部的能使人的能力得以增长的一种生产活动，教育不是一种消费活动；相反，政府和私人有意识的投资，为的是获得一种具有生产能力的潜力，会在将来作出贡献。舒尔茨认为贫穷国家的经济之所

人力资本在农村反贫困中的作用越来越受到重视。社会工作者在农村反贫困中不仅是服务提供者，也是能力建设者，人力资本为能力建设提供理论支持和发展方向。社会工作者要从思想观念、健康状况、教育水平等方面着手，不断提升贫困家庭的人力资本，以此提升其反贫困能力。

以落后，其根本原因不在于物质资本的短缺，而在于人力资本的匮乏和自身对人力投资的过分轻视。

舒尔茨通过对人力资本理论的阐述，扭转了直至20世纪50年代末还流行于经济学界的以物质投资为中心的经济理论，把包括教育投资和健康投资在内的、旨在提高人口素质的投资都看成生产性投资，并在经济发展中产生远比物质资本和劳动力数量增加更为重要的作用。

4. 循环累计因果论

1957年，瑞典经济学家冈纳·缪尔达尔（Gunnar Myrdal）在他的《经济理论和不发达地区》一书中首次提出循环累计因果论。他指出，各种社会因素在经济发展进程中互为因果联系并循环式发展。如果收入低，人们的消费水平也就低，各方面生活质量的下降导致人口的教育素质也难以提高，就业也困难，相应的生产率得不到提高，最终造成国民生产低产出，从而又促进了国家贫困，接着又是以上再一次的经济循环。由此周而复始，加速贫困化。

缪尔达尔还指出，市场经济力量的正常趋势将扩大区域间的发展差距而不是缩小区域间的发展差距。他认为，在发达地区和欠发达地区间的要素流动中，不仅仅是劳动，而且资本也会从欠发达地区流向发达地区。在这种流动的过程中，存在着扩散和回流两种不同的效应，扩散效应是指发达区域到不发达区域的投资活动，包括供给不发达区域发展的原材料或购买其原料和产品；回流效应是指由不发达区域流入发达区域的劳动力和资本，它将引起不发达区域经济活动的衰退。在循环累积因果过程中，回流效应总是大于扩散效应，因此，区域差异在市场力量的作用下会不断增大。

5. 可行能力理论

印度经济学家阿玛蒂亚·森将贫困与能力剥夺分析提升到一个崭新的高度，他认为，贫困不仅仅是收入低下，而必须被视为一种对基本能力的剥夺。贫困首先夺去了人们获得生存机会的工具，随之又悄悄地夺去了人们享受健康生命、合适的教育、住宅等相关机

森的可行能力理论给社会工作参与反贫困提出了新的思路。可行能力理论不仅有助于社会工作者以新的视角认识贫困的本质问题，也有利于社会工作者思考如何提升贫困农户的反贫困能力。社会工作强调助人自助，提升可行能力已经发展成为反贫困社会工作的重要干预内容之一。

会。在《以自由看待发展》一文中，阿玛蒂亚·森改变狭隘发展观的旧范式，阐述人的实质自由是发展的最终目的和重要手段，建立了全新的理论框架，认为发展史涉及经济、政治、社会、价值观念等众多方面的一个综合过程，它意味着消除贫困、人身束缚、各种歧视压迫、缺乏法制权利和社会保障的状况，从而提高人们按照自己的意愿来生活的能力。森在《贫困与饥荒》一书中指出："要理解普遍存在的贫困，频繁出现的饥饿或饥荒，我们不仅要关注所有权模式和交换权利，还要关注隐藏在它们背后的因素。这就要求我们认真思考生产方式、经济等级结构及其之间的相互关系。"① 他认为贫困的实质就是能力的缺乏，提出用能力和收入来衡量贫困的新思维，即贫困是基本能力的剥夺和机会的丧失，而不仅仅是收入低下；收入是获得能力的重要手段，能力的提高会使个人获得更多的收入；应该用人们能够获得的生活和个人能够得到的自由来理解贫困和剥夺。在此基础上，森把发展定义为"扩展人们享有的真实自由的一个过程"，发展不仅仅包括人们免受与贫困相连的各种困苦的能力，还包括教育、健康等方面的社会安排。对于流行的以物质财富增长为核心的发展观，森一再强调，财富、收入、技术进步、社会现代化等固然可以是人们追求的目标，但它们最终只具有"工具性价值"，是为人的发展、人的福祉服务的，以人为中心的最高价值标准就是自由，自由才是发展的主题和发展的最高目标。为此，森提出了关于自由的发展理念，即自由是发展的首要目的，是促进发展的不可缺少的重要手段。

贫困文化理论虽然存在着将贫困归咎于贫困者本人的问题，但有助于理解同一环境下不同家庭的贫困处境。贫困的代际传递是当前世界范围反贫困共同关注的问题，也是反贫困社会工作的重要任务之一。

6. 贫困文化理论

贫困文化理论是由美国人类学家奥斯卡·刘易斯（Oscar Lewis）在对墨西哥的家庭进行考察后，在社会文化的层次上对贫困作出解释的一种理论。贫困文化理论认为，贫困的人群有一套特殊的生活方式，如轻视教育、储蓄和投资等，这种生活方式在贫困的群体中

---

① ［印度］阿玛蒂亚·森：《贫困与饥荒——论权利与剥夺》，王宇、王文玉译，商务印书馆 2001 年版，第 12 页。

产生互动，并使得他们渐渐脱离了主流的社会文化，形成一种贫困的亚文化。并且这种文化非常容易在代际之间传递，从而造成贫困的代际传递。在刘易斯对墨西哥贫困的研究中，认为贫困的文化包含很多方面，主要体现在经济、教育、心理和社区等方面。在经济上，贫困的人们往往倾向于从事低报酬的临时性工作、抵押个人物品、借高利贷、一天内多次少量购买食品。在教育方面，贫困文化轻视对自己的人力资本培养以及对子女教育。在社区和心理层面，贫困的人们居住在狭窄的社区中，毫无隐私，并且家庭暴力、酗酒、街头斗殴等事件时常发生。

（二）农村反贫困工作的实践模式

1. 基本需求满足模式

在基本需求满足模式下，反贫困实践注重对穷人尤其是为农村贫困人口提供基本商品和服务，包括基本食物、水、卫生设施、健康服务、初级教育和非正规教育等。该战略的实施包含两个因素：首先，需要有足够的财力，使这些商品与服务能以穷人买得起的价格提供给穷人；其次，设立提供这些商品与服务的网点，在网点分布上要对贫穷消费者有利。基本需求满足模式认为，发展经济的目标是消除贫困，消除贫困有两条道路选择：一条道路是直接向穷人提供保健服务、教育、卫生和供水设施以及适当的营养；另一条道路则是加速经济增长，提高穷人的劳动生产率和收入水平。就消除贫困的效果而言，前者比后者要显著得多。之所以要采取基本需求满足模式，主要基于如下五个方面的原因：一是仅仅促进经济增长可能是使那些预期从增长中受益的人们得到好处；二是只有向穷人提供基本的保健和教育设施，他们的生产率和收入水平才能提高；三是增加穷人的收入使他们能得到基本必需品，但可能费时甚长；四是某些设施（如供水和卫生设施）只能由公共部门提供；五是在基本必需品相对缺乏的情况下，只有用统一的方法提供必需品，才能使所有的穷人获益[①]。

[①] 赵曦：《中国西部农村反贫困模式研究》，商务印书馆2009年版，第143页。

从基本需求满足型反贫困模式来看，实施该模式的反贫方式有两难选择：一方面，提供基本需要将导致资源从投资领域向消费领域转移，这样做的结果往往会阻滞经济的增长，从而使提供基本需要的战略难以长期推行；另一方面，提供基本需要是人力资本投资的一种形式，多种教育、健康和其他社会开支，都会改善人力资源的质量，它和工业投资一样可以是生产性的。

泰国的农村反贫困道路是基本需求满足模式的典型。泰国作为东南亚的农业大国，是世界著名的大米生产国和出口国，泰国稻米的出口额约占世界市场交易额的1/3，是泰国外汇收入的主要来源之一。然而，农村的贫困问题仍然是困扰其国民经济发展的一个重要因素，泰国的贫困人口几乎全部集中在农村，尤其是集中在泰国的北部和东北部的贫困山区。在那里，热带季风气候与热带森林的重合，造就了历史上的传统生产方式——原始农业。原始农耕技术导致单产量极低，且逐年递减，直至无法维持基本生活的需要，农民生活困难，无法再生产。由于农民采取过度垦殖的方式利用资源，使他们不得不于两到三年迁移一地，基本上处在自然生态圈的原始循环中，维持着贫困的基本生活条件，同时，水土流失严重，珍稀动植物品种快速减少。贫困与生态恶化导致罂粟的种植在北部山区普遍存在，并成为很多民族的主业，由此带来制毒、贩毒、吸毒泛滥。泰国在经济发展中十分重视对贫困地区农村发展的扶持，泰国政府于1953年建立了边境巡逻警察组织，与山区农民取得联系，给予他们食物、药品等救济，以后又开始提供实质性的援助，如对山民进行农业培训，提供种子、种猪等技术的输入，建立学校，进行卫生、农业培训，以改善部分山民的生活状况。20世纪60年代，又成立了四个山民自助组以及一系列发展与福利中心和流动组，在山区农民中间进行农业技术交流，同时，政府持续地改善山区的交通状况。

泰国第二个经济与社会发展计划的目标区域已经覆盖了农村及偏远地区，并实施了"加速农村发展计划"。自1975年，泰国在全国范围内实施了类似于中国以工代赈计划的"农村就业计划",主要目标是通过在干旱季节为农村居民提供就业机会来增加穷人的收入。项目设计的范围主要是农村基础设施,包括农村供水、灌溉系统、输电线路、农村道路建设等,通过农村基本生产条件的改善减轻绝对贫困现象。进入20世纪以后,泰国政府推出了包括"一区一品"在内的一系列扶贫助农政策,在政府的统一规划下,全国5 000多个乡都集中力量开发出一种充分体现自身优势的特色产品,每个乡(镇)从发展自己的传统乡村手工艺品入手,主要包括泰国传统服饰、粮食、草药、珠宝、手工艺品等,通过给农业剩余人口提供就业机会,改善低收入人群的生活。"一区一品"计划帮助贫困地区的农民克服了"安于现状,不思进取"和"等、靠、要"的惰性,调动了当地农民的积极性,促使其想办法、动脑筋,利用富余劳动力和农闲时间,发掘一技之长和当地传统技艺,努力开发具有本地特色的产品,创造新的财富来源,为增加人口收入和缓解农村贫困创造条件。针对贫困地区医疗卫生状况普遍落后的状况,泰国政府实施了农村医疗保险健康卡制度,对贫困农民,由政府出资发给免费健康卡;对一般农民,在农户自愿的基础上个人缴费500铢,政府补助500铢,由政府发给统一印制的健康卡,全家都可凭卡免费享受医疗保健服务,超过5人者需再购一卡,50岁以上老人和12岁以下儿童享受免费医疗。12—50岁的泰国健康卡持有者到公立医院就诊,除了规定的自费项目以外,可就诊8次,每次有最高限额,由就诊单位向省管理委员会结算。如到私立医院就诊,门诊费用自理,住院费用在年限额内按月均3 000铢补助。在全国推行"30铢医疗计划",让贫困的农民也能看得起病,能得到应有的医疗服务。

为了增加农村就业机会和提高农民收入,泰国政府2001年7月成立了专门委员会,开始推行农村基金计划,刺激农村经济增长。根据这一计划,全国近7.8万个村庄中的每个村庄平均获得2.3万美元的发展基金。这些村庄都成立了基金管理委员会,自发地确定投资项目和向市场推广农村产品,泰国政府的最终目标是把全国每个村庄的基金管理委员会都建设成为村庄发展银行。为了增强农民的偿债能力,政府还从财政年度中拨出 4 000 万美元,专门用于对农民进行专业职业技能培训,计划每年培训 30 万人。泰国 2005 年的一项民意测验显示,近 90% 的被调查者表示支持政府的农村发展措施。时任联合国粮农组织总干事雅克·迪乌夫(Jaques Diouf)曾称赞这些举措是消除贫困和饥饿的重要步骤,并邀请泰国向其他发展中国家推广有关经验。

2. 人力资本投资模式

在人力资本投资模式里,贫困地区与发达地区之间除了在经济方面的收入差距,更为明显的是人们的思想观念和教育水平的差距,以及由此而引起的文化、劳动、技术素质和创业精神的差距。要从根本上消除贫困,必须进行贫困地区的人力资源开发,从长远看,这也是减轻贫困的根本性措施。

人力资本投资模式侧重于人力资本投资。实行这种模式的国家和地区,其经济发展的特征是限制物质资本投资而加大人力资本的投资,如普及初等教育等。从优先顺序上,这类国家或地区都是先投资教育,然后再进行工业化的投资。在这种国家和地区,如果能够一方面成功地进行本国内部技术革新,另一方面成功地输入并吸收发达国家的先进技术,形成技术密集型产品生产相对优势的生产结构,将能较大地提高人均国民生产总值的增长率,成为解决本国贫困问题的重要推动力。

墨西哥的农村扶贫实践即运用了这种模式。第二次世界大战以后,墨西哥实施了以扩大国民经济的外向性和减少政府对经济的干预为主体的经济改革,在 20 世纪 70—80 年代经济取得快速发展之后,墨西哥政府开始逐步将扶贫资金的重点转向社会服务领域,注重解决社会问题,实行反贫困战略,把扶贫作为政府工作的一项重要内容。为此,政府重新确定贫困线标准,调查了贫困人数,并对原有的近 200 项社会计划进行评估,制定了《全国土著人民发展计划(1991—1994 年)》和《全国团结计划》,实施了一系列配套的教育、卫生、食品计划，对与人民生活密切相关的水、电、交通、药品等进行补贴，并严格控制一些基本生活物资的价格，以保证低收入家庭的基本生活。

在工业化水平不断提高的基础上，高度重视社会服务在贫困中的作用成为 20 世纪 90 年代以后墨西哥扶贫工作取得很大成就的重要原因。2000 年，墨西哥出台了《农村发展法》，其间，共有农业、经济、财政、教育等 9 个部门参与了立法工作。此法的出台，为解决农村贫困人口就业、促进农民劳动力的转移提供了强有力的保障。2004 年 1 月，墨西哥制定了《社会发展法》，规定了地主在雇用农民帮工时，要为农民购买基本保险。社会发展部还制定了各种计划，将反贫困与促进就业结合起来，以帮助贫困人口通过就业来获取较为稳定的收入。社会发展部每年投入的扶贫资金多达 7 000 万美元。具体内容体现在向他们提供技能和职业培训，帮助他们创业，根据情况还可向他们提供住房和子女受教育方面的帮助，约有 500 多万个家庭受益于此项计划。2000—2002 年，墨西哥政府实施的扶贫政策取得了可喜的成果，极端贫困人口减少了 16%，大约有 300 万人通过就业使生活条件得到改善。

自 2001 年起，墨西哥政府开始在五个州试点实行"大众医疗保险"计划。该计划规定，联邦政府承担保险基金 60% 的资金，州政府出资 35%，参保人仅需支付其余的 5%。所有农民和无固定职业者都可以自愿参保，各个家庭根据各自的收入，每年缴纳 65—1 000 美元不等的保费，一家老小就能享受大众医疗保险提供的医疗服务。考虑到这部分人群的经济状况，参保家庭中最贫困的 20% 可以不缴纳保险费用。"大众医疗保险"计划的中心思想就是富人帮助穷人，健康人帮助病人。2004 年，墨西哥政府在原有的社会保障体系基础上，正式建立了名为"大众医疗保险"的公共医疗保险体系，把全民医疗保险的概念推向全国，这种针对穷人的医疗保险模式无疑是一种保护贫困人群的有效方式。

第二节 中国农村反贫困社会工作模式与策略

中国农村反贫困社会工作模式主要有政府主导型反贫困社会工作和资产为本的社区发展模式。策略上，既有缺乏视角下的农村反贫困策略，也有优势视角下的农村反贫困策略。

一、农村反贫困社会工作模式

社会工作是以一定的价值理念和科学精神为指导，综合运用专业知识、技能和方法，为有需要的个人、家庭、群体、组织和社区提供专业社会服务，帮助其整合社会资源、协调社会关系、预防和解决社会问题，恢复和发展社会功能，促进社会和谐的职业活动。社会工作为反贫困提供了专业科学的价值观、专业的方法和技术以及从优势视角寻求反贫困的助人自助宗旨。在农村反贫困中，社会工作利用专业视角分析贫困问题产生的原因，通过专业化的服务为农村反贫困作出一定的贡献，本节分析政府主导型和资产为本的社区发展两种社会工作模式下的反贫困工作，进而阐述社会工作在中国农村反贫困中发挥的作用。

（一）政府主导型反贫困社会工作模式

在经济高速发展的现代社会，贫困仍是一种客观普遍存在的社会现象。治理并消除贫困是政府义不容辞的历史责任，虽然非政府组织和其他社会组织的扶贫行动正在发育，但政府的介入仍然是不可或缺的。在中国的反贫困工作中，政府一直以来都扮演着至关重要的角色。中国政府的反贫困历程主要采用三种反贫困战略，即传统的社会救济扶贫战略、通过制度变革推动经济增长以消除贫困战略和开发式扶贫战略。

当前，政府主导型反贫困社会工作主要是指社会福利部门所从事的扶贫社会工作。在中国政府部门和群众组织中，有一些以专门进行福利活动为己任的职业或岗位，它们承担着为群众排忧解难的职能。例如，民政部门的社会救济、社会福利，工会、妇联对职工、妇女合法权益的保护，劳动部门对离、退休职工的生活和医疗的保障，共青团系统对失学儿童及有问题青少年的关爱等，都属于政府主导下的社会工作范畴。这些工作的特点是：工作人员是政府干部、公务员或工会、共青团、妇联的干部，基本属于国家行政干部；他们利用正式的组织架构，按照政策及本部门的工作方法开展工作；他们的工作以服务工作为主，同时也是管理工作。其服务工作部分常被称为实际社会工作，它是行政的和半专业性的，这类工作是当前中国社会工作的主体。

社会工作的组织模式是从制度层面着眼的，它是指一个社会中提供福利服务的基本方式。社会工作的组织模式包括福利服务提供者的组织模式、受助者求助模式、资源获取模式和服务提供模式。中国政府主导型反贫困社会工作主要是福利服务提供者的组织模式，即服务的提供者是政府，政府采取各种形式回应社会的需求。在中国，专业社会福利机构尚未充分发育，未能真正成长为政府社会福利项目的制定者和发放者。

在中国，社会工作的发展很大程度上是由政府用行政手段推动的，这在民政工作中尤为突出，民政部门是政府推行社会福利制度和社会工作实务的行政管理部门，20世纪50年代以来，民政部门主要以补救性的福利手段发挥着社会安全网的重要作用。民政部有一个从中央、省（直辖市、自治区）、地区（自治州、地级市）从上到下或从下到上的信息渠道。在民政系统中，中央和省这两级的主要工作是制定社会政策和社会立法；地、县两级的部分工作是贯彻、实施社会政策和立法，部分工作是直接面对社会特殊群体，实际上就是社会工作；基层的街道、乡镇和村居民委员会则主要是面对社会特殊群体的社会工作。民政工作的扶贫社会工作模式主要表现为：在获得信息、经初步调查研究后提出的对策措施，往往经过一段试点，在部分地区先进入实践运行。经过一段时间的"调试"后，总结经验，然后逐步推广。在此过程中，民政部门由下而上逐步形成政策，最后再以立法的形式相对固定下来。民政部门承担了包括养老保险在内的社会福利事业和五保、扶贫在内的社会救灾救济工作及优抚安置工作、居民最低生活保障及对流浪乞讨人员的社会救助管理工作等在内的社会工作。

扶贫是民政部门对传统救灾救济工作的一项重要改革，它改变了过去的单纯救济，而是与扶持生产相结合，改"输血"为"造血"。民政部门对有一定生产经营能力的贫困户，从物资、技术、信息、政策等方面给予扶持，使其经过生产经营活动摆脱贫困。中国政府主导下的民政部门社会工作扶贫主要从以下几个方面努力：一是资金扶持。根据政府和扶贫对象双方议定的扶贫项目，给予资金支持。二是政策和思想上的扶持。放宽政策，实行优惠，如税收减免；同时，在思想上帮助扶贫对象树立脱贫的信心。三是科技和信息扶持。提供市场信息，帮助扶贫对象选好选准扶贫项目；提供科技服务，帮助扶贫对象尽快掌握一种生产技术，使扶贫项目尽快产生经济效益。四是相应的配套措施。包括：组织扶贫经济实体；建立干部保护扶贫责任制；资金由无偿扶持改为有偿扶持；建立扶贫周转基金；多渠道扩大扶贫资金来源等。

中国政府主导型民政部门扶贫模式具有以下特征：

首先，坚持以人为本的工作理念，以农民的需求为指导，重视对农村贫困群体生存状态的了解，通过资金支持等切实帮助解决农民最迫切的问题。其次，通过在思想上卸下农民的包袱，调节其消极心态，激发农民参与脱贫的积极性，通过科技和技术指导与支持，提高贫困人口的知识技能及获取资源的能力，提高其社会参与度。再次，通过建立责任制和有偿扶持，能够达到加强扶贫社会关系网络和社会支持体系的建设，动员尽可能多、范围更广的人参与到扶贫活动中来，为贫困者和贫困地区脱贫营造良好的社会环境。如此一来，扶贫不再是政府的单方面行为，而是政府、贫困者以及贫困群体之间和整个社会的共同努力，贫困者由被动接受援助的客体变为扶贫行动的主体之一，传统的单纯救济式扶贫发展到"造血"式扶贫，从而取得在政府支持下的自助行动。

中国的扶贫工作已经取得了巨大的成就，在后续的反贫困社会工作中，政府仍将发挥主导作用。政府不仅要在政治、经济和社会事务中发挥引领作用，还需要提高农民的组织化程度，在赋权的基础上逐渐使农民成为乡村振兴的主体，调动农民的积极性，提高农民的综合素质，给农民提供发挥能力和潜力的平台，使农民积极参与社区发展，从而实现"产业兴旺、生态宜居、乡风文明、治理有效、生活富裕"。

（二）资产为本的社区发展模式

传统的扶贫模式倾向于以问题为导向开展扶贫工作，即更多的是看到农村贫困人口和贫困社区所缺乏、所需求的资源，把贫困地区和贫困人口看作需要、问题和不足的集合体，而忽略了社区的内在资产。社会工作视角下的扶贫模式从贫困人口和贫困地区所拥有的资产出发，看到贫困地区的现有资源，包括居民和工作者的能力以及当地协会和制度等方面的资源。

一个人缺乏资产是导致持续性产生贫穷的主要原因。穷人的金融支持来源只有就业、家庭和政府福利性救助，在困境中的人们只能将这些用于维持最低程度的生存，而难以将这些变为生产性的可积累的资产。资产为本的社会工作反贫困意识到，穷人也可以拥有和积累资产，从而产生创造未来的自信和自我发展能力。在这里，资产不仅包括个人所拥有的资源，也包括一切可以利用的个人、社区的资源及其他一些隐性的潜在资源，如文化资源的开发、社会组织的援助等。社会资源是一种嵌入性资源，当个体意识到资源网络的存在后可以资源资本化。通过以资产为本的社区发展来解决农村贫困问题应遵循三大原则：一是以资产为本，农村社区发展关注社区中的现有资源，如居民的能力、地区的现有组织团体、特色资源等；二是以内部为焦点，即要重视居民本身的能力；三是注重关系网络的建立，建立社区居民、社区组织之间及内部的关系网络。现阶段，中国在规模和数量上越来越庞大、经验越来越丰富的农民专业合作社的发展即是社会工作视角下以资产为本的社区发展模式的一个典型范例。

中国农民专业合作经济组织是指农民在自愿基础上建立起来的，以对成员提供服务为宗旨，以生产经营活动为纽带，以生产、加工、销售环节的有关合作为重点，以维护成员利益、增加成员收入为目的，实行自主经营、自负盈亏并进行自我管理的经济组织。它具有民办性、合作性、专业性、企业性、网络性等显著特征，还具有自愿性、互助共济性、以利润返还性分红为主等性质。2007年7月1日实施的《农民专业合作社法》，确立了农民专业合作社的法人地位，以立法的形式推进农民开展经济互助与合作。这也表明农民专业合作社已经成为农村经济发展不可小觑的力量。农民专业合作社在我国广大地区推广的成功经验表明，农民专业合作社的建立有利于增加农民收入，提高农民的组织化程度，增强抵御市场风险的能力，推进农村商品经济的发展。

资产为本的社区发展模式运用战略的眼光来考虑贫困地区的发展，充分发挥社区人力资本的作用，立足于贫困地区的现有资源来推动农村资源产业化。该模式是社会工作视角下的农村扶贫的重要组成部分，它以农民本身的需求为指导，注重对社区和贫困人口本身的资源利用和能力建设，积极培育贫困者的社会资本，推动贫困居民的自主组织的发展，使贫困地区和贫困人口自身成为反贫困中的主体。

二、农村反贫困社会工作策略

新中国成立以来，中国的农村反贫困历程先后经历了以传统的社会救济为主的农村扶贫、以体制改革推动经济增长来消除贫困、开发式扶贫以及扶贫攻坚四个阶段。在扶贫的不同时期，扶贫对象在贫困程度及地域分布等方面都不断发生变化，中国的扶贫策略也随之进行调整，在调整过程中，农村反贫困工作者的工作视角也有所转变。

（一）缺乏视角下的农村反贫困策略

1. 缺乏视角及其核心观点

病理学以及缺点导向疗法是社会工作实践中两种传统的主导性研究视角。维克认为，问题导向疗法与社会工作职业和科学的联系是分不开的。传统科学实践中的假设是，一旦问题被定义出来，就应该有一个相应的解决方法[①]。也就是说，科学的逻辑是首先发现问题，然后寻找并验证解决问题。

在病理学的视角下，问题是治疗的中心。在这里，人被定义为一个病例，各种症状加起来成为一个诊断结果。专家会不断解释病人的问题，病人则在诊断的呼吁声中向专家寻求帮助。在病理学中，选择、控制、投入及个人发展等的可能性受到限制。专业知识和技能是职业工作者的工作资源，施助的主要目的是减少病人的症状及病人行为、情感、思想和人际关系等带来的消极影响。

缺乏视角下的扶贫工作同问题导向疗法有着类似的基础，即更多地意识和看到贫困地区和贫困群体中的问题，并从问题出发寻找相应的解决方法。政府、团体等权威机构是专家，他们掌控着社区发展的资源，而较少关注社区内部资源与发展潜力和能力。

传统的反贫困战略大多是从缺乏视角展开工作，重点关注农村所需要的东西，即其不足之处，如地理位置偏远、经济落后、人口素质低、交通不方便等。缺乏视角下的反贫困工作主要体现在政府等机构直接提供援助、建设基础设施等。缺乏视角往往只能暂时性地解决贫困地区贫困人口所面临的贫困问题，但是对于贫困地区的可持续发展所提供的帮助甚微。

2. 缺乏视角下的农村反贫困

从缺乏视角发展出来的反贫困策略就是如何帮助农村贫困人口解决他们的不足。缺乏视角下的农村反贫困工作主要有以下几种策略。

---

① A. Weick, C. Rapp, P. Sullivan and W. Kisthardt, "A Strengths Perspective for Social Work Practice", *Social Work*, 1989, 34（4），p.350.

第一，直接救助。提供食品、衣物等救助方式是帮助贫困人口的最直接的方法。当自然灾害等紧急状况发生时，政府、救援组织等就通过调动适当的人力和物力支援当地受灾群众。在国际上，救援工作一般是由资源、能力等较强的国际 NGO 组织（如国际红十字会、联合国救援组织等）实施灾难援助。在中国，灾后救助工作主要是由政府负责。

毫无疑问的是，在遭遇重大的自然灾害或人为原因造成贫困时，及时的直接救援工作是必须而且有效的。如"5·12"汶川大地震发生时，来自国家及国际上的直接援助是十分必要的，如国家救援部队、中国红十字会、壹基金、国际救援队和医疗队等在物质上、精神上为陷入困境感到无助的灾民提供的援助。但是，对于一般性的扶贫工作来说，物质上的直接救援背后的信念是缺乏视角，因为救援机构相信当地社会或农民是无法自救的，必须寻求外援。例如，1998 年大洪水袭击时，中国采取了救援部队抢救、对受灾民众进行空投食物等行动。虽然这些行动能够把物资直接送到受帮助人的手中，但是这些举措却无法长期解决其灾后的贫困问题。灾后重建工作需要投入大量资源，这是政府部门的直接援助所无法提供的，农村社会工作者的职责应该是帮助受灾地区的群众在其自身能力、资源和潜力的基础上提高其抗灾能力和开展灾后重建工作。例如，国际上有很多 NGO 组织在灾难发生（如印度洋海啸）的第一时间奔赴救灾现场，他们不仅会通过全力以赴的救灾而赢得当地政府和灾民的认可和信任，而且通过这种信任获得与当地的长期合作关系，从而逐步开展灾后社区重建工作。这是单纯从缺乏视角出发的直接救助工作无法达成的。

第二，基础设施建设。"要想富，先修路"，从这句口号中我们可以看到包括道路在内的水电等基础设施在农村扶贫和农村发展中具有重要的地位。从缺乏视角来看，道路、校舍、住房、水电等基础设施的缺乏和落后是导致农村贫困的重要原因，农村反贫困工作应该首要解决贫困地区的基础设施问题。于是，在大多数地区的反贫困战略中，铺马路、拉电线、建学校等成为政府扶贫策略的主要目标。政府所做的"三通"(通水、通电、通路)扶贫就是典型的缺乏视角下的扶贫策略。

缺乏长远考虑的扶贫策略往往只能起到暂时性缓解贫困的作用,并且很容易导致贫困地区和接受帮助的贫困人口对权威的依赖。当资源提供和控制主体从工作区撤离后,往往会导致返贫现象。缺乏视角下的基础设施建设工程往往是根据主观认识判断贫困地区或人口缺乏什么就提供什么,希望解决问题,却忽略了当地农户自己拥有的资源和能力是什么,以及能否通过合理利用自身的潜力和资源来促进本身的建设与发展。因此,其扶贫可能出现两类不利结果:一是引起贫困地区和贫困人口的依赖心理;二是限制了贫困地区和贫困人口自身发展的潜力。很明显,这样的扶贫项目一般来说都是非可持续性的。

当然,这并不意味着基础设施建设是不必要的。基础设施建设(如修路、建立校舍等)不仅可以为当地群众带来生活的便利,而且能够促进贫困地区与外界的交流。但是,非"因地制宜"型的工程建设不仅不能起到应有的作用,反而会造成浪费。例如,有些地方政府到贫困地区建校舍,当地的师资等各方面都比较落后,但是政府却给当地配备先进的教学仪器,结果是当地教师没有能力在教学中合理正确地加以利用,学校也无力应对仪器的维护,如此很容易造成资源的浪费。由此可见,国家和政府应该根据贫困地区和贫困人口的切实需要,从其现有的资源和能力出发,发掘当地人力、物力资本,从而合理有效地解决贫困地区和贫困人口的脱贫问题。

(二)优势视角下的农村反贫困策略

1. 优势视角及其核心观点

优势模型是由美国堪萨斯大学社会福利学院全体教职员工、博士生提出和发展的。该模式首先出现在北美社会工作者在精神健康情景的实践中,主要运用于患有严重慢性精神病的患者。在社会工作的背景下,优势视角是严格与问题解决方法和赋权方法相一致的。

优势视角呼吁关注案主的优势、能力和资源。在优势视角中,工作者把注意力集中在其工作对象的能力和资产及其所在的社区中，并通过利用工作对象的希望和梦想作为工作的向导。优势视角专注于赋予个人及其社区以清晰表达并朝着其对未来的希望努力的能力，而不是致力于修复过去或者现在的问题。优势视角寻求发展案主的能力与才能，并假设他们具有改善自身状况的能力与资源[①]。助人者通过与案主合作来认清案主的优势与资源，而并非以专家身份给出解决问题的方法。

优势视角的关键性假设可以归纳为以下四个方面：第一，每一个人都有自己的优势、能力和资源；第二，在面临挫折和困境的时候，人们往往会展现出乐观而并非病态的一面；第三，案主有能力自主决定什么是对自己最好的，他们并不需要社会工作者来代替他们定义什么对他们有益；第四，案主与工作人员之间的协作关系能够反映和提高案主的能力。

2. 优势视角下的农村反贫困

救济性扶贫一度是中国农村反贫困的主要模式。这一模式虽然能够及时缓解农村贫困地区和贫困人口所面临的问题，但只能解一时之痛，无法从根本上解决贫困问题。优势视角下的农村扶贫战略则是从赋权的角度出发，该模式以能力、资源的发掘和建设为核心，利用社会工作专业的工作方法与技巧，发现农村社区及其民众的能力、资源和潜力，从而对农村当地社区和居民形成正面激励，激发其自我谋生的能力和发展潜力，进而使贫困地区和农户成为自身生存、生产和可持续发展的动力和主体。优势视角下的农村反贫困工作主要体现在政策扶持、金融支持和教育发展等方面。

（1）优势视角下的小额信贷模式

从半杯水的哲学可以看出优势视角和缺乏视角之间的区别。当我们在炎热的夏天跑步回到家中，非常口渴，看到放在桌上的半杯水，我们可能觉得这半杯水非常不够（看到只剩半杯水了），也可能

[①] D. Saleebey, "The Strengths Perspective in Social Work Practice: Extensions and Cautions", *Social Work*, 1996, 41（3）, p.41.

觉得有半杯水就足够解渴了（看到了还有半杯水）。这个比喻试图向我们表明，看到还有的半杯就好比优势视角，看到没有的半杯就好比缺乏视角。优势视角下的社会工作农村扶贫要以乐观积极的态度看待贫困地区所拥有的资源和农民自身的能力及有待挖掘的潜力，而不是仅仅消极地只注意到贫困地区和贫困人口的问题之所在。

小额信贷是一种通过一定的金融中介（如信用社等）为具有潜在负债能力的贫困人口提供小额、低息、连续的贷款，从而帮助贫困农户的经营活动的特殊信贷方式。自20世纪80年代末到90年代初，联合国的一些分支机构、多国组织、国际非政府组织等先后通过援助与信贷、直接或间接的方式在中国贫困地区推广小额信贷的扶贫方法。

小额信贷始于20世纪70年代亚洲和拉丁美洲的发展中国家，并被作为一种扶贫方式广泛运用。在拉丁美洲的很多地区，面向低收入企业主的小额信贷机构如今已经成为金融市场的重要组成部分，这些信贷机构为众多贫困的小企业主提供各种信贷服务。比较成功的小额信贷机构有玻利维亚的阳光银行（Banco Sol）、哥伦比亚的社会信贷所（Caja Social）和墨西哥的"我们一起分享"项目（Compartamos）等。中国的小额信贷开始于1999年下半年中国人民银行发布的一系列农户小额信用贷款制度和政策指导文件。这些文件根据当时中国农民的信贷需求状况和信贷供给的特点，在农村信用银行推行农户小额信用贷款。农户小额信贷采取一次核定、随用随贷、余额控制、周转使用的管理方式，并且农户贷款时使用贷款证，贷款证实行一户一证，不得出租、出借或转让。小额信贷的引进、探索和实施，对于弥补中国信贷扶贫体制的缺陷、贫困人口经济意识的启蒙与觉醒、贫困户互助协助精神的重建乃至贫困地区农村经济社会发展机制的协调稳定产生了极为重要的增面效应[1]。

小额信贷能够为有能力的农村贫困人口提供发展的基础，从而

---

[1] 赵曦：《中国西部农村反贫困模式研究》，商务印书馆2009年版，第338页。

激发其生产积极性,发掘其自我谋生的能力,使其能够充分意识到自身的发展潜力,并在此基础上达到脱离贫困、走向富裕的目标。扶贫小额信贷的目标就是通过向贫困农户特别是向农村贫困妇女提供适合他们自身资源的贷款资金,使其能够在市场条件下充分利用这些贷款资金,开展一些合适的市场经营活动,并从中受益。另外,通过小额信贷改善妇女的生活状况和社会地位,进而帮助最贫困家庭摆脱贫困是小额信贷的基本宗旨之一。

缺乏初始的金融服务或者金融支持力度过小及非连续性金融服务等因素,往往会限制贫困人口充分利用已有资源进行开发和发展的机会,从而很容易阻碍农民经济收入的提高和生活水平等各方面的改善。小额信贷工作的开展加大了扶贫的针对性,通过对贫困人群提供可持续性的小额信贷,能够充分激发贫困群体的劳动积极性,发掘其利用资源和开发新资源的能力。

小额信贷扶贫模式是直接帮助贫困群体脱离贫困的有效途径之一。通过小额信贷模式的全面实施,辅之以配套的社会服务体系、教育培训体系,在贫困群体积极主动参与的过程中,逐步形成激发其自身潜能的发展模式,并相应地促进贫困乡村社会关系网络的建构,形成一种建立在经济利益基础上的互助合作关系,有利于社会协调稳定发展,并最终促进农村贫困地区走上健康、科学的可持续发展道路。

(2)优势视角下的产业扶贫模式

高速发展的现代经济是一把双刃剑。经济的突飞猛进无疑给发达地区的经济发展带来大量的机会和财富,然而,"丛林法则"下强者经济的残酷性在短期内却对处于弱势地位的贫困地区形成巨大的冲击。贫困地区经济基础薄弱,农业生产结构不合理,加工业、服务业仍旧处于起步阶段,整体观念落后,教育观念单薄等因素,使贫困地区和贫困群体难以应对快速、高效、竞争激烈的外部大市场。在这种情况下,如果依旧沿袭传统的救济式扶贫、生活式扶贫等所谓的国家"输血工程",不但不利于农村地区原有的中小企业生产要素的发展,而且会在很大程度上刺激贫困群体的依赖心理,导致贫困人群缺乏自我生产、自我发展的能力，造成使贫困地区和贫困人口走不出贫困陷阱的尴尬局面。

所谓"授人以鱼，不如授人以渔"，传统的"输血式扶贫"已经不能满足现代扶贫的需要，产业扶贫模式则是从优势视角理念出发，适应了新形势的要求。产业扶贫是开发式扶贫的一种，如果把产业扶贫看作一场博弈，这场博弈就是政府、农民和市场多赢的博弈。产业扶贫以市场为导向，以经济效益为中心，以产业集聚为依托，以资源开发为基础，对贫困地区的经济实行区域化布局、工业化生产、一体化经营、专门化服务，形成一种利益共同体的经营机制，把贫困地区产业的产前、产中、产后各个环节结成统一的产业链体系，通过产业链建设来推动区域扶贫的方式。产业扶贫的实质内涵是立足贫困地区的优势资源，即关注其自身现有的资产，通过开发和发展地区主导产业和拳头产品来提高贫困地区的发展能力和潜力。产业扶贫通过扶持和培养具有规模效益的产业链，从而打开农产品进入市场的大门，通过农业产业链和特定的组织或企业把农户联合起来，成为商品生产和市场参与的主体。"链条式"的经济格局推动农业和农村经济的发展，进而促进第二、三产业的形成与发展，带动农民脱离贫困，走向富裕。

值得注意的是，由于地理区位和历史文化等因素的影响，中国各地的自然地理条件不同，经济发展水平不同，区域优势也各不相同，因此，产业扶贫的方式也相应地有所区别。在扶贫发展的过程中，一定要从地区的实际出发，因地制宜，在生产发展的实践中创造出彰显自身优势的产业扶贫模式。

（3）教育扶贫模式

一般来讲，陷入贫困中的人口大多缺乏多样化的谋生技能，而仅仅依靠单一低效的劳动谋生，长期的贫困很容易导致贫困人口形成逆来顺受的心理，因此，生产能力较差和发展动机不足是导致大部分贫困发生的重要原因。处于贫困中的人由于在市场竞争中处于劣势，这就反过来加剧了贫困，而贫困又阻碍贫困人口能力的提高和经济收入的增加。由此可见，贫困人口综合素质较低不仅仅是导致贫困产生的原因，也是贫困所带来的后果。

在当今知识经济时代，人力资源是人们生产发展的一项核心资产，是现代经济增长的根本动力。开发人力资源，转变劳动者落后的思想观念，提高劳动者的科学文化水平和生产技能，有利于提高贫困人口的综合素质，从而在此基础上充分利用和替代稀缺的物质资源，促使劳动生产率的提高，进而改善农民的生活现状。

阿玛蒂亚·森将贫困定义为能力不足而不是收入低下。联合国开发计划署认为贫困不仅仅是人们通常认为的收入不足问题，贫困实质上是人类发展所必需的最基本的机会和选择权的被排斥，恰恰是这些机会和选择权利才能把人们引向一种长期、健康和创造性的生活，使人们享受体面生活、自由、自尊和他人的尊重。由此可见，贫困产生的最根本原因是人们缺乏生产发展的能力和认识的不足。

教育的缺位、知识的贫乏导致人们对自身贫困的原因以及脱离贫困的途径缺少清楚的认识。教育扶贫是多形式、多层次的教育，它不仅包括义务教育，也包括职业培训和高等教育；不仅包括科学信息和技术培训，也包括引导人们思想观念的转变。教育扶贫的宗旨在于通过知识传递，从根本上改变农民"等、靠、要"的传统思维模式，充分利用贫困地区和贫困人口拥有的资源，激发农民的自助自产和自发能力，在提高贫困人口综合素质的基础上促进其经济发展，从而脱离贫困。

中国教育扶贫的基本形式主要由政府扶贫、非政府组织扶贫两部分组成。

第一，政府扶贫。政府大规模教育扶贫的重点是"国家八七扶贫攻坚计划"确定的592个贫困县；部分投向经济确有困难、基础教育发展薄弱的省级贫困县；优先投向老一辈革命家生活和战斗过的贫困山区、革命老区和少数民族地区。其主要目标是改善贫困地区小学、初中学校的办学条件，主要包括：新建、改扩建校舍；购置教学仪器、图书资料、课桌椅；培训小学、初中教师和校长等。这充分体现了中国政府义务教育扶贫的特点，即整个工程由政府为主投资、政府组织，并动员全社会力量扶持贫困地区发展基础教育事业。

第二，非政府组织扶贫支援。中国正处于由计划经济向市场经济的全面转型时期，任何事情都由政府包揽的格局正在逐步发生变化，各种社会组织正在发育和形成，非政府组织承担起社会扶贫任务有利于社会责任的分担和社会矛盾的化解，有利于保持社会的协调和稳定。"希望工程"的实施为各种社会组织的建立和基金扶贫做了有益的尝试。

中国"希望工程"是中国青少年发展基金会发起并组织实施的一项社会公益事业。它的宗旨是：根据政府关于多渠道筹集教育经费的方针，以民间的方式，广泛动员海内外财力资源，建立"希望工程"基金，资助贫困地区的失学儿童继续学业，改善贫困地区的办学条件，促进贫困地区基础教育事业的发展。近年来，"希望工程"不断拓展和深化工作领域，诸如建立农村师资培训基地，提高农村学校的教学水平，并以此作为辐射源，促进扫盲工作；通过希望小学进行教改实验、开发校园经济，克服现行教育体制带来的以升学为目标的弊端，培养现在的家庭经济小能人、未来农村致富的带头人；通过为农村学校捐赠"希望书库"，提供优秀的课外读物，开阔农村儿童的视野，培养全面发展的人才。

现阶段，高校组织的农村扶贫工作已经形成一股很强的社会力量进入农村贫困地区，并在农村扶贫过程中发挥重要作用。高校农村扶贫是在充分认识到农村现有资产的基础上，高校充分发挥其人力、物力、设施等资源进行农村资源的开发和农民自生自发能力的提高。在高校农村扶贫的过程中，高校教师、学生等通过对农村贫困地区现状的调查和了解，利用自身的学科优势和人力资源优势，有针对性地有组织地进行教育、培训及信息传递等扶贫工作，并与当地农户和当地政府建立长期联系，进而涉及文化、教育、科技等多方面多层次的扶贫工作。高校农村扶贫工作的涉入，不仅能直接地为当地提供教育等各方面的资源，而且能立足自身优势，开发农村与市场和社会之间的资源，帮助贫困地区和贫困人口建立更广的关系网络，从而发掘有助于其长期可持续发展的资源和能力。

因此，必须把人力资源作为贫困地区经济、社会发展的第一资源，通过发展教育来开发人力资源，提高人的综合素质，为贫困地区经济社会的发展提供人才支持，从而提高其劳动生产率，增加劳动的要素报酬，最终使贫困地区和贫困人口逐渐脱离外界的援助，并依靠自身能力走出贫困。

社会工作起源和发展于西方，最初的社会工作雏形主要表现为社会救济，如英国于1601年颁布的"济贫法"、德国汉堡市于1788年实施的济贫制度等。中国的社会工作最初也表现在政府的直接性经济救济扶贫。从开始的慈善服务和扶贫工作到当今的专业社会工作，社会工作有一个发展的过程，中国的社会工作发展仍处于探索阶段。专业的社会工作以受助人的需要为中心，并以科学的助人技巧为手段，达到助人的有效性。在农村扶贫的过程中，社会工作者作为支持者应充分考虑到受助人和受助地区的需要及其主体性，运用相对有效的方法和途径维护贫困者的权利，提高个人能力，在帮助受助人满足其需要的同时，促进其自生和自我发展的能力。

复习思考题

1. 农村贫困有哪些特征？
2. 试比较中国农村反贫困社会工作的模式。
3. 什么是缺乏视角？此视角下的农村反贫困策略有哪些？
4. 什么是优势视角？农村社会工作者应如何理解和运用该视角开展农村反贫困工作？

参考文献

1. [印度] 阿玛蒂亚·森：《贫困与饥荒——论权利与剥夺》，

王宇、王文玉译,商务印书馆2001年版。

2. 陆德泉:《中国农村贫困的社会分析》,香港教育图书公司1995年版。

3. 方劲:《内源性能力建设:农村减贫的社会工作实践模式研究》,中国社会科学出版社2020年版。

4. 蒋国河:《社会工作与农村反贫困:本土化实践与理论反思》,中国社会出版社2017年版。

第八章

农村社区建设

农村社区建设是农村社会工作的核心内容之一。本章在阐述农村社区建设内涵的基础上,分析了农村社区建设的不同模式,着重介绍了社会工作介入农村社区建设的方法技巧。

第一节 农村社区建设概述

一、农村社区建设的内涵

(一) 社区建设的内涵

1991年5月,民政部首次提出"社区建设"(community building)的概念。2000年11月公布的《民政部关于在全国推进城市社区建设的意见》指出,社区建设是指在党和政府的领导下,依靠社区力量,利用社区资源,强化社区功能,解决社区问题,促进社区政治、经济、文化、环境协调和健康发展,不断提高社区成员生活水平和生活质量的过程。这是目前我国关于社区建设最具权威性的定义。

(二) 相关概念

为了更好地理解社区建设,必须厘清其与相关概念之间的关系。

1. 社区发展

1915年,美国社会学家弗兰克·法林顿(Frank Farrington)在其著作《社区发展:将小城镇建成更加适宜生活和经营的地方》中首次提出"社区发展"(community development)概念。社区发展与社区建设产生的背景不同。社区发展是第二次世界大战后联合国为促进各国进步和经济发展而倡导的一项世界性运动。1960年,联合国出版《社区发展和经济发展》一书,系统地探讨了亚洲农村社区发展项目对国家经济发展的贡献,并提出了关于社区发展的操作定义,即依靠人民自己的努力和政府当局的努力,改善社区的经济、社会和文化状况,并把这些社区整合进国家生活,使其全力以赴地对全国进步作出贡献的过程。因此,社区发展也是第三世界国家人民争取现代化过程的组成部分。

社区发展与社区建设的关系主要表现在三个方面。首先,两者的含义具有一定的相近性。例如,联合国在1955年发表的报告《通过社区发展促进社会进步》中指出,社区发展是一种经由社区全体人民积极参与并充分发挥其创造力,以促进社区经济、社会进步的过程。此后,又进一步提出,社区发展是通过社区居民共同努力,且与政府合作,以促进社区经济、社会和文化发展,进而促进社区协调和社区整合的过程。这与社区建设定义中所强调的依靠社区力量,利用社区资源,促进社区经济、政治、文化、环境协调、健康发展的含义是一致的。其次,两者都是全方位的社区系统工程,因而包含着某些大致相同的内容。例如,国外社区发展运动大都包括社区制度和组织建设、社区教育和文化建设、社会保障和福利服务以及社区领袖人物的培训等,我国的社区建设也涵括了这些内容。再次,两者强调的基本原则具有一定的重合性。社区发展与社区建设的各项活动都必须符合社区的基本需要,必须使民众了解社区发展工作从而支持和参加这一工作,必须进行全面的综合规划,建立多目标的计划,并组织各部门联合实施等。

虽然社区建设基本等同于国际上的社区发展概念,但值得注意的是,我国的社区建设产生和发展于从计划经济体制向市场经济体制过渡、从传统社会向现代化社会转型的历史时期,具有独特的社会背景和制度约束条件,因而与国外的社区发展相比不仅在具体工作内容上存在一定的差别,而且在主导力量上也存在较大的差异。我国的社区建设是在党和政府的领导或主导下开展的,以基层政权组织和基层群众性自治组织作为主要依托,具有更为有利的组织系统和组织保障[①]。

---

① 多吉才让:《城市社区建设读本》,中国社会出版社2001年版,第50—52页。

2. 社区服务

中国的社区建设概念是由社区服务发展而来。徐永祥提出，社区服务是指在特定的区域内，受政府的指导和资助，依赖街道办事处和居民委员会有组织地动员社会各方面的力量，包括动员居民群众，发扬扶弱助贫、尊老爱幼及相互帮助的精神，因地制宜地兴办各种小型福利、设施，开展各种服务活动，为居民群众特别是有困难的家庭和居民提供各种服务[①]。

首先，从发展的历史来看，社区服务为解决当时城市居民的困难发挥了重要作用，但是随着社会发展，城市外来人口日益增加、城市弱势群体的服务需求日益突出，仅仅依靠民政部门主导的社区服务已经不能满足城市的需要。基于此，1991年5月，民政部在社区服务的基础上提出了社区建设，希望通过调动基层组织及社会各方面的力量来共同进行社区建设。因此，社区服务是社区建设的基础，社区建设是社区服务的延伸。

其次，从运作方式和主要特点来看，社区建设与社区服务之间具有较强的一致性。二者都是各类社区主体、各种社区力量共同参与的过程，都具有社会性的显著特征。因此，不管是社区建设还是社区服务，都需要政府发挥指导作用，都需要居民委员会和社会团体发挥骨干作用，都需要广大居民群众和辖区企事业单位的广泛参与。二者同时具有区域性、计划性等特征，因此不管是开展社区服务还是社区建设，都必须从社区的实际需要出发，因地制宜，以解决本社区的实际问题为目的；都必须在进行充分调查研究、制订科学的发展规划和工作计划的基础上付诸实施。

最后，从内容看，社区服务是社区建设的重要方面，但不等同于整个社区建设。严格意义上的社区服务属于社会福利事业，其主要内容是为各类特殊群体（如老年人、残疾人、优抚对象、少年儿童、贫困居民等）提供无偿或低偿生活服务，为本社区居民和企事业单位提供便民生活服务。社区建设强调社区的全方位建设，除

---

① 徐永祥：《社区工作》，高等教育出版社2004年版，第39页。

涵括社区福利事业和社区服务外，还包括社区治安、社区卫生、社区文化等。由此可见，从内容上看，社区服务与社区建设的关系是部分与整体的关系。由于社区建设是在社区服务的基础上发展起来的，是社区服务的延伸，在社区建设中应重视发挥社区服务的"龙头"作用[①]。

3. 社区营造

社区营造又称社区总体营造，是我国台湾地区借鉴日本经验于20世纪90年代提出的一种社区发展模式。这一实践模式由民间自主自发而起，后来由官方加以政策引领、官民协力合作而成。社区营造的核心理念是"造人"，即培养公民意识、社区意识及社会认同。其典型特点表现在两个方面：一是自下而上，具体表现为在制度设计中引入社区导向，在制度执行中重视基层政府和社区的作用，在执行过程中引入"自下而上申请专案"的机制；二是参与主体的多元性，在社区营造中，政府、专家学者、社区工作者、企业、社区居民以及社区居民组成的正式或非正式团体、社会组织都以不同的方式参与其中，由此形成不同类型的社区营造[②]。由此可见，社区营造可以看作社区建设的一种典型模式。

二、农村社区建设的特殊性与内容

1. 农村社区建设的特殊性

在农村社区建设的内涵上，学者们的观点并不一致。有的学者认为，农村社区建设可以直接沿袭民政部对社区建设的定义；也有学者认为，民政部的社区建设定义源于城市社区，由于长期城乡分立，我国农村在社会结构、发展阶段、文化传统、资源禀赋、居民结构及需求等多方面与城市均不相同，农村的社区建设所承担的社会、历史责任也明显异于城市，因此，农村社区建设的界定应反映

---

① 多吉才让：《城市社区建设读本》，中国社会出版社2001年版，第49页。
② 苗大雷、曹志刚：《台湾地区社区营造的历史经验、未竟问题及启示——兼论我国城市社区建设的发展路径》，《中国行政管理》2016年第10期。

其特殊性。

综合来看，农村社区建设的特殊性主要表现在以下五个方面：

第一，农村社区建设的资源特征，即靠什么建设。我国农村和城市相较而言存在巨大的差距，开展社区建设的基础与城市相去甚远。从物质资源的角度来看，由于城市社区具有较完善的物质设施，社区居民具有较强的家庭财力，城市社区建设可以更强调社区的自我发展、社区资源的自我整合。我国农村的基础设施、服务体系建设滞后，农村经济发展水平低，以农业经济为主，自我发展的能力差，且长期以来自有资源被过度抽取。在这种背景下的农村社区建设，必须有外部资源的支持性投入，特别是必须有国家财政的倾斜性投入，要以工业反哺农业，以城市支援农村。

第二，农村社区建设的主体特征，即由谁来建设。目前，农村社会的主要组织主体有农村党组织、乡（镇）政府、村委会及专业合作社类民间自组织。在坚持党的领导的前提下，开展社区建设需要理顺农村基层政府组织、村委会、民间组织及村民之间的关系。按《村民委员会组织法》的规定，乡（镇）政府和村委会之间是指导关系而非领导关系，乡（镇）政府是国家在农村的代表，这一规定同时意味着乡（镇）之上的各级政府都没有资格以领导者的身份左右农村社区的内部事务，社区建设相关事务的决定权应是归属于农村社区居民及其建立的自组织机构。当然，以乡（镇）政府为代表的国家机构也不能作为旁观者，其有义务为农村的社区建设提供各种指导、服务和支持。政府主体在农村社区建设中的功能定位应是参与者而不是旁观者，是服务提供者而不是资源提取者，是支持者而不是领导者。

第三，农村社区建设的内容特征，即建设什么。建设内容取决于两方面的需要：一方面是农村居民需要一个什么样的社区作为其生活的栖息地；另一方面是国家需要什么样的农村社区，其在整个国家经济和社会发展中应扮演什么样的角色。界定农村社区建设的内容需要站在农民立场上把二者统一起来。

第四，农村社区建设的路径与机制特征，即如何建设。中华人

当前，农村社区建设正在开展共同富裕示范区建设。农村社会工作者可思考：共同富裕示范区建设要求是什么、未来社区应该做什么、能做什么以及怎么做，对于农村社区建设未来发展会产生什么样的影响。

民共和国成立以来的农村建设可以划分为三个阶段。第一个阶段是社会主义改造完成至改革开放前,形成了以人民公社体制为载体的政府主导性建设模式。这一时期的农村社会和农民缺乏行动的自主权,政府包办安排农村的一切生产和生活事务,带来的后果是农民积极性和农村社会活力的丧失,最终难以为继,以失败告终。第二个阶段是自农村实行家庭联产承包制到2006年1月1日废止《中华人民共和国农业税条例》,这一阶段政府除了履行收公粮、收农业税等工作职责外,几乎不再干预农村的生产、生活,这一时期的建设机制可以称为政府有限干预下的社会自我发展模式。在这一模式下,农村社会经历了20世纪80年代中期以前的短暂快速发展后,陷入长期低速甚至徘徊的发展状态,城乡差距进一步扩大,特别是农村基础设施、基本公共服务、农民的基本社会保障等方面的发展严重滞后。在城市快速发展的对比之下,"三农问题"日益凸显。第三个阶段是2006年以来,这一阶段提出了"工业反哺农业,城市支持农村"的战略思路,除取消农业税外,还出台了农业补贴政策,国家财政支出开始向农村倾斜,加大了对农村的基础设施、基本公共服务、基本社会保障的投入,目前的建设机制可以称为合作建设治理模式。近年来,农业有所发展,农民生活有所改善,农村社会活力有所恢复。这一阶段的农村建设和治理的总体路径方向是正确的。

思考:乡村振兴战略背景下,如何理解和认识农村社区建设的主要目的和最终目的?如何通过社区建设引领农民逐步实现共同富裕?

第五,农村社区建设的目的特征,即为了谁建设。总体而言,取消农业税之前的几千年的农村社会建设的目的指向是由"他者需求定位"的,即服务于国家统治者对于经济建设和社会秩序的需要。在取消农业税后,国家由农村资源提取者转为对农村的资源注入者,这就为以农民的"自我需求定位"的农村建设提供了历史性的条件。当前及今后农村社区建设的主要与最终目的可以是也应该是为农村居民打造现代生活共同体。

此外,农村社区建设还要思考如何对其实质进行定位,即究竟是将其定位于过程、方法、运动还是方案。其中,过程论强调把社区建设看作历时性的活动,不可能一蹴而就;方法论认为社区建设是一种解决社会问题的方法或工具,是问题诸多解决路径中的一种;运动论强调社区建设参与主体的广泛性及阶段性;方案论把社区建设看作一种系统的解决经济和社会问题的整体性方案。

结合农村社区建设的特点,可以认为,农村社区建设是在中国共产党领导下,由政府发起和扶持,以农村居民和农村社会组织为主体,利用农村内外资源,着眼于农村社会的全面现代化,服务于农村居民现代性生活需要的农村社会共同体建设活动。

2. 农村社区建设的内容

罗观翠指出,社区建设可以分为三个主轴或三个主要的层次。第一个层次是按照人口的增长和变化(如人口老龄化、残疾人士比例、家庭形态及经济水平等)所建设的学校、医院、道路、交通运输、通信、购物市场、公园等日常生活、上班、上学必需的设施。若其中有所不足,会造成百姓生活不便甚至不安。第二个层次是社会规划与政策。按照民生所需、已知和预见的社会需求,政府要定期收集数据,加以分析,并了解不同政府部门、商业机构及多元人口、家庭组合等的利益、消费行为和需要,加以协调,制定政策,以解决问题。在这个层次,若能把社群的具体需求尽早吸纳在政策的规划内,就可以提升社区对政府施政的满意度。第三个层次是社区服务设计和提供。按照社会发展的方向,设计社区服务内容,包括社会工作服务,以解决个人和家庭面对的生活上的挑战[1]。

欧美国家主流的社区工作目标分类是区分为任务目标和过程目标。过程目标主要是从改变人们的信心、知识、技巧或态度的角度界定的,注重社区能力建设,旨在通过居民参与解决自己的问题,发掘人们的潜能。任务目标主要是从改变物质状况与社会环境的角度界定的,注重提供多样化与高质量服务,改善弱势群体及居民的生活环境,提高他们的生活质量与福利水平,有效满足社区居民的需要[2]。我国香港学者莫邦豪提出了最终目标说和特

---

[1] 罗观翠:《社会工作如何参与社区建设》,《中国社会报》2016 年 12 月 9 日。
[2] 刘继同:《国家话语与社区实践:中国城市社区建设目标解读》,《社会科学研究》2003 年第 3 期。

定目标说。其中,最终目标指透过社区内居民及团体的参与、合作和互助,促进居民福利,提高社区内生活质量。特定目标则有四项:第一是提高社区能力,解决社区问题;第二是发掘社区资源,满足社区需要;第三是协调社区服务,提高工作效率;第四是改进社区环境,改革不良制度[①]。我国内地学者赵康教授在综合国外及香港地区学者的观点并结合中国国情的基础上提出社区建设的目标,包括公民社区、福利社区、健康社区、文化社区、绿色社区、安全社区六项特征指标,分别指向解决目前国内各类社区面临的发展公民意识、培育社区文化、提供便民、救助和福利服务、维护居民身心健康、丰富居民文娱生活、整治和保护社区环境以及实现社区安全保障等共同问题[②]。其在一般意义上界定的社区建设目标,对于农村社区建设也有其适应性。应该看到,上述六项社区建设目标的界定基本上是秉持内向的视角,主要着眼于社区居民的需要。当然,从规范而言,社区建设目标的建构逻辑的确应该以满足社区居民的需要为出发点与归宿。但检视各国社区建设的历史进程,我们就会发现社区建设是承载着双重使命的:"一方面,它作为政府应对社会问题的手段,通过对特定街区、村落提供公共服务,满足那些在现代社会转型过程中失落的人们的需求;另一方面,它通过特定街区、村落成员参与本社区的公共事务,创新共同体和共同价值,形成人们的精神生活和社会交往,还人们本应有的人类生活方式和人生内涵。"[③]

内容是对目标的具体化,是为达成目标寻求路径和为目标建构支撑要素。从回归社区的本质要求出发,放在国家推动农村现代化的大背景下,可以将农村社区建设的总目标界定为建设现代生活共同体,具体目标包括富裕社区、善治社区、服务社区、文化社区、宜居社区、活力社区。这六个目标既体现了中央政府和

---

① 莫邦豪:《社区工作原理和实践》,香港集贤社1994年版,第4—5页。
② 赵康:《农村城市化进程中转型社区建设和治理——以苏州浒墅关经验为考察个案》,《甘肃行政学院学报》2009年第2期。
③ 丁元竹:《社区的本质及其建设》,《中国发展观察》2006年第6期。

基层政府对农村的需要，又契合以农民为主位的诉求，既注重了任务目标（特定目标、直接目标），又体现了过程目标（最终目标、长远目标），同时，上述六项目标的耦合又满足了社区作为最小社会单元的基本结构与功能的要求。据此，农村社区建设的内容如表8-1所示。

表8-1 农村社区建设的目标、内容与功能[①]

目标	内容	功能
富裕社区	通过改革各项涉农政策，为各类经济主体进入农村消除障碍，激活农村市场；整合农村社区的内外资源，提高资源利用效率与效益；培训和引导农民，提升致富能力	为社区各项建设提供物质基础，为地方财政提供非农税源及其他资源
善治社区	加强社区党建，完善村民自治制度，培育各类农村社会组织，构建农民参与、管理、监督社区事务的制度化平台	形成合理的社区运行和管理机制，保障社区的长治久安
服务社区	完善社区服务基础设施，组建社区工作队伍；发展社区公共服务、商业服务、社会服务	满足农村居民的现代生活服务需求
文化社区	发展形式多样的公共文化、家庭文化	丰富农民的精神生活，建立社区归属感
宜居社区	净化、美化、绿化社区环境，保护社区自然生态	把社区建成适宜人居的栖息地
活力社区	以上述建设为基础，留住农民并吸引外来人才，培育、提升和高扬农民主体性	重塑农村的生机与活力，使社区成为良性自系统

需要注意的是：第一，各项内容要素的发育是互为条件的，择其一而不顾其余的社区建设实践往往会导致解决老问题的同时带来更多、更复杂的新问题，因此，应避免片面化的建设。第二，农村社区建设是以农民需求定位的社会系统工程，任何简单化的处理以及违背农民意愿、损害农民利益的所谓建设行为都不能解决问题，反而会制造问题。

---

① 参见张成林：《信息化与农村治理现代化研究》，知识产权出版社2018版，第53—54页。

三、农村社区建设存在的问题

20世纪90年代以来,农村社区一度面临着村庄空心化、农民老龄化和农业弱势化的挑战,社区建设存在着诸多困难,突出表现为以下五个方面:

1. 缺乏组织协调机制

要推动农村社区建设,首先必须要对农村社区建设具有一个较为准确的认识。如:为什么要建农村社区?建农村社区的目的是什么?农村社区建设与村民自治、美丽乡村建设、乡村振兴的关系是什么?从实践来看,农村社区建设面向基础不一的广大农村地区,是一项宏大的社会系统工程,涉及农村社会的各个方面,要求各相关部门必须齐心协力,制定科学可行的方案。但当前各职能部门之间对农村社区建设中出现的问题缺乏沟通协调,还没有形成一个有助于统筹解决问题的有效机制。

2. 社区建设主体的职能定位不明晰

由于农村社区建设模式多样,现行法规中并没有明确规定农村社区的职责、机构和人员编制等。理论上来看,农村社区建设的行为主体包括基层党组织、居委会、社区社会组织、农村居民等多元主体,这些主体之间应明确自身定位,厘清各自职能,发挥自身作用,但在现实中,各主体之间的权责并不明确,事权也难以清晰地界定。社区职能定位的不明确,导致农村社区建设的目标不明,社区常常忙于"政务"忽视"村务",甚至偏离了服务村民的根本职能。

3. 村民参与不足

思考:在人口流动的背景下,社会工作者应如何促进村民参与农村社区建设?

我国城市社区建设经历了从社区服务到社会管理再到社区治理三个不同阶段,目前已经初步形成多元主体协同参与的治理格局。但从农村社区建设来看,由于农村青壮年劳动力大量外流,留守村中的村民呈现老龄化、女性化的特征,外出的村民因为不在村无法参与社区建设,在村的村民因为自身能力等原因难以参与社区建设。各地的农村社区建设中普遍存在着农民的组织化程度不高、社区参与水平总体偏低、参与效能不高等问题。具体表现为：社区参与意愿不高，实际参与少；娱乐型和兴趣型社区活动参与较多，政治性投票活动参与较多，公益性社区活动参与较少；个体化参与较多，组织化参与较少；动员式参与较多，主动性参与较少。

4. 基层干部与社区工作者的综合素质不高

首先，基层干部与社区工作者的文化水平不高，对社区建设中产生的问题认识不清，对社区建设中出现的新事物缺乏应对能力。其次，基层干部与社区工作者待遇较低，干部队伍年龄结构老化较为突出，造成工作积极性不高。最后，基层干部与社区工作者的培训力度不够。任职前普遍没有接受专业培训，任职后的培训也较为形式化，培训内容不够全面，培训方式单一，参加人员缺乏全员性，作为政府职能部门服务的业务培训较多，旨在提升社区村民服务方面的培训则太少。

> 农村基层干部与社区工作者的增能是农村社区建设的一个重要议题。

5. 投入不足，公共基础设施较为落后

村容村貌的脏乱差是农村社区建设中一个长期存在且较难解决的基本问题。近年来，我国在公共基础设施建设上加大了投入，但与薄弱的村级基础设施改造需要的大量投入和村民们对美好家园的需求相比，投入依然明显不足。而且，由于欠缺规划，很多农村社区的建设处于无序状态。即使是一些进行规划设计的村庄，由于长期形成的老村建设格局，一时也难以改变。2020年以来，乡村振兴和美丽乡村建设对农村社区建设提出了新要求，农村社区的美化、绿化迫切需要进一步改善。

第二节　农村社区建设的模式划分

21世纪以来，党中央出台了新农村建设、美丽乡村建设、农村社区建设、乡村振兴战略等一系列重大政策规划，推动农村社区发展。由于不同地区农村的自然环境差异较大，加之社会、经济、文化基础不同，所以，我国农村社区建设并不存在一个通用于全国各地的模板。从不同的角度进行划分，可将各地在农村社区建设过程中探索形成的模式划分为不同类型。

一、基于社区建制的模式划分

从社区的建制及边界来看，当前我国农村社区建设实践主要有一村一社区模式、多村一社区模式、村庄合并社区模式、一村多社区模式四种类型。

1. 一村一社区模式

一村一社区模式指以现有建制村为基础，一个建制村建立一个社区服务中心。这是当前较为常见的一种农村社区建设模式。这种模式比较切合农村现行的行政管理体制，有利于加强村民自治，且没有增加管理层和管理成本，因而是应用最为普遍的一种模式。一村一社区模式的优势在于：有较健全完善的社区基层组织进行动员和组织，便于与村民自治相衔接，便于行政统一推动。村民委员会是我国农村基层分布最广泛、制度最完善、干部群众认同度最高的社区组织，社区村委会的提法有利于充分利用现有村委会的组织资源、权威资源开展社区建设。一村一社区的设置不改变原有村庄的经济关系、权力关系，有利于农村社会的和谐稳定；不增加新的组织机构，不增加新的管理层级，不增加管理成本和管理层，不会架空村委会或是形成农村社区和村委会"两张皮"现象，有利于降低管理成本、协调工作，有利于建设精干高效的村级组织机构。由于一村一社区模式适应我国绝大多数农村地区的经济社会发展水平，可操作性强，容易被群众接受，经过多年实验后，2015年5月，中共中央办公厅、国务院办公厅印发的《关于深入推进农村社区建设试点工作的指导意见》明确提出，农村社区建设应坚持村党组织领导、村民委员会牵头，以村民自治为根本途径和有效手段，发动农村居民参与，同时不改变村民自治机制，不增加农村基层管理层级。

2. 多村一社区模式

通常是在相邻的两个或多个行政村中，选择居于中心或发展较好、规模较大的村设立社区，由此形成"农村社区-村委会-农户"的模式。这一模式多见于村庄数量多、规模小的地区，尤其是对于村庄相对密集、交通便利、文化风俗同质性强、具有联合组建农村社区基础条件的村庄。这一模式的优势在于社区服务于多个村庄，有利于充分发挥有限公共资源效能最大化和有效整合社会各类服务资源，最大限度地满足农村居民的需求。缺点在于与村民自治的结合度不高，且层级增加不可避免地增加管理成本。

3. 村庄合并社区模式

过去一些自然村落中各建制村之间村村相邻，但村与村之间互不沟通，在道路、水渠建设等生产方面互不协调，造成生产成本增加，甚至产生纠纷，影响经济发展和社会稳定。针对这种情况，以农村社区建设为契机，通过法定程序，一些地方实施合村并居，以社区为单位成立党组织和社区居民自治组织。这一模式通过管理体制改革，实行村庄合并，把原来的行政村村民自治改为社区村民自治，成立社区村民委员会，配备专门负责人，具体负责社区的社会治安、环境卫生、计划生育、优抚救济、矛盾调解等社会管理工作。同时，打破传统村民小组设置模式，依法建立若干行业协会及各类专业合作组织，把农村各项工作纳入行业化和群体化管理，村民的生产经营活动均以协会和合作社为单位进行，改变原来以村民小组为单位的活动方式。

4. 一村多社区模式

在一些地方，由于建制村的辖区过大，因而尝试在一个行政村内设置两个及以上的社区，由此形成"村委会-农村社区-农户"的模式。这一模式的优势在于能够促进社区服务组织的发育与成长，但社区实质上成为村委会下设的小区服务站（点），难以充分发挥社区的服务、管理功能。典型的如湖北省远安县在沙洋坪镇双路村实行的"撤组建社"。

二、基于推进方式的模式划分

依据农村社区推进方式的不同，可划分为三种模式，即城市化扩张下的农村社区建设模式、就地城镇化下的农村社区建设模式、村民自治体制下的农村社区建设模式。

1. 城市化扩张下的农村社区建设模式

此种模式也称为城郊型农村社区建设模式，是指在城市化扩张的进程中，逐渐撤销村委会，改建街道办事处，利用城市方式来进行社区建设。主要包括城郊乡（镇）政府直改街道办事处或"城中村"村委会直改居委会社区两种情况。伴随着城市化进程的加速推进，在诸多城市化水平较高的城乡地区，特别是邻近大都市的城乡接合部地带，出现了日益增多的"城中村"现象，其中，珠江三角洲地区最为典型，深圳市在2004年不仅成为全国第一个没有镇和村的城市，而且全面撤销镇政府成立街道办事处，撤销村委会成立居委会，使城市社区管理模式迅速覆盖全市。

2. 就地城镇化下的农村社区建设模式

该模式主要表现为依靠乡镇企业和村办企业带动农村社区的经济发展，在经济发展的基础上，不断改善和提高农村的基础设施、福利服务、精神文化等方面的水平。这一模式中，企业发挥着重要作用。典型的如江浙一带的农村社区建设。具体来看，又可细分为三种不同类型：一是以村办企业为依托的"明星村"或"亿元村"村落单位社区，江苏的华西村就属于这种类型；二是"超级村落"类型，主要指一些村落集体经济特别是村落集体工业大规模发展，形成跨村落联合的集团式经营——近乎超级村落的类型，浙江省萧山市政府所在地的中北部地区的一些农村社区正在朝着这方面发展；三是村落集镇化或乡（镇）政府所在地小城镇大社区类型，苏南地区一些农村村落、乡（镇）政府在兴办和发展乡镇企业过程中，正在朝向乡（镇）区域性社区自治的方向发展。

3. 村民自治体制下的社区建设模式

村民自治模式是在政府的领导下,将农村社区中的一些积极分子组织起来,形成志愿者协会,以设置站点的方式带动居民参与社区建设。这一模式在湖北省、江西省等中部地区较为突出。以湖北省为例,2003年湖北省秭归县杨林桥镇领导人挖掘借鉴当地农村"红白理事会"的功能,划小村级管理单位,撤销村民小组改建社区,成立社区理事会,建立了以"村委会-社区理事会-互助组-基本农户"为基本结构的村小组社区自治模型。江西省也以自然村落(村落社区大致相当于村民小组)为基本单位,建立了以"五老"(老党员、老干部、老教师、老农民、老复员退伍军人)为中心,以"一会五站"(志愿者协会、卫生环境监督站、公益事业服务站、社会互助救济站、问题活动联络站、民间纠纷调解站)为平台的农村社会网络,承担了发展公益事业、调节社会关系、丰富服务生活的社会功能,构建了农村村落社区建设模型,形成了农村社会自治与互助的格局。

三、基于带动力量的模式划分

从带动力量角度,可以将农村社区建设分为城镇带动模式、产城联动模式、中心村建设模式三种类型。

1. 城镇带动模式

指的是以实现城镇化、工业化和农业现代化为目标,统筹规划农村社区建设,在充分考虑耕地保护、粮食安全等关键问题的前提下,使农村社区适应现代社会的发展进程,融入城市发展体系之中。

2. 产城联动模式

指的是通过对行政村进行人力和土地资源的整合集中,实现农民能够在产业集聚区内获得相对稳定的工作和可观的收入,由此形成居民生活区和工业园区一体化的城镇社区。这样不但可以推动农业产业化进程,还可以持续促进村庄整合,形成人口密集区,促进农村社区的发展建设。

3. 中心村建设模式

适用于本身发展水平较高的村镇，由村集体或有实力的农民企业家及乡镇企业为本村村民兴建集中的住宅和社区服务中心，形成中心村，然后围绕中心村吸引外界的企业投资办厂，力求打造较为齐全的基础设施和公共服务体系，形成各项功能完备的宜居农村社区。

四、基于带动产业的模式划分

从带动产业的角度，可将农村社区建设模式分为四种类型。

1. 现代农业带动型社区建设

主要依托农业进行集约化、市场化、规模化，把握社区社群的特点，运用适合自身特点的生产管理方法与现代科学技术，发展特色农业、绿色可持续发展农业、休闲观光旅游农业、农副产品加工业等。

2. 工业带动型社区建设

主要通过兴办乡镇企业、村办企业等方式，以具有可持续性发展的乡村工业为主，建设轻、重工业完整体系，推动新农村建设全面发展，实现新型工业化的预期目标。

3. 旅游业带动型社区建设

对社区及其附近的自然资源、人文风光等旅游资源进行深度全面的开发利用，通过建设交通、餐饮、住宿、娱乐等一系列较为完善的旅游设施，提供较为完备和人性化的旅游接待服务，助推新型农村社区的快速发展。根据旅游资源的特点，还可以细分为自然风光型、民俗文化型、农业休闲型等社区。

4. 商贸带动型社区建设

以地理区位优势、旅游资源展示、社区常态化需求等为依托，通过批发零售贸易业、食宿业及交通运输业等相关的商贸流通业发展，以此助推新型农村社区经济的快速有效发展。

第三节 社会工作介入农村社区建设的常用技巧

一、盘活社区资产技巧

在农村社区建设中,资产为本的社区发展模式被广泛运用。该模式的一项重要工作就是盘活社区资产,这也是后续进行社区建设的基础。

1. 认知社区资产

虽然社会工作者进入农村社区以后,首先会通过各种途径了解村民需求和社区问题,但是如果社会工作者和村民的视角仅停留在社区问题和需求层面,是很难发现社区资产的。资产为本的社区发展模式关注的是社区资产,希望通过挖掘社区资产,寻求社区发展与公民意识培养的机会,因此,以对社区资产的系统考察作为社区介入的基本原则。

社会工作者可以通过探访、村民会议、村民小组工作等方式,来了解社区资产。例如,社会工作者可以在社区开展社区资产地图绘制工作小组,从人、文、地、景、产五个方面向村民介绍社区资产,让村民更清晰地了解社区资产是什么。通过与村民一起进行资产摸底,社会工作者逐步掌握社区所拥有的自然资源、组织资源、社会资源、人力资源,但这些资源对社区发展起何种作用,能解决社区哪些问题,怎样才能发动社区内在力量和资源,推动社区发展,则是社会工作必须思考的问题。

2. 发掘社区资产

要让村民用优势视角看待社区资产,发现社区中隐藏的"宝贝",社区探访必不可少。社区探访并不是随便地在社区走走,而是要提前做很多准备工作。

> 社区资产地图是社会工作者开展农村社区建设一个非常有效的工具。在绘制社区资产地图时,首先要从优势视角出发,全面了解潜藏的各类资源,在此基础上,才能充分发挥社区资产地图的作用。其中,"人"主要包括人口特征、历史人物、社区领袖、专业人员等;"文"主要包括社区起源与变迁、语言、鑫场节俗、餐饮食物、文化建筑、教育资源、娱乐休闲、文献资源等;"地"主要包括地理环境、职务、矿物、居民聚集场所等;"产"主要包括文化创业及服务业、工业、农业等;"景"主要包括公共空间、交通景观等。

第一，摒弃问题/需求式探访方式，采用欣赏性探访，运用优势视角重新认识社区。强调探访要有清晰、具体的目标，而不仅仅是为了完成探访任务。

第二，明确入户探访的基本内容。要求重点了解村民的个人才能、兴趣、经验、是否愿意为社区出力等问题，在服务对象建档表上要登记服务对象的强项及才能；拜访社区的部门、团体、组织时也要注重了解他们的强项以及为社区尽一份力的资源和意愿。此外，社会工作者不仅要了解村民个人，还要了解整个社区，不但要与村民接触，而且要观察了解村民的生活环境和居住环境。

第三，按照村民聚居情况就近安排村民向导。村民按自然村落比邻而居，邻里乡亲构成熟人社会，社会工作者入户探访可以就近邀请村民作为向导，这样做不但可以让社区探访事半功倍，还能减轻村民走访任务的压力。还方便社会工作者了解村民的参与积极性和遇到的问题，适时适当地给予指导和支持。

第四，社区探访记录和社区探访后的分享十分必要。一方面，在社区探访过程中，社会工作者可以用视频、照片和文字等形式记录探访情况和村民参与过程。这样不但可以留存过程资料，也能使社会工作者之间、社会工作者与村民之间互相激励、互相了解，还可以在全社区进行宣传，动员更多人参与。另一方面，尽管社会工作者已经用文字、图片和视频等记录了社区资产，但村民对社区资产的认知往往还存在局限性。例如，村民往往认为有形资产才有价值，而忽略了有价值的人或以此联系到的故事和文化。因此，社会工作者有必要组织分享总结会，与村民一起分享搜寻到的印象深刻的故事或能人巧匠，从中发掘更多的潜藏资产。此外，对社区资产的整理务必多元化，尤其是图片和动态影像资料，这些素材在日后进行社区动员时可以再次唤起村民的记忆。

3. 让村民"动"起来

开展农村社区工作过程中往往会遇到这样的难题：村民多数是被动参与，等待分配任务。社会工作者要改变仅以专业调查、访谈结果来确定社区问题/需求的方法，注重社区村民、组织、团体的参与，让他们界定社区问题，并积极参与、推动社区问题的解决。

第一，社会工作者可以举办社区村民大会，召集村民参与讨论社区需要解决的问题有哪些。具体而言，社会工作者通过社区宣传招募及邀请的形式召集议事会成员。议事会成员包括老年人、妇女、儿童、社区舞蹈队负责人、文体中心负责人、分管社工站工作的政府人员、村委会等。既可以有经常参与社工站活动的成员，也可以有未参加过社工站服务的村民。

第二，社会工作者将前期社工站调研的结果向与会人员进行汇报，在向参会的村民介绍完本社区资产之后，让大家一起描画、补充和完善社区资产地图。

第三，社会工作者以"说出你觉得社区需要解决的问题或需要提供的服务"为讨论议题，让每个参与者结合社区资产情况，重点提出几个问题或需要得到的服务。然后根据参与者的表决确定需要解决的问题。

4. 链接资源，拓展社区资本

资源链接者是社会工作者需要担当的重要角色之一，因此，社会工作者除发掘和开发社区已有资本，还要注重在服务中新建社区资本，引入外来资本服务社区。

第一，针对农村老人由于缺乏常规体检，罹患常见老年病而不懂医疗保健现象较为普遍的情况，在社区组建老年人健康互助小组。社会工作者可以链接相关方面的资源，如联系医院医生为村庄开展免费义诊，引导老人们用科学和积极的态度对待自身疾患，并对其日常生活和饮食起居予以指导，以缓解其病情症状。此举便于促使村民认同和接受社会工作者的服务。社会工作者也需要学习测量血压、查血糖等常见病的检测方法，定期上门为社区村民服务。社会工作者在提供常规检查服务的过程中，要积极与老人沟通交谈，认真倾听老人的想法和诉求，努力与他们建立良好的关系。同时也以专业服务者的视角帮助村民疏解疾病带来的压力，帮助他们打开心结。继而社会工作者与老人们沟通商量组建老人健康互助服务小组，大家相互分享经验，互相鼓励支持，战胜疾病。

第二，针对留守儿童中的校园凌霸、女童性侵问题，社会工作者可以链接共青团、妇联等资源，引入专项项目，解决农村社区这类特殊问题，同时对其监护人开展相关教育培训。为能扩大项目服务受众，发动社区力量参与儿童保护工作，社会工作者不能仅依靠一己之力开展服务，还可以发动接受服务的家长成为项目的传播者，让她们协助项目的社区宣传；传播培训内容给身边的邻里或亲友，让更多人受益；对社区监护缺失的儿童结对帮扶。家长们了解到做这样的工作利人利己之后，自然比较容易动员，达成共识。

第三，作为专业人士，社会工作者也有其专业局限性，不可能满足社区所有需求，社会工作者可以引入"社区讲堂"弥补其局限性。例如，对于农村社区中留守妇女生育健康服务的需求、儿童心理健康辅导、农业技能的需要，社区缺乏可以利用和发动的资源，引入外界资源为社区所用，便是一个很好的选择。社会工作者可以开办社区大讲堂，积极链接外界可用的资源，与其建立服务合作关系。例如，可以邀请高校农业专家给茶户进行茶树种植、农业合作社管理等的技术指导；邀请心理健康咨询师定期在社区开展心理健康讲堂及辅导；与卫生机构和组织签订合作协议，定期为社区提供健康培训、健康义诊及发展健身运动组织等。外界资源的引入可以很好地补充社区自身资源的不足。

二、社区组织培育技巧

组织培育是农村社区建设中的重要内容。2020年12月，民政部印发《培育发展社区社会组织专项行动方案（2021—2023年）》，提出实施社区社会组织培育发展计划、能力提升计划、作用发挥计划和规范管理计划。其中，针对实施社区社会组织培育发展计划，从制定专项规划、建设支持平台、加强政策扶持、补齐工作短板等方面提出了工作任务。

经过多年的探索与实践，社会工作在农村社区组织培育已经形成了一些本土化的培育模式，并积累了一定的经验技巧。

1. "1+1+X"社区社会组织培育模式及其技巧[①]

"1+1+X"社区社会组织培育模式，即以专业理论为指导，依托社会工作实务干预，通过社会组织的培育，将外来引进的社会工作专业机构与本土草根组织结对，以具有项目运作能力的专业机构促进本土草根组织项目运作专业化和组织管理规范化，以具有群众动员基础的草根组织协助外来专业机构项目落实和具体运作。由此实现在微观上为个人增能，提升居民自我效能感和生活幸福感；在中观上为组织增能，促进社会组织管理规范化、服务专业化；在宏观上为社区增能，整合社区资源，实现社区共生。

运用"1+1+X"社区社会组织培育模式开展组织培育，需要处理好几点辩证关系：一是草根与规范的关系。社区社会组织源于草根，草根性是其先天的基因和优势，在促进社会组织建设的过程中，组织又需要加强规范性建设，要防止因为规范性要求人为地改变社区社会组织的"草根性"，扭曲了其自在的原生态，掌握好草根与规范之间的平衡度。二是社区社会组织熟人关系的"双刃剑"效应。社区社会组织往往植根于熟人或半熟人的环境中，熟人关系有利于组织成员或社区居民的动员，但也可能干扰组织规则正常发挥作用，在情与理之间需要掌握好平衡。

2. 多模式综合运用及其技巧[②]

王淑娟等基于社会工作服务机构多年的实践经验，总结了社区社会组织培育的三种模式，指出三种模式各有优劣，在实践中可以依据需要多模式综合运用。

三种模式即孵化器模式、项目制模式、在地培育模式。其中，孵化器模式通过对培育的社区社会组织进行备案或注册，使之"合

[①] 朱爱华：《抗逆力视角下新型农村社区社会组织培育》，《社会福利（理论版）》2016年第12期。

[②] 王淑娟、尚艳丽、杜晓璇：《培育社区社会组织的三种模式、两个理论、一个技术》，《中国社会工作》2021年第4期。

法化",但因与社区党委可能有一定的脱节,因此,行政赋权一般;社会组织服务中心一般会引入较多的培训资源,并对组织进行"一对一"的督导,因此,在规范管理中专业赋权较强,但又因社会组织服务中心不在社区,与环境互动的频率与深度有限,因此,在环境赋权和多方协同中较弱。项目制模式因为时间短,与社区党委、社区的互动有限,因此,行政赋权、环境赋权和推动多方协同也一般,但培育过程中专业性较强,尤其是对有一定基础的年轻型、服务型组织专业赋权较强。在地培育模式因培育团队在社区服务,因此,在推动社区党委的行政赋权、环境赋权和多方协同中有先天的"关系"优势,但在地团队绝大多数在培育社区社会组织的专业性上都不太强。

3. 社会支持模式及其技巧[①]

社会支持模式是一种基于"种树"理念形成的社区社会组织培育的中国本土模式,要求根据当地的社会需求来确定需要培育的社会组织类型,从而去发掘本土或者引入外来的社会组织。通过项目支持与资源链接等方式将其引入或植入当地社区,让这些社会组织在解决社会问题与满足社会需求的本土实践中逐渐扎根成长。

"种树"培育理念是一种完全异于"孵蛋"孵化的全新理念,它最大的创新与优点在于:一是"种树"是完全本土化的话语概念,能更好地为社会居民所理解和接受。与孵化器的工业文明话语不同,"种树"的话语植根于中国历史悠久的农耕文明,是中国大众所熟知的劳作,极易产生培育的"具象"感,在培育的实际操作中不会产生话语的隔阂与混乱。二是"种树"很好地隐喻了社会组织成长发展的真实情景。温室的花朵与孵化器的鸡蛋都是在人为干预的舒适环境中呵护成长的,这种非自然环境成长起来的事物自然难以适应外面复杂多变的真实环境。用"种树"的比喻能很好地引

[①] 龙欢:《从"孵化"到"培育":社会组织支持模式的本土重构》,《求索》2020年第6期。

导人们去思考，社会组织应该在真实的社会服务场景中磨砺成长，而不是在社会组织孵化基地的公共空间中空转。三是"种树"很好地隐喻了社会组织扎根本土的特点。任何地域或社区都有自己独特的历史与文化，里面有着非常复杂的结构与互动，社会组织如果不能扎根其中，不能深入了解当地的生活与文化，就无法把握复杂变动的本土需求与资源，也无法理解纷繁复杂的本土文化，也就无法有效地开展落地服务。四是"种树"很好地隐喻了社会组织培育的成长历程。"种树"的比喻恰当地描述了社会组织成长的全过程，它意味着社会组织的落地成长需要先找到"树种"，再将"树种"培育成"树苗"，然后在自然情境中给它需要的培育，最终它才能扎根本土、茁壮成长、荫庇社会。这种隐喻非常有利于培育对象与社会民众更清晰地理解社会组织的成长历程与社会价值，也更有利于获取社会的多元支持。

在具体操作上，可以分为四个阶段：一是选种阶段。先对当地区域或社区的社会问题与需求进行调研，发掘、招募和评估能回应这些问题与需求的社会组织种子，它们可能是当地的草根公益团队，也可能是外来的专业服务机构。通过专业评估，筛选预期能长期扎根社区、满足民众需求的机构或团队进入培育基地开始培育。二是育苗阶段。主要针对入驻的社会组织进行悉心培育，具体服务内容包括场地设备、能力建设、信息共享、发展基金、管理咨询、财务托管、协助注册等。育苗阶段的主要目的在于使入选的"树种"在基地"温室"培育下快速健康地成长为"树苗"，使入驻组织具备基本的生存和服务能力。三是栽植阶段。这个阶段是将培育的初创组织引入有需要的街道或社区，对接相应的服务项目，使其在当地扎下根来。通过具体的项目服务实践，使这些组织能够在真实的社会环境中历练成长、发展壮大。四是成熟阶段。这个阶段主要是对逐渐成熟的社会组织提供可能的后续跟踪陪伴服务，如规范管理、战略规划、财务监管、合作拓展等。通过细致评估后，如果社会组织已经完全具备自我运作能力，就正式脱离培育主体开始独立发展。具体如图 8-1 所示。

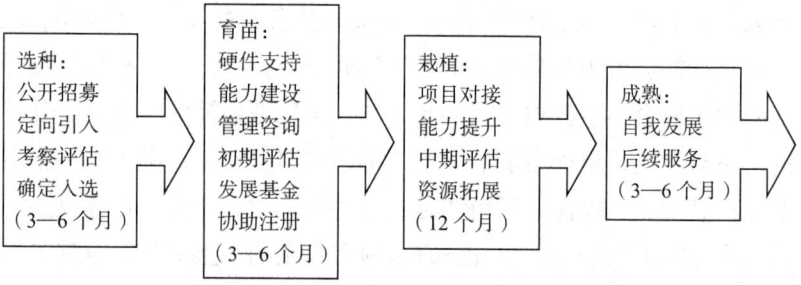

图 8-1 社会支持模式的社会组织培育流程图

三、村民能力建设技巧

在农村社区建设中，村民能力建设是非常重要的内容。村民能力建设主要可以从三个方面着手[①]。

1. 认知和思维能力的培养

农村社区居民的认知和思维能力主要包括以下四个方面的内容：一是能够掌握社区生活和共同问题的知识和资料；二是能够理解资料的相互关系，批判地分析问题；三是能够引申和推理；四是能够进行分析和评价，并提出创新的建议。

培养的方法技巧包括：第一，可以通过反复练习的方法，让居民学习知识和技能，使之逐步成为个人的常识和习惯；第二，可以通过思考能力的训练，将个人的感觉经验提升进入概念层面的抽象思维中；第三，可以通过鼓励居民不断发现，让居民学会总结经验和不断产生新体会；第四，为了增强居民的学习兴趣，降低居民对学习的抗拒，社区社会工作者可以经常利用个案阐释政策，或将资料简化成为容易记忆的、顺口流畅的口号和歌曲等来有效地帮助社区居民掌握知识和资料。

2. 行为和技巧能力的培养

在农村社区建设中，居民尤其是骨干居民的能力培养是非常重要的。合格的居民骨干必须具备一些基本的能力，包括与基层居

---

① 参见沈光辉：《社会工作概论》，中国社会出版社2014年版，第445页。

民沟通的技巧，善于表达对他人的关怀和爱护，能理解文件和有关资料，懂得行政和会议技巧，拥有基层动员的能力，具备谈判、游说、公共关系和与大众传媒合作的能力等。这些能力需要通过一系列的教育和训练活动来培养，社会工作者可以采取的方法主要如下：

第一，肯定模仿学习的重要性。社会工作者通常以身作则，积极示范待人处世的行为、态度和技巧，让居民骨干观察社会工作者和其他居民骨干的表现，自觉或不自觉地吸收知识、技巧和掌握工作程序。

第二，社会工作者可以采取个别训练和督导的方式，即根据居民个体的水平和兴趣，设计训练内容。

第三，采用示范、录像、心理预习、自我引导、复习等方法，帮助居民学习公开演讲、协商、游说等复杂技巧。

3.情感和价值观的培养提升

任何一个社区中，居民对社区事务的参与态度都是各不相同的。社会工作者可以从感受、兴趣、价值取向等角度下功夫，帮助居民以及骨干分子改变对待社区活动的态度，帮助居民树立积极向上的兴趣爱好，提升他们的社区归属感，树立社会主义核心价值观。

培养情感与价值观的方法有很多，主要有领悟法、辩证法、理性分析法、观念扩展法和模拟游戏法等。社会工作者可以灵活地运用组织过程，激发居民参与讨论，以此不断培养和巩固社会主义核心价值观。

复习思考题

1. 农村社区建设的概念与内容是什么？
2. 简述农村社区建设的主要模式有哪些？
3. 简述社会工作者介入农村社区建设的常用技巧。

参考文献

1. 潘屹:《家园建设:中国农村社区建设模式分析》,中国社会出版社2009年版。

2.《农村社会学》编写组:《农村社会学》,高等教育出版社2019年版。

3. 周沛、易艳阳:《社区社会工作》,社会科学文献出版社2019年版。

第九章

农村留守群体社会工作

农村留守群体社会工作以农村留守群体这一伴随着我国工业化和城市化的发展而产生的一个特殊群体为主要服务对象。本章在阐述农村留守群体产生原因与发展现状的基础上,分析了当前农村留守儿童、留守妇女、留守老人面临的主要问题与需求,介绍了社会工作介入这一群体的模式和方法。

第一节 农村留守群体的产生与现状

一、农村留守群体的产生

自改革开放以来,伴随着我国工业化和城市化进程的加快,大量的农村剩余劳动力从农村转移到城市,成为产业工人的重要组成部分。据国家卫生健康委员会发布的《中国流动人口发展报告2018》,我国流动人口规模在经历长期快速增长后开始进入调整期,从2015年开始,全国人口流动的规模从之前的持续上升转为缓慢下降,2015年国家统计局公布全国流动人口总量为2.47亿人,比2014年下降约600万人,2016年和2017年全国流动人口规模均比前一年份减少大约100万人[①]。从整体来看,我国流动人口的数量依然稳定在2亿以上,规模巨大。农村人口的大规模流动在提高农民自身收入和加快城市化进程的同时,也对当代中国的经济发展产生了重要的推动作用。

随着进城农民工数量的增加,一支特殊的"部队"开始在农村出现,并逐渐引起社会和学术界的重视。他们被称为"386199部队",即由农村留守妇女、留守儿童和留守老人构成的留守群体。留守群体是我国从二元社会向一元社会转变过程中出现的一个特殊的社会群体,也是一个弱势的、需要特别关爱的群体。农村留守

---

① 国家卫生健康委员会:《中国流动人口发展报告2018》,中国人口出版社2019年版,第4页。

群体问题的解决对于推动农村社会发展尤其是乡村振兴具有重要的作用。正是因为其重要性和特殊性，农村留守群体近年来一直是学术界和相关政府部门关注的焦点，也是农村社会工作的重要服务对象。

留守群体的产生是多因素共同作用的结果，其原因可以从宏观和微观两个层面来认识。

（一）宏观层面

留守群体的产生是基于城乡二元社会结构基础上中国工业化与城镇化的产物，中国工业化、城镇化与农业现代化发展不同步是留守群体产生的宏观原因。具体来看，首先，户籍制度是导致城乡二元体制、阻碍劳动力城乡流动的最重要制度，由此形成的不均衡的城乡二元公共服务和教育、医疗等社会福利制度从各个方面限制了农民的家庭化迁移。其次，"男主外，女主内"的性别文化作为非正式制度也是导致留守人口性别差异的重要因素。

（二）微观层面

从微观层面来看，留守群体的产生是基于家庭理性选择的结果，是家庭在特定的约束条件下，在面对薪金收入与照顾家庭难以两全的情况下作出的最优化选择。

二、农村留守群体的现状

（一）农村留守儿童的现状

留守儿童的概念最早于1994年提出，当时主要是指父母在国外工作、学习而被留在国内的孩子。当前，对留守儿童的界定并未达成共识，主要争议在于是父母一方外出还是双方外出、外出的时间长短以及儿童的年龄。一般来说，父母双方或一方外出务工，孩子留在户籍所在地并因此不能和父母共同生活的儿童都可以被归入广义的留守儿童。农村留守儿童则指父母双方或一方外出务工而被留在农村地区的儿童。

1. 农村留守儿童的数量规模

为加强农村留守儿童基础信息动态管理，民政部组织开发了全国农村留守儿童和困境儿童信息管理系统，并于2017年10月10日上线运行。《中国儿童福利与保护政策报告2019》显示，截至2018年8月底，全国共有697万名农村留守儿童，较2016年减少205万人。从区域分布看，四川省的农村留守儿童规模最大，为76.5万，其次为安徽省、湖南省、河南省、江西省、湖北省和贵州省，以上7省农村留守儿童的总人数为484.4万，占全国总数的69.5%。从监护情况看，96%的农村留守儿童由祖父母或者外祖父母隔代照料，其余的4%是由其他亲友照料。东北师范大学中国农村教育发展研究院发布的《中国农村教育发展报告2019》显示，超过一成的全国义务教育阶段在校生为农村留守儿童，据此，2017年全国农村留守儿童数量为1 550.56万人，比2016年减少175.73万人，减幅为10.18%。

值得注意的是，由于对留守儿童定义的不同，导致各口径计算的规模差异很大。有学者针对2016年以来官方精准摸排和数据库统计结果显示近年农村留守儿童数量已不足700万进行了分析，认为结合2015年以来广义农村留守儿童数量、农民工外出情况、随迁子女增长情况及教育部门的中小学生中农村留守儿童的统计情况来看，农村留守儿童规模下降到只有数百万的水平，这只能是在采用极严格界定下才可能出现的。因此，农村留守儿童规模"断崖式下跌"的主要原因应是来自补缺式福利视角下对农村留守儿童定义的大幅限缩。严格的界定使得大部分原属广义农村留守儿童的人员变成了非留守儿童。如果关爱保护农村留守儿童的政策措施只盯着民政统计的数百万严格限缩定义后的农村留守儿童，有可能会相对忽视教育部门统计的同一定义但未纳入数据库的留守儿童，以及忽视另一群父母一方长期在外务工、经商的农村儿童，不利于农村儿童的全面发展①。从本质上看，留守儿童和流动儿童背后实际上指向的是同一群体，即农民工子女，这一群体可能在流动与留守的身份

---

① 罗国芬：《农村留守儿童数量下降：现状、原因与政策意涵》，《少年儿童研究》2021年第3期。

之间不断转化。这一群体依然保持着一个较为庞大的规模,意味着仍需对其持续关注。

2. 农村留守儿童的生活状况

从调查情况来看,留守儿童的监护人主要是祖父母、外祖父母或者其他亲属,与父母主要通过电话的方式进行浅层次的交流。近年来,对留守儿童的研究开始关注到他们的身体与日常生活,对其营养、健康、安全等问题进行了较多的研究。调查情况显示,留守儿童的饮食睡眠习惯略差于非留守儿童,闲暇生活没有非留守儿童丰富,遭遇意外伤害的比例高于非留守儿童,社区安全感低于非留守儿童[①]。

3. 农村留守儿童的学习状况

关于父母外出对农村留守儿童学习的影响,不同的学者得出的结论有所不同。有的学者指出,农村留守儿童的学习成绩与父母是否外出打工没有明显的关系,但是大多数学者的研究表明,父母外出对留守儿童的成绩有较大的负面影响。父母监督的缺失和监护人监护能力的有限,使得留守儿童的学习几乎处于无人监督的状态。此外,因父母外出而加重的家务活或者农活以及对父母的思念在一定程度上分散了留守儿童的学习精力,与父母外出前的学习状况相比,父母外出后留守儿童的学习成绩明显下滑。

4. 农村留守儿童的心理状况

早期的调查表明,留守儿童的心理问题主要表现为自卑、孤僻、抑郁、苦闷等,且不同年龄段、不同性别的留守儿童心理问题的严重程度不同。近年来对留守儿童心理状况的研究关注点开始从消极因素转向积极因素,注重其抗逆力的研究。从最新研究成果来看,父母外出对留守儿童的心理健康依然呈现出较强的负面影响。调查表明,父母外出务工会显著提升留守儿童社交心理问题发生的概率,留守儿童自我孤独感的比例是非留守儿童的1.4倍,社交回

---

① 参见中国青少年研究中心:《不一样的成长:全国农村留守儿童群体研究报告》,中国青年出版社2015年版,第53—59页。

避的比例是非留守儿童的 2 倍。相对于父亲，母亲外出务工对留守儿童社交心理健康的影响更为明显。母亲外出务工对留守儿童的自我孤独感和社交回避均有显著影响，父亲外出务工仅对留守儿童社交回避有负面影响。在年龄差异上，留守儿童的社交心理有着"从内化向外化"的转变过程：留守儿童年龄越小，自我孤独感越强；年龄越大，社交回避概率越高。父母外出务工对留守男孩和留守女孩的社交心理均产生了不利影响，且女孩受到的负向影响更大[①]。值得高兴的是，研究显示，我国留守儿童的整体心理健康水平在逐步提升[②]。

（二）农村留守妇女的现状

留守妇女也称为留守妻子、留守女、留守村妇等，指丈夫每年在外务工 6 个月及以上且不在家中居住，而自己长期留在家乡的 55 周岁及以下的农村妇女。

1. 农村留守妇女的数量规模

2018 年《中国人口报》上的统计数据指出，全国农村留守妇女规模超过 7 000 万[③]。段成荣根据第五次、第六次全国人口普查数据以及 2005 年和 2015 年全国 1% 人口抽样调查数据，发现留守妻子的规模在进入 21 世纪后从剧增到快速减少，2010 年后留守妻子出现了负增长，从 2010 到 2015 年共减少了 16.5%，其中，农村留守妻子的减少速度更快，她们多留守于城镇，并且大多与老人、子女共同留守[④]。

2. 农村留守妇女的生活状况

首先，丈夫外出后，那些原本由丈夫承担的"对外工作"全

---

① 张婷皮美、石智雷：《父母外出务工对农村留守儿童心理健康的影响研究》，《西北人口》2021 年第 3 期。
② 喜悦、徐卫伟、张楠：《农村留守儿童心理健康水平变迁的横断历史研究》，《心理技术与应用》2021 年第 5 期。
③ 杨雪燕、罗丞：《乡村振兴中留守妇女的角色和作用》，《中国人口报》2018 年 3 月 21 日第 3 版。
④ 段成荣、程梦瑶、秦敏：《剧变中的我国留守妻子及其学术与公共政策含义》，《中国农业大学学报（社会科学版）》2017 年第 6 期。

部转移到留守妇女的肩上，繁重的农业生产劳动首当其冲，极大地加重了农村女性的劳动负担。同时，劳动力的大量外流使得农村社区原有的换工互助失去了核心行动主体，以货币交易为基础的农业雇工逐渐兴起，进一步挤压了留守妇女社区互助的空间。为了节省农业生产成本，留守妇女要尽可能地减少农业雇工，就只能用自己柔弱的双肩扛起所有原本由家庭男性劳动力承担的肩挑背扛的体力活。尽管各种现代农业生产技术在农村的普及在一定程度上缓解了留守妇女的劳动强度，可一些年龄较大或者是文化水平较低的留守妇女，因为学不会一些现代化的技术，而身陷有机器不会用只能强化体力上"自我剥削"的尴尬场景。

其次，那些在传统分工中就属于女性的任务在丈夫外出后带给留守妇女的负担也明显加重。在一个完整的家庭中，丈夫在一些细碎的家务事情上多少能起到一定的帮衬作用。特别是在那些需要一定体力的家务活动中，如砍柴、挑水等，这种帮扶作用更为重要。但丈夫外出后，他们在这些事务上辅助性的角色完全消失，家务劳动、赡养老人、照顾孩子等都需留守妇女亲力亲为。

此外，近些年随着国家教育政策的调整和农村家庭教育期望提升，大量农村学生进入城镇学校就读，由此催生出了陪读妈妈群体。一些陪读妈妈在随迁到城镇陪读照料孩子的同时还要顾及留在农村家庭的老人，她们在离乡照料和在乡照料两种照料模式中来回切换角色，成为流动的留守妇女，加剧了农村家庭离散化的程度，也进一步加重了留守妇女的照料负担[①]。

综上所述，丈夫的外出使得原本由夫妻共同承担的生活担子全都落在留守妇女的身上，除了做好家务，照顾孩子和老人，留守妇女还必须从事家中的农业生产活动。三重负担都堆积在留守妇女一个人身上，不管是身体上还是心理上，都给留守妇女增加了较大的压力。

---

① 王维、胡可馨：《社会性别视角下的农村留守女性生命史》，《中国农业大学学报（社会科学版）》2020年第2期。

3. 农村留守妇女的婚姻状况

丈夫长期在外，留守妇女夫妻之间只有通过电话的形式来交流，交流的内容也多是关于孩子和家庭生产的情况。这种形式的交流远远不能满足夫妻之间的情感需求，对夫妻之间的关系产生了一系列的负面影响，一些婚姻甚至因为夫妻长期分居生活而造成矛盾并最终导致离异。

4. 农村留守妇女的精神状况

根据大部分学者的调查，总的来说，农村留守妇女承受了较大的心理压力。一方面是因为留守而带来的各种影响，如劳务增加、情感的压抑等，另一方面还要担心外出务工的丈夫，由此，许多农村留守妇女患上抑郁、焦虑、恐惧和怀疑等心理障碍。

（三）农村留守老人的现状

农村留守老人指具有农村户籍、年龄在60周岁以上，所有子女离开农村居住地外出务工或从事其他职业，自己留守在户籍所在地的农村老年人。

1. 农村留守老人的数量规模

民政部的统计数据显示，截至2019年年底，我国60周岁及以上老年人口达2.54亿，占总人口的18.1%，其中，农村留守老年人口的规模达1.4亿。

2. 农村留守老人的生活状况

家里主要劳动力的外出，对于留守老人来说，不仅缺少了来自子女方面的养老功能，而且大部分老人既要负责照顾子女留在农村的孩子，又要从事农业生产，相比子女外出前的状况，留守老人的负担变得更重。

3. 农村留守老人的经济状况

子女在外打工，以汇款的方式给予留守老人经济支持，但是子女的经济支持并不能满足留守老人在看病就医、农业投入、人情往来等方面的支出。同时，留守老人还要承担监护孙辈的责任，这也加重了其经济负担。

4. 农村留守老人的精神状况

目前，家庭养老是我国农村养老的主要方式。然而伴随着子女的外出，农村家庭出现了"空巢化"的特征，家庭养老功能不断弱化，留守老人无法从子女那里得到足够的亲情慰藉和生活照料，大部分老人产生了孤单寂寞感。

第二节　农村留守儿童社会工作

一、农村留守儿童的需求

农村留守儿童曾被视为"问题儿童"而备受关注。随着研究的深入，尽管更多学者倾向于赞同留守儿童与非留守儿童之间在发展上并没有显著差异，但是，众多调查显示，留守儿童面临的问题依然不容忽视。随着社会不断变迁和发展，留守儿童的成长环境日益复杂，其关爱需求也具有多样性，除了基本的生活关爱，还有情感、学业、健康、安全等方面的关爱需求。因此，应基于分类管理的视角来分析留守儿童的需求，开展留守儿童关爱体系的建设。

刘金接等综合前人的研究，提出依据需求的不同，可以将留守儿童分为生活困难、学业困难、情感关爱缺乏、健康欠缺、行为失范和安全欠缺六类[①]。

1. 生活困难型留守儿童

指因家庭贫困缺乏基本生活资料的留守儿童。贫困家庭在社会中处于弱势，其留守儿童更是弱势中的弱势。他们的父母因家庭贫困双双外出打工，虽然可以挣到一些钱，但其付出和收入相比依然是极不平衡的，很多时候，微薄的收入只能勉强维持一家老小的生

---

① 刘金接等：《分类管理视角下农村留守儿童关爱服务体系建设研究》，《社会工作》2020年第3期。

活。这使得留守儿童的生活十分拮据。另外,留守儿童的临时监护人大都是祖辈,普遍年龄较大,行动不便,有的甚至不能照顾自己反而需要孩子来照顾。因此,留守儿童和一般家庭中成长的孩子相比,面临着更大的压力,有着更重的负担。

2. 学业困难型留守儿童

这类儿童通常缺乏学习兴趣,学习习惯较差,抵制诱惑能力差,学业难以按时完成。大多数监护人无受教育经历,初高中以上学历少之又少,难以对儿童的学习课程进行督促和辅导。并且,隔代监护人大多缺少监督孩子学习的意识,这对儿童学业和学习能力的培养极其不利。以留守小学生为例,较之以普通学生有着较大区别,更加容易出现学业困难,其中最为严重的问题就是厌学。

3. 情感关爱缺乏型留守儿童

指那些因得不到父母或监护人的直接关爱和教育而引起情感缺失的儿童。根据缺乏情感关爱的程度,又可细分为一般缺乏型和严重缺乏型。农村留守儿童一般由祖辈或者亲戚照顾,得不到父母直接的关爱和教育,隔代抚养容易溺爱或者沟通不畅,老人对儿童的需求认识仅仅停留在生理层次,往往忽略儿童情感方面的需求,这可能给留守儿童带来较大的精神痛苦,因而可能造成性格的内向、自卑、多疑以及情绪的焦虑、紧张、恐惧等。少数未成年人甚至会误入歧途,走上违法犯罪的道路。

4. 健康欠缺型留守儿童

这类儿童的生理或心理存在极大的健康问题,包括患重大疾病、残疾和严重心理疾病的儿童。儿童健康是儿童福利和发展的最基本指标,对其成年后的健康、社会经济地位乃至终身成就都至关重要。就留守儿童来说,不良境遇与健康问题的双重风险叠加,使健康欠缺型儿童的成长面临更大的负面影响,需求也更加复杂。

5. 行为失范型留守儿童

指违背一定社会规范和准则要求而出现行为偏差的儿童。对于正处于身心发展关键时期的留守儿童来说,家庭结构不完整、父母角色功能缺失,生活环境不稳定,会在很大程度上影响社会适应能力的培养和建立。留守儿童可能因此习得不良行为习惯、养成不健全品格，不能良好地适应社会，甚至出现越轨、犯罪等反社会行为。

6.安全缺乏型留守儿童

指由于缺乏安全意识，生活或学习环境的不安全风险高而容易遭受或已遭受安全威胁或侵害的儿童。近年来，农村留守儿童意外伤害事件层出不穷，已成为社会关注的重要问题。其安全问题主要体现在五个方面：一是饮食安全。日常饮食过程中由于食品的质量、卫生问题可能造成身体伤害。二是交往安全。在日常或网络交往中容易成为不法分子的目标，如被拐卖、被侵犯等。三是交通安全。上学和放学途中产生的交通安全问题。四是游玩安全。玩耍的内容和安全性都存在着隐患，如溺水身亡事件等。五是留守女童遭受性侵犯。近年来这类事件时有发生，受害女童心理创伤严重，社会影响极其恶劣。

二、农村留守儿童的社会工作介入

（一）留守儿童社会工作的主要内容

1.农村留守儿童社会工作的总体内容

2016年，国务院颁布了《关于加强农村留守儿童关爱保护工作的意见》。2019年5月，民政部、教育部等10个部门联合印发了《关于进一步健全农村留守儿童和困境儿童关爱服务体系的意见》。近年来，各地大力推动政府购买服务，积极培育儿童服务类的社会工作服务机构和公益组织，引导政府购买服务与基层儿童工作的有效衔接，促进了留守儿童和困境儿童关爱保护服务的专业化发展。当前，农村留守儿童社会工作的内容主要有三个方面：一是解决农村留守儿童面临的问题；二是促进农村留守儿童发展；三是协助制定农村留守儿童社会政策。

在解决农村留守儿童面临的问题方面开展的社会工作服务内容主要有：生活困难的照料、学习辅导、心理疏导、社会交往能力的培养、错误行为的矫正、违规违纪行为的预防等。

在促进农村留守儿童发展方面开展的社会工作服务内容主要有：促进留守儿童健康成长的指导、实现快乐安全地生活的辅导、自我健康发展的训练、与人交往能力的培养等。

此外，社会工作还可以开展政策倡导，呼吁政府相关部门制定有利于农村留守儿童成长和发展的社会政策，以及对现有的社会政策提出修订建议，给农村留守儿童的健康发展营造一个良好的政策环境。

2. 农村留守儿童社会工作的具体内容

具体来说，农村留守儿童社会工作主要包括以下项目活动：

第一，全面调查农村留守儿童的发展现状和存在问题，了解他们对社会工作的需求，以便制定切实有效的服务计划。

第二，为农村留守儿童提供家庭服务，如提供留守儿童学习、心理、人际交往、生活技能等方面的服务，增强留守儿童的自我保护意识和自我保护能力；为留守儿童的监护人提供培训，增强监护主体的监护能力；为留守儿童家长提供家庭教育的机会，让他们意识到家庭教育对留守儿童健康发展的重要性，增进家长与留守儿童的交流，以减少亲情缺失给留守儿童带来的负面影响。

第三，为出现行为偏差的农村留守儿童提供服务，帮助其纠正偏差行为。

第四，提供预防大龄农村留守儿童犯罪行为发生的服务，及时发现其不良动机，并及时对其进行教育。

第五，争取各方面的资金，为家境贫困的农村留守儿童提供物资救助，协助符合条件者申请社会救助，从而使这些儿童获得正常成长的条件。

第六，明确学校的责任，充分发挥农村学校对留守儿童的监护和关心作用，对学校教师和管理者进行提高儿童生活技能以及法律法规知识的培训，增强其责任意识，弥补父母监护的缺位和监护主体监护能力的不足。

第七，在农村社区和学校建立留守儿童档案，加强学校与社区、学校与家长的联系，有效填补家庭教育和学校教育之间的空白。

第八，在留守儿童较多的地区建立留守儿童托管制度，以便对留守儿童进行更好的教育。

第九，积极动员农村社区现有的正式和非正式组织，提供农村留守儿童活动的场所，开展各种有益的活动，使留守儿童在活动中学会尊重他人，增强他们与人交往和自我表达的能力。

(二) 农村留守儿童社会工作的模式

留守儿童问题是一个极其复杂的社会问题，对它的解决并不是仅通过家庭、社区或学校就能够做到的，而是需要家庭、学校、社区、政府等相关部门以及社会各界的共同努力才能完成。我们需要构建一个以政府为主导，以社区为依托，涵盖农村留守儿童、农村留守儿童所在家庭和学校，社会力量齐参与的支持网络，并按照这种立体的社会支持网络形成不同层面的社会工作模式。具体来说，社会工作对农村留守儿童问题的介入可以从两个方面来进行：一方面，直接针对农村留守儿童的问题进行社会工作的介入；另一方面，对影响农村留守儿童的社会支持体系进行介入。

通常情况下，对农村留守儿童自身问题的直接介入采用个案社会工作和小组社会工作的方法来进行。个案工作作为社会工作的基本方法之一，是处理儿童问题常用的方法，主要适用于存在心理、行为、学习障碍等问题的特殊儿童。社会工作者为这些有特殊问题的农村留守儿童开展专业治疗，提供一对一的辅导，帮助他们面对自身的问题，协助他们寻求解决问题的方法和途径，培养他们解决问题的能力，并最终通过他们自身的力量走出困境。小组工作是以小组为单位的助人工作方法，小组能够为农村留守儿童提供一种归属感，通过小组成员之间的互动来帮助组员获得自我解决问题的能力，从而促进个人的发展和成长。结合小组的功能和农村留守儿童的特征，可以把空间上较近或者境况、性格等相似的留守儿童组织起来，建立生活技能小组、心理治疗小组、行为治疗小组、成长小组、学习小组等。

对影响农村留守儿童的社会支持体系的间接介入,也是留守儿童社会工作的重要组成部分。农村留守儿童社会支持体系包括家庭、学校、社区、政府及社会力量,其中,家庭和学校属于微观层面的支持体系,社区属于中观层面的支持体系,政府和社会则是宏观层面的社会支持体系。

第一,在微观层面上,社会工作要以农村留守儿童所在的家庭和学校为重点。

家庭教育对儿童的一生有着重要的影响,家庭生活和交往活动会在很大程度上影响儿童的价值观、行为规范以及生活习惯。农村留守儿童因父母的外出而使他们面临家庭教育的缺位,社会工作者可以通过个案工作的方法,与留守儿童的父母进行沟通,使他们认识到家庭教育对儿童成长的重要性,建议他们多与孩子进行深层次的交流,多关注孩子的心理问题。社会工作者也可以在外出打工的父母之间建立小组,帮助父母在小组活动中分享育儿经验,指导他们学习儿童教育方面的知识,从而提高家长的教育意识,改变家长的教育观念。另外,针对留守儿童与父母沟通不足的问题,社会工作者可以建立信息联络中心或者类似机构,为留守儿童与其父母的沟通提供便利。社会工作者还可以对沟通过程进行专业引导,以达到沟通的有效性。此外,还可以对留守儿童的监护人展开个案和小组工作,提高他们的监护能力,弥补父母教育的缺失。针对监护人的社会工作内容主要包括:介绍基本的教育儿童和与儿童沟通的方法,建议他们多与留守儿童的父母联系,并指导监护人尊重和关爱孩子,从而为留守儿童的成长创造一个良好的家庭氛围。

农村中小学是留守儿童比较集中的地方,也是儿童和青少年社会化的重要场所,因而有必要在学校教师和非留守儿童同辈群体的协助下开展留守儿童社会工作。社会工作对学校的介入主要通过学校社会工作进行。学校社会工作在发展过程中形成了三种工作模式:问题导向模式、学生导向模式、社区导向模式。针对农村留守儿童的特殊情况,可采用的工作模式主要为问题导向模式和社区导向模式。问题导向模式以在心理和行为上有异常的问题学生为主要工作对象，通过个案工作的方法为这些学生及其家长提供服务和咨询。社区导向模式把对学生的服务进一步扩大到社区，注重学校与家长、学校与社区之间的联系。社会工作者在使用这种工作模式时要注意增强学校对社区生活的干预能力，参与使用社区的教育资源，从而使学校的教育影响向农村社区渗透。此外，从学校的角度来说，还可以为留守儿童建立特殊的档案，把外出父母的电话和地址记录在档案中。也可以举办以"留守子女"为中心话题的演讲活动，开展生活技能知识和安全知识讲座，开设青春期心理健康讲座和自我认知课程等。

第二，在中观层面上，社会工作要以农村社区为依托，充分整合社区各种资源，开展关爱留守儿童的各项活动，为其发展创造良好的社区氛围。社会工作在介入农村社区时主要运用社区方法中的地区发展模式来开展工作。地区发展模式强调社区居民的广泛参与和对社区资源的整合，通过自助和互助的行动来改善社区关系，从而达到解决问题的目的。

社会工作者可以通过对农村留守儿童的各种正式的和非正式的社会支持网络进行动员，充分发挥村委会、乡（镇）政府、共青团、妇女儿童联合会、学校等正式组织的作用，建立农村留守儿童监管关怀制度或者留守儿童托管中心。由留守家中的成年人组成监管关怀小组，对留守儿童的生活、学习、心理等方面进行监督和管理，并定期与留守儿童家长交流。呼吁村委会和乡（镇）政府要更加重视留守儿童问题，并加大财政投入力度，帮助解决留守儿童面临的各种困难。共青团和妇女儿童联合会等组织则可以开展各项关爱留守儿童的活动，如对在生活、学习、心理方面有困难的儿童进行一对一的帮助；也可以组织各种兴趣小组和学习小组，鼓励留守儿童参与，增强他们的自信和平等意识。

有条件的农村社区还可以建立社会工作实习基地或者非营利性的留守儿童服务中心，将专业社会工作者引入机构，鼓励社区内外各方面的人士参与进来。同时争取来自政府和非政府组织的支持，为留守儿童营造一个"暂时的家"，使留守儿童在机构中能够获得归属感。在这个机构中，社会工作者将充分发挥社会工作的专业优势来为留守儿童提供服务，发掘他们的潜能，帮助留守儿童实现从他助向自助的转变，不断提高其自我发展的能力。

第三，在宏观层面上，社会工作主要通过社会政策介入留守儿童问题之中，主要是通过呼吁政府相关部门加大对农村留守儿童问题的参与度来实现的。

目前，政府对留守儿童问题的解决可以从两个层面有所作为：一是关注已经留守的这部分儿童，对他们在生活上、心理上和教育上的困难给予帮助和扶持；二是寻找解决农村留守儿童问题的治本之策，从根本上结束他们的留守生活。就前者而言，政府可以对流动儿童相关社会政策的实施过程进行监督，加大对打工子弟学校的扶持力度，加大对农村中小学校的资金扶持力度，以使其有更多的物力来进行留守儿童相关工作。就后者而言，则要求政府在社会政策上有所创新。从留守儿童产生的原因来看，社会政策的变革是改变农村留守儿童及其家庭生活状况的根本措施。社会工作者可以呼吁政府采取措施逐步消除城乡二元结构，积极推动户籍制度改革，打破户籍制度的束缚，弱化乃至消除与户籍制度相配套的阻碍农民工及其子女发展的各种制度，如教育制度、社会保障制度、医疗与住房制度、城乡就业制度等，从而消除农民工城乡流动的制度壁垒。社会工作者还要呼吁政府加大对农村社会保障制度的财政投入力度，逐步建立并完善农村留守儿童家庭救助体系，为农村留守儿童的健康成长保驾护航。

社会工作者还可以通过大众媒体宣传农村留守儿童存在的问题，呼吁社会对其进行关注，形成有利于农村留守儿童问题解决的社会舆论氛围；同时，可以广泛动员社会力量开展慈善捐赠和帮扶结对献爱心活动，为留守儿童提供实质性的帮助。

总的来说，农村留守儿童问题的解决是一个长期且复杂的过程，需要农村留守儿童、农村留守儿童家庭及所在学校、农村社区、政府、非政府组织及社会工作者的共同努力才能逐渐完成。党的十九大报告指出："要健全农村留守儿童和妇女、老年人关爱服务体系。"为进一步贯彻落实党中央精神和《国务院关于加强农村留守儿童关爱保护工作的意见》，2019年4月30日，民政部联合10个部门发布《关于进一步健全农村留守儿童和困境儿童关爱服务体系的意见》，该意见在提升未成年人救助保护机构和儿童福利机构服务能力、加强基层儿童工作队伍建设、鼓励引导社会力量广泛参与和强化工作保障四个方面作出部署，为留守儿童关爱服务体系建设指明了方向。

三、社会工作介入农村留守儿童的困境

2019年年初，伴随新一轮政府机构改革，民政部成立了儿童福利司，基本建立了全国城乡社区儿童福利的工作队伍。同年，民政部等部门还陆续出台了有关健全农村留守儿童和困境儿童关爱服务体系、加强事实无人抚养儿童保障工作等相关意见，要求进一步提升未成年人救助保护机构和儿童福利机构的服务能力，督促各级部门协助强化儿童监护责任。社会工作介入农村留守儿童面临的困境主要表现在以下三个方面：

第一，农村社会工作专业人员不足。虽然中国的社会工作者队伍正在不断地壮大，但是，目前的社会工作者队伍不论是在人员数量还是在专业素质上都还不能满足农村社区的需求。虽然农村留守儿童的关爱工作可以由共青团组织、妇女儿童联合会、村委会等组织的工作人员来完成，但他们毕竟不是专业的社会工作者。在具体的实践中，他们不能很好地贯彻社会工作的价值理念，不能很好地运用社会工作的专业方法，因而很难取得预期的干预效果。

第二，配套资金、经费不足。农村留守儿童社会工作的顺利开展需必要的经费支持。农村留守群体所在社区的经济大都比较落后，地方政府往往又无法提供足够的资金来支持留守儿童的社会工作，这在一定程度上制约了农村留守儿童社会工作甚至是整个农村留守群体社会工作的展开。

第三，农村留守儿童自身的原因。父母外出后，农村留守儿童

承担了部分农活和家务，再加上繁重的学习任务，他们很难参与到社会工作者组织的活动中。

第三节 农村留守妇女社会工作

一、农村留守妇女面临的问题

留守妇女在留守群体中的地位比较特殊，她们上有老，下有小，是家庭的核心力量。这种特殊的地位也使她们的生产、生活面临严峻的挑战。

<u>认识到留守妇女并非一个同质的群体，有助于更好地认识她们面临的不同问题，更有针对性地满足她们的需求。</u>

农村留守妇女并非一个同质的群体。近年来，对农村留守妇女的研究已经从一般性的统计和分析留守妇女的主要人口学特征、生产生活困难、婚姻家庭问题以及精神心理压力，转移到对留守妇女的不同子群体进行研究。根据留守的不同原因、丈夫流动地点和妻子来源地点的特殊性以及照料对象的变化，留守妇女又细分出陪读留守妇女、哺乳期留守妇女、洋留守妇女、外来留守媳妇、留守奶奶等子群体[1]。这些子群体面临的问题各不相同，但总结起来，留守妇女中较常见的问题主要有以下四个方面：

（一）婚姻危机

由于丈夫外出，家庭"男工女守"的分工使留守妇女与丈夫长期分居，夫妻共处的时间明显减少，情感上的距离越来越远。丈夫长期居住在开放和动态的环境中，妻子则生活在封闭和静态的环境中，不同的环境造成了夫妻二人在知识、信息、价值观念、社会关系和生活态度上的差异，由此夫妻之间的异质性不断增强，很容易使婚姻出现危机，严重的甚至会导致家庭解体。

---

[1] 汪淳玉、吴惠芳：《乡村振兴视野下的困境留守妇女》，《中国农业大学学报（社会科学版）》2020年第4期。

(二)劳动强度高

农村劳动力大量外流之后,农村出现了"农业女性化"现象。但"农业女性化"并没有提高留守妇女的地位,相反,因为工农之间、城乡之间的巨大收入差距,务工收入成为家庭的主要收入来源,农业对家庭生计的重要性逐渐下降,成为一种补充性副业或"家务劳动"。

(三)心理问题

农村留守妇女不仅要承担起抚养小孩、赡养老人、操持家务、耕作田地的重任,而且要忍受来自丈夫情感慰藉缺失的痛苦,承受了较大的心理压力,严重影响了她们的心理健康。此外,农村文化设施和文化活动匮乏,留守妇女的休闲娱乐活动单一,使得她们无法通过文娱活动缓解各种心理压力。由此,农村留守妇女长期处于一种精神压抑的状态,有些地区甚至还出现了留守妇女自杀的现象。

(四)安全问题

男性劳动力外出后,农村中只剩下一些老人、孩子和妇女,安全防卫能力下降,很容易发生盗窃事件,家中财产安全受到威胁。此外,丈夫外出,一些犯罪分子便趁机对农村留守妇女进行性骚扰和性侵犯,给她们带来了极大的伤害。

二、农村留守妇女的社会工作介入

(一)农村留守妇女社会工作的内容

1. 农村留守妇女社会工作的总体内容

农村留守妇女社会工作的总体内容主要包括两个方面:一是解决农村留守妇女面临的问题,主要是指针对农村留守妇女现阶段面临的各种问题(如婚姻危机、精神压力、安全问题等)提供服务;二是为农村留守妇女的发展创造环境,主要是指为农村留守妇女的进一步发展创造社会政策环境和社会舆论氛围。

2. 农村留守妇女社会工作的具体内容

农村留守妇女社会工作的具体内容主要有:一是了解农村留守

妇女的基本需求，了解农村留守妇女面临的现状和问题；二是鼓励农村留守妇女参与社会经济生活，增强其经济能力；三是对农村留守妇女进行教育，增强她们的自尊、自立、自强意识；四是增强农村留守妇女的维权意识，保护其合法权益；五是对农村留守妇女进行培训，增强其科学文化素质。

（二）农村留守妇女社会工作的模式

1. 农村留守妇女社会工作的主要原则

在农村留守妇女社会工作过程中，应遵守以下基本原则：第一，尊重农村留守妇女的独特性，承认她们都有自己思考问题的视角和能力；第二，强调社会性别意识，正视农村留守妇女问题的产生在很大程度上受到传统"男主外、女主内"性别意识的影响；第三，把农村留守妇女问题的产生放到社会层面来进行思考，除了个体的原因，要更多地考虑社会结构失衡和社会政策偏差的影响。

> 社会性别视角在留守妇女的社会工作介入中非常重要。思考：在农村留守妇女社会工作中，如何对女性进行赋权？

2. 农村留守妇女社会工作的模式

第一，在微观层面上，社会工作以农村留守妇女个体及其家庭为服务对象。运用个案工作的方法，对农村留守妇女的婚姻问题进行介入，引导夫妻之间的沟通，促进夫妻关系的改善。针对农村留守妇女存在的心理适应方面的问题，可以为其提供心理辅导。此外，还可以帮助在生活方面存在困难的留守妇女申请相关的资助。

社会工作也可以运用小组工作的方法，将农村留守妇女组织起来，成立互助小组、慰藉小组和对抗性骚扰小组，拓宽农村留守妇女的社会支持网络，通过她们之间的相互帮助来改善现状。

第二，在中观层面上，社会工作可以通过整合社区资源来解决农村留守妇女面临的问题，并为其进一步发展提供服务。社会工作者可以建议在农村社区中成立学习班，为农村留守妇女提供职业教育和技能培训，提高她们的综合素质。也可以在社区范围内通过讲座的形式帮助农村留守妇女学习《妇女权益保护法》和《婚姻法》，增强妇女的维权意识。另外，还可以组建农村生产互助组，帮助在生产、生活方面有困难的农村留守妇女，减轻其劳动负担。

第三，在宏观层面上，社会工作者可以呼吁政府为农村留守妇女现状的改变制定相关政策，或者对现有阻碍农村留守妇女发展的社会政策进行修改。例如，社会工作者可以呼吁政府采取措施消除城乡二元体制的差异。此外，政府要加大对农村经济的扶持力度，从政策、资金、技术等方面为农村经济的发展提供帮助，发展乡镇企业，并鼓励自主创业，减少农村人口的外出，让更多的农村夫妻能够生活在一起，这也是解决农村留守妇女问题的一个治本的方法。

对于实在不能结束留守生活的农村妇女，政府可以在乡镇中发展适合女性生产经营的产业，拓展非农就业渠道，使农村留守妇女的经济效应从隐形状态转变为显性状态，充分发挥她们在农村经济发展中的重要作用。政府还可以制定农民工农忙假和探亲假制度，在农忙季节让农民工回乡帮助留守妇女劳作，减轻留守妇女的劳动强度，增进夫妻之间的感情。

三、社会工作介入农村留守妇女的困境

农村留守妇女社会工作和留守儿童社会工作一样，也面临着社会工作专业人员不足和资金短缺的问题。此外，农村留守妇女社会工作还面临着其他困境。

第一，农村留守妇女缺乏对社会工作的认同。与留守儿童不同，农村留守妇女都有自己的价值判断，很有可能对社会工作不理解，对其价值理念和工作方法不认同。尤其是在目前社会工作在社会中缺乏透明度的情况下，农村留守妇女会对社会工作的干预效果产生怀疑，从而影响社会工作者对她们的介入。

第二，社会工作者缺乏相应的生命体验。社会工作者没有经历过农村留守妇女的生活，不能更深刻地理解她们。有些社会工作者可能还是涉世未深的大学生，在为留守妇女提供服务时，很难让服务对象对其产生信赖感，更别说让服务对象说出心中最真实的感受和想法。

社会工作者应注意摒弃教育者、引导者的角色，多以同行者的身份开展服务。

第四节　农村留守老人社会工作

一、农村留守老人面临的问题

随着农村老龄化进程的加快，老人成为留守群体中一个值得特别关注的群体。在城市化的背景下，农村留守老人不仅面临着养老的难题，还面临着由于家庭中中青年外出打工而带来的一系列问题。

（一）照料问题

农村主要劳动力的外出使得农村留守老人的主要供养者和日常生活照料提供者缺位，在生病时只能由自己或老伴照顾。留守老人需要耕种自己或自己孩子的田地并照顾孙辈，这对于在生活上本来就难自理的留守老人来说无疑大大加剧了他们的劳务负担。总的来说，由于子女照料的不足，从农村基层组织和邻居处获得的照料也十分有限，目前，大部分农村留守老人面临着生活照料不足的问题。

（二）收入问题

一方面，对于大部分农村留守老人来说，他们的经济收入主要依靠子女供给或自己劳动所得。受身体条件和精力的限制，他们通过自己的劳动获得的收入较低。另一方面，外出务工的子女实际上为留守老人提供的经济支持也是很有限的，一般仅能维持留守老人的最低生活水平。此外，外出打工的子女自身的经济收入变化较大，因而他们给予父母的经济支持具有较大的不稳定性。总体上来看，子女外出并没有显著提高农村留守老人的物质生活水平。

（三）医疗问题

农村留守老人由于年龄较大，身体各项机能逐渐下降，很容易患病。患病之后身边缺乏照料者，且劳务负担较重，因而留守老人患病之后往往不能得到及时的治疗，甚至会把小病拖成大病。总体上说，农村留守老人的医疗卫生状况并没有因为子女经济收入的增加而有所改善。

(四) 精神问题

子女的精神慰藉是养老的一个重要部分，子女的外出使农村留守老人成了"空巢老人"，身边无人沟通，来自子女的精神慰藉也因为子女的外出而减少，老人的孤独感显著增加。农村留守老人还要承担耕种和照顾孙辈的负担，这让他们安享晚年的愿望落空，难免会出现较大的心理落差。此外，农村社区中可供老人休闲娱乐的场所较少，他们的娱乐活动较单调，这也加剧了农村留守老人精神上的孤独感。

(五) 安全问题

农村留守老人大多数年龄较大，记忆力下降，行动不太方便，因而在日常生活中可能会出现各种安全问题。值得注意的是，社会上有一些不法分子利用农村留守老人的这些弱点对其进行诈骗，并且屡屡得逞，给农村留守老人的生活带来了较大的安全隐患。

二、农村留守老人的社会工作介入

(一) 农村留守老人社会工作的内容

1. 农村留守老人社会工作的总体内容

国家一直非常重视农村留守老人关爱服务工作。2015年党的十八届五中全会提出，"建立健全农村留守老人关爱服务体系"。2016年的政府工作报告提出，"加强农村留守老人关爱服务"。2018年9月印发《乡村振兴战略规划（2018—2022年）》，也明确提出建立健全农村留守老人关爱服务体系。

农村留守老人社会工作的总体内容主要包括两个方面：一是解决农村留守老人面临的困难，主要包括生活照料困难、经济生活困难、精神匮乏问题等方面；二是为农村留守老人的发展提供服务，主要包括为农村留守老人进行培训，增强其法律意识，改善其生活质量。

2. 农村留守老人社会工作的具体内容

农村留守老人社会工作的具体内容主要有：一是对农村留守老

人的需要和问题进行调查，了解他们的现状和困难；二是在经济上为农村留守老人提供帮助，为他们争取各方面的资金，改善其生活现状；三是为农村留守老人的生活照料提供服务，包括机构照料和社区照料；四是协助农村留守老人缓解心理压力，为其提供各种社会服务，减少精神上的孤独感。

（二）农村留守老人社会工作的模式

1. 农村留守老人社会工作的主要原则

第一，尊重并接纳农村留守老人。社会工作者在开展工作之前首先要消除对农村留守老人的社会化歧视，尊重他们并相信他们有自我改变的潜能。

第二，和农村留守老人建立信赖关系。社会工作者要努力取得农村留守老人的信任，这是社会工作得以进行下去的保证。这种信赖感能够促使农村留守老人更愿意说出他们的真实想法，从而帮助社会工作者更顺利地开展下一步工作。

第三，对农村留守老人要有耐心，并给予鼓励。有些老年人说话会比较慢，或者会重复说相同的话，因而社会工作者需要有足够的耐心来了解老年人的想法。此外，老年人的很多观念都已经固化，在试图改变其某些想法时更需要有足够的耐心来说服他们。除了要有耐心，社会工作者还要对老年人的改变给予真诚的鼓励和称赞，以增强其自我改善的信心。

第四，鼓励农村留守老人自己作决定。社会工作强调案主自决，社会工作者在引导农村留守老人改变现状时要充分尊重他们的决定，相信他们有能力作出决定，并鼓励他们积极参与到整个社会工作过程中。

2. 农村留守老人社会工作的模式

第一，在微观层面上，以农村留守老人自身及其家庭为服务对象，以个别化的方式为有困难的农村留守老人提供物质方面和心理方面的支持与服务。社会工作者可以为在生活方面有困难的农村留守老人争取资金，为有心理压力和感到孤独的老人提供心理辅导。同时，还可以组建农村留守老人志愿者队伍，引导农村留守老人相互之间进行帮助,在服务他人的同时也使农村留守老人个人获得成就感,增加他们改变现状的信心。

社会工作者还可以将农村留守老人的家庭作为服务对象,通过社会工作介入,让子女知道和谐的家庭生活和来自子女的精神慰藉对改善留守老人生活质量的重要性,不断增强子女的养老意识,并引导子女和留守老人之间进行有效的沟通,使留守老人感受到更多的来自子女的关爱。当外出务工子女回家时,可以组织他们学习老年学的相关知识以及老年护理、疾病预防等知识,提高他们的养老能力。

第二,在中观层面上,农村留守老人社会工作要以农村社区为依托,在社区内对农村居民进行教育,弘扬"老吾老以及人之老"的传统,增强农村居民对留守老人的责任感,提高他们帮助农村留守老人的积极性,为农村留守老人问题的解决创造良好的社区氛围。

针对农村留守老人养老不足的问题,社会工作者可以引导社区采用社区照顾的模式,以此来弥补家庭养老功能的不足。具体来说,可以争取各方面的资金,兴办各种农村养老服务机构和设施,如老年福利院、敬老院、老年医疗康复中心和老年文化体育活动场所。另外,农村社区也可以支持成立老年人协会,加强留守老人和非留守老人之间的交流和沟通。

社会工作者还可以在社区中宣传《老年人权益法》,增强农村留守老人的维权意识。同时建立法律援助中心,帮助农村留守老人维护其合法权益。

第三,在宏观层面上,社会工作要以政府为构建主体,提高政府在农村留守老人问题上的参与度。呼吁政府建立以农村老人需求为导向的社会保障制度,加大对农村留守老人生活照料的关注,完善农村合作医疗和农村养老保障制度,有效缓解农村留守老人的医疗问题和生活照料问题。此外,政府还要逐步完善农村最低养老保障制度,将符合条件的农村留守老人纳入低保范围,维持农村留守老人的基本生活水平。

除了在物质上为农村留守老人提供帮助,制定相关的保障措施,地方政府还应该在政策层面积极倡导对留守老人的"精神赡养",在政策上引导农村居民从只注重物质层面的养老观念向物质和精神同等重要的养老观念转变。

三、社会工作介入农村留守老人的困境

农村留守老人社会工作面临着留守儿童和留守妇女共同面临的问题,如资金和专业人员的不足,同时,留守老人社会工作也有自身的困境。

第一,农村留守老人行动不便,观念保守。从农村留守老人自身来说,大部分老人年龄较大,体质较差,行动不太方便,这会在一定程度上影响留守老人社会工作的展开。此外,老年人的观念相对比较保守,并且很难改变,社会工作者试图改变其传统观念的努力(如改变农村留守老人传统的教育观念以提高其监护能力)很可能无法达到预期的效果。

由于社会工作在我国是一个新兴的职业,其社会的知晓度、认可度以及尊重度都处于较低水平,农村社区尤其是农村老人不仅对社会工作所知甚少,还会因思想观念保守而对社会工作者持有警惕和防备的心理,甚至可能直接拒绝接受服务。

第二,社会工作者生活经历和工作经验的限制。根据生命历程理论,老年人面临的问题往往与其一生的经历有关。农村留守老人几乎一辈子都是在农村度过的,因而对农村留守老人进行介入时不仅要了解其个人的人生经历,还要了解他们所生活的环境对他们的影响。只有这样才能更准确地理解他们的需求,从而制定出以农村留守老人的需求为导向的干预计划。当然,这对社会工作者也提出了更高的要求。高校培养出来的专业社会工作者缺乏相应的生活经历和工作经验,这在很大程度上会影响农村留守老人社工介入的效果。

复习思考题

1. 农村留守儿童社会工作的主要原则和主要内容是什么?
2. 社会工作介入农村留守儿童的主要方法有哪些?

3. 简述农村留守妇女社会工作的主要原则和主要内容。

4. 简述农村留守老人社会工作的主要原则和主要内容。

参考文献

1. 李丽娜、于晓宇、张书皓等:《农村留守妇女心理健康研究》,河北科学技术出版社 2017 年版。

2. 廖传景:《留守儿童安全感研究》,上海交通大学出版社 2016 年版。

3. 郭开元:《农村留守儿童权益保护研究报告》,中国农业出版社 2020 年版。

4. 梁昆、赵环、肖莉娜:《社会资本、抗逆力与农村留守儿童的发展状况研究》,华东理工大学出版社 2019 年版。

5. 仰和芝:《社会质量视角下农村留守老人社会工作服务体系构建研究》,江西人民出版社 2019 年版。

6. 刘敏岚:《中国农村"三留守"的现状与发展》,研究出版社 2018 年版。

7. 陈世海、詹海玉:《西部留守儿童:社会工作综合服务体系研究》,中央编译出版社 2017 年版。

8. 田丰、郑少雄:《留守儿童研究报告》,社会科学文献出版社 2018 年版。

第十章

农村灾害社会工作

灾害是农村社会发展中面临的一个重要问题。本章在介绍农村灾害问题基本特点的基础上,阐述了农村灾害社会工作的主要模式。

第一节 农村灾害问题概述

一、灾害的界定

（一）灾害的定义

灾害的概念界定是灾害研究的起点，也是社会工作介入灾害的基础。但是，灾害的定义与人们对灾害的认识紧密相关，而人类对灾害的认识是一个不断发展的过程。

灾害的界定归纳起来主要有以下四种观点。一是从破坏影响角度进行界定。如联合国减少灾害风险办公室（UNISDR）在《减轻灾害风险术语》中将灾害定义为："严重影响一个社区或社会的功能，对人员、物资、经济或环境造成较大损失，而且超出受影响的社区或社会能够动用自身资源的应对能力"。同时强调，"灾害影响包括生命丧失，伤病，以及其他对人的身体、精神和社会福利的负面影响，还包括财物的损坏，资产的损毁，服务功能丧失、社会、经济和环境的退化"[1]。二是从事件/现象/情形来界定。例如，美国灾害社会科学研究的先行者之一查尔斯·福瑞茨（Charles E. Fritz）指出，灾害是"一个具有时空特征的事件，对社会或社会其他分支造成威胁与实质损失，从而造成社会结构失序、社会成员基本生存支持系统的功能中断"[2]。这一定义体现了社会学"结构-功能"分析

---

[1] 联合国减少灾害风险办公室（UNISDR）：《联合国国际减灾战略减轻灾害风险术语》，2009。http://www.unisdr.org/we/inform/terminology.

[2] Charles E. Fritz, "Disaster", in R. K. Merton & R. A. Nisbet (eds.), *Contemporary Social Problems*, New York: Harcourt, 1961: 655.

的传统，也被认为是灾害定义的经典。三是从社会脆弱性/抗灾力的角度进行界定。例如，范宝俊认为，灾害是在相当广泛的范围内，人类、物质或环境超出社会自身资源应付能力的破坏与损失，并因此导致社会功能的严重毁坏[①]。四是从综合的视角进行界定。随着对灾害概念认识的日趋深入，灾害研究在灾种、学科、视角和方法上呈现越来越强的多元交叉发展的趋势。通过对既有灾害概念的梳理，学者们明确了灾害定义由危险源、关系链、结果三要素构成。学界正在寻找和构建一个"全景式"研究框架，以整合式灾害研究的理念总结人类对灾害的认知与研究。整合式灾害研究的理念强调全灾种、全程性、综合性、关联性以及全球与本地的结合。这不仅需要从物理、生物、地理、科技的角度分析灾害的自然属性，还需要从社会、经济、政治的视角分析灾害的社会属性。但这样一个"全景式"研究框架的构建还在进行中，目前还没有发展出具有一般性特征的理论视角，因而也没有一个获得共识性的综合性的灾害定义[②]。

考虑到灾害本身的复杂性，兼之农村灾害发生的特点，本章的灾害主要指自然灾害，如水灾、旱灾、地震等。由此，农村灾害是指发生在农村区域内给农村经济、社会发展及农村居民人身安全带来严重威胁和损害的一种自然现象或社会事件。

（二）相关概念

灾害的内涵非常丰富，要准确地理解其含义，必须了解其与相关概念的区别与联系。

1. 灾害与灾难

最容易与灾害相混淆的概念是灾难。在词源与词义上，灾害与灾难具有细微的差异。在英语中，灾害对应的词是"disaster"，灾难对应的词则有"disaster""calamity"和"catastrophe"。在中文语境中，灾害侧重事物本身具有一定的危害性，灾难则更强调事物对

[①] 范宝俊：《中国自然灾害与灾害管理》，黑龙江教育出版社1998年版，第1页。
[②] 陶鹏、童星：《灾害概念的再认识——兼论灾害社会科学研究流派及整合趋势》，《浙江大学学报（人文社会科学版）》2012年第2期。

人类生活的负面影响严重到超出人类的应付能力。从外延来看，灾害的外延大于灾难。因此，只有对人类社会危害程度非常严重的灾害才称为灾难。

2. 灾害与风险

风险强调某种损失发生的可能性，灾害则强调某种损失发生的后果。因此，风险是某种损失的可能性，而灾害本质上是损失的结果。两者的相同之处在于，都可能给人类与人类社会带来威胁或损害，但本质的差异在于灾害已经成为现实，而风险带来的影响还有可能转化为积极的机会和机遇。

3. 灾害与突发事件

在现实生活中，一个事件或者现象常常既是突发事件，也是灾害。突发事件通常指未曾或难以预料而发生的不平常事件，是一个中性词。只是由于一些突发事件也是灾难，如地震、泥石流、海啸等，因此，突发事件与灾难之间存在着交叉重叠。《突发事件应对法》（2007）指出，突发事件是"突然发生，造成或者可能造成严重社会危害，需要采取应急处置措施予以应对的自然灾害、事故灾难、公共卫生事件和社会安全事件"。灾害与突发事件之间的主要区别在于：灾害的基本特征是破坏性，而突发事件不一定会造成损害；突发事件的基本特征是突发性，而灾害不一定是突发的，它既有突发性灾害，也有缓变性灾害。

（三）灾害的特征

1. 自然与社会双重属性

灾害具有自然与社会双重属性，前者指灾害对客观世界的影响程度，通常可用实物指标表示，称为受灾程度；后者指灾害对人类社会生活尤其是社会经济活动的影响程度，可用价值或货币指标表示，称为成灾程度。灾害从其灾变到成灾，是自然变异作用于人类社会的"自然—社会—人"的过程。自然是大环境场域，社会是宏观范畴，人是微观范畴。

2. 有害性/破坏性

有害性是灾害首要的、不言而喻的特征。无害，就无所谓灾害。灾害的有害性，使人类生命、财产遭到巨大损失。

3. 连锁性

高等级、强度大的灾害发生后，常常会诱发一连串的次生灾害、衍生灾害，这就是灾害的连锁性或者连发性。相继发生的一连串的灾害则称为灾害链。

值得注意的是，灾害尽管具有破坏作用，但其与人类文明的发展之间具有辩证的关系，灾害也具有正功能，对于促进人类社会的发展，灾害具有能力激活、沟通和醒世的作用。我们在看到灾害的负面影响的同时，在灾害救援以及恢复重建的阶段中还要倡导化害为利的正面灾害价值导向，秉承一种积极的灾害观念对于我们在灾害实施救助中有重要意义[①]。

二、农村灾害问题

我国是一个多灾的农业大国。频繁发生的农村灾害严重影响了农业增产、农民增收和农村社会稳定发展。

（一）农村自然灾害的基本特征

农村自然灾害的基本特征主要体现在以下四个方面：

第一，危害面积逐步扩大。受全球环境、气候变化的影响，加之一些地区的水利设施毁损，据统计，近20年来我国干旱灾害在南方连续大面积出现，即使是水资源丰富的两湖地区也屡次遭受旱灾的袭击。而作为主要灾种的水灾，在三峡工程等一系列的水利设施的作用下，总体上灾害程度有所减轻，但危害面积依然在上升。

第二，灾害发生周期逐渐缩短。从旱灾来看，中国历史上是三年一旱，20世纪60—80年代基本上是三年两旱，现在变成了无年不旱、一年多旱。在水灾方面，历史上年均1—2次，现在年均达50

---

① 张和清、古学斌、杨锡聪：《中国灾后社区重建的结构性困境及其出路思考——以绿耕灾害社会工作实践为例》，《新西部》2018年第13期。

多次，每年洪涝面积高达几十万平方公里。

第三，灾害后果依然严重。据应急管理部发布的数据，仅2020年，全国各种自然灾害共造成1.38亿人次受灾，591人因灾死亡或失踪，589.1万人次紧急转移安置；10万间房屋倒塌，30.3万间严重损坏，145.7万间一般损坏；农作物受灾面积19 957.7千公顷，其中，绝收2 706.1千公顷；直接经济损失高达3 701.5亿元。我国属于自然灾害频繁的国家，干旱、洪涝、地震、台风、滑坡、泥石流、冰雹、霜冻、风沙等各类自然灾害对农村的生产、生活造成了严重的损害，不仅直接影响着受灾地区的发展，而且对国家发展的全局产生重大影响。

第四，人为型自然灾害剧增。近30年来，一些地方以牺牲环境为代价追求经济增长，其直接后果就是各种人为型自然灾害急剧增加。工业粉尘和废气排放所致的大气污染使中国深受酸雨影响。城市化、工业化的发展对江河湖库及地下水资源的污染更是触目惊心。而由于环境的破坏，病虫草鼠害也在不断加剧。

（二）农村自然灾害的影响

自然灾害一旦发生，就不可避免地对农业、农村和农民产生影响。具体来看，主要表现在以下六个方面：

第一，影响受灾农户的生产、生活。灾害特别是巨灾对农村地区的民房损毁严重，家庭财产流失，甚至影响饮水、吃穿等基本生存问题。灾害对家庭生产、生活条件破坏严重，导致不少人背井离乡、外出务工。另外，一些地方生存环境遭到严重破坏，需要异地新建村镇，选址以及人员永久性转移安置难度很大。灾害的毁灭性打击，使得受灾群众特别是失去亲人和身体致残人群的心理受到严重创伤，恢复也需要较长的过程。

第二，破坏农村的基础设施和服务设施。农村地区基础设施以及服务设施（如教育、卫生等系统）的建设基础较差，在灾害过程中常常会受到较严重的破坏。同时，由于农村地区财政困难以及恢复重建资金不足，使得其基础设施和服务设施的恢复重建困难大、周期长。这样，社会服务系统总体功能下降，进一步使得居民生活质量降低，区域生产能力降低，使得灾区社会经济的全面恢复需要较长的时间。

第三，导致贫困和返贫。由于人口众多、经济欠发达、区域经济发展不平衡，广大农村尤其是中西部地区的农村承受和防御灾害的能力较差，自然灾害的频繁发生成为中国部分地区发展相对滞后、农村人口贫困和返贫的重要原因。

第四，破坏地方政府的管理机构和机制。一方面，灾区地方政府机构及其工作人员可能受到自然灾害的严重影响。另一方面，也更为重要的是，灾区遭到严重破坏后，其社会秩序、社会规范、管理机制需要重构，政府的工作难度很大。由于经常遭受灾害，部分地区靠政府救济生活，逐渐丧失了自力更生的能力，经济畸形发展，地方政府和群众将上级政府救济和扶贫款作为生活依靠，不注重自身发展和防灾减灾能力建设。

第五，加剧农村社会问题。部分农村地区灾害的频繁发生，在一定程度上加重了农村地区的社会问题。例如，农村受灾人口增加，对青少年成长、社会稳定发展都带来了不良影响和隐患。

第六，灾害对生态环境、物质文化遗产和非物质文化遗产造成严重影响。灾害使得受灾地区特别是农村地区的生态环境遭到严重破坏、森林损毁，野生动物栖息地破碎或丧失，造成生态环境退化，反过来加剧了灾害风险水平。严重的灾害（如大地震）可能会对众多的物质文化遗产和非物质文化遗产造成毁灭性的破坏，其恢复与保护需要特别重视。

（三）农村减灾存在的主要问题

1. 农村的开发建设和经济发展缺少规划

由于欠缺规划，这不仅加重了自然灾害以及对生态环境的破坏，也没有把防灾减灾纳入可持续发展议程中。我国改革开放后的经济发展，在21世纪以前基本上是以粗放型经济发展为主。片面地追求增长速度和建设规模，忽视可持续发展问题，产业技术水平较低，能源和资源消耗大，对生态环境的副作用明显。自然灾害严重地区的生态和环境系统调节能力更为脆弱，一旦遭受破坏，很难在短时间内得到恢复，甚至无法恢复。

2. 防灾减灾资金不足且城乡分配不均

目前，国家的财政在救灾救助上投入经费较多，但预防资金较少。在财力不足的情况下，农村在有限的资金投向上占到的份额更少。防灾减灾资金不足且城乡分配不均，削弱了农村抵抗自然灾害的能力。

3. 缺少有效的防灾减灾管理机制和管理人才

农村地区的一些特殊性，使得农村公共管理工作相对薄弱。同时，经济发展滞后也使农村社区建设缺乏有效管理。对救灾而言，农村社区既是灾害防御的主体，也是防灾措施落实的基础。农村社区管理涣散，限制了综合防灾和自救互救能力的提高，也使得国家的防灾政策无法得到较好地落实。

4. 农村地区基础设施建设水平差

我国农村经济相对较落后，居民房屋在设计、建筑等方面存在许多问题，房屋抗震性能与城市房屋相差悬殊。而房屋倒塌往往是地震造成人员伤亡、财产损失的最主要因素。统计表明，在地震灾害中，因房屋破坏造成的经济损失是最主要的部分。同时，交通、水电、通信等基础设施以及教育、卫生的服务设施水平普遍较差，严重影响农村地区灾害的防抗救能力。

5. 农民防灾减灾意识薄弱，抵御自然灾害的能力偏弱

农村地区大多交通不便，经济发展水平和速度相比城市地区低，特别是西部农村地区，相比城市地区和相对发达地区，农民自身抵御自然灾害的能力整体较弱。同时，农村地区救援难度相对较大，农村居民的保险覆盖面大大低于城市居民，也使他们承受风险的能力严重不足。农村居民的防灾减灾意识十分薄弱，自我保护和救助能力较差。虽然我国自然灾害频繁发生，但对农村居民的风险防范意识教育远远不够，大多数农村居民缺乏必要的防灾救灾常识，往往造成不必要的伤亡和财产损失。

事实上，在农村内部，也会存在一些救助物资分配不公的现象。在灾害发生时，一些地方和群体在短期内获得大量的救灾物资，一些地方和群体（常常是偏僻的地方和弱势的群体）却难以获得必要的救灾物资。因此，社会工作要协助灾民获取社会救助资源并减少资源分配不公现象。

第二节 农村灾害社会工作及其内容

一、灾害社会工作及其发展

(一)灾害社会工作的定义

学界对于针对灾害领域的社会工作服务的命名并不统一,有的称之为灾难社会工作,有的称之为灾变社会工作,也有一些使用了灾后社会工作、救灾社会工作,此外,还有减灾救灾社会工作、灾后恢复重建社会工作、应急救援社会工作、防灾减灾社会工作等。从发展来看,灾害社会工作的使用更为广泛,2013年,民政部发布的《关于加快推进灾害社会工作服务的指导意见》(民发〔2013〕214号)也使用了灾害社会工作的概念,并将灾害社会工作定义为:以受灾群众、家庭和社区为服务对象,运用社会工作专业方法,帮助受灾对象修复受损关系、提升发展能力、增强社会功能、走出生活困境的专业服务,是社会工作服务的重要组成部分。

值得注意的是,灾害社会工作并非受灾者/人群社会工作,也不是灾害救助社会工作,而是要展现社会工作致力于从社会层面较为整体地关注、处理灾害议题,寻求更深刻及综合性干预的专业魅力。社会工作专业性中最核心的内涵即为其社会性,以及诸如优势视角等蕴含着发展性意味的内容。灾害社会工作的概念能较好地容纳这些含义,其他的某些概念则在这方面表现不足。相比而言,"灾难"一词通常意味着后果非常严重,有消极意蕴;"灾变"则将各类危机干预的范围变得过于宽泛[①]。

---

① 陈涛:《灾害社会工作的概念厘清》,《中国社会工作》2018年第16期。

据此，灾害社会工作是指社会组织与专业的社会工作者运用科学有效的专业知识和实务方法，对遭受自然灾害的个人、家庭、社区提供支持与服务，帮助他们脱离危险，恢复健康的身心状态，同时在宏观上通过社会倡导，促进社会结构的调整和优化，促进人与社会的和谐发展[①]。

（二）灾害社会工作的发展历程

中国灾害社会工作起步较晚，自2008年四川汶川地震后，逐渐从"边做边学、摸着石头过河"向专业性转变。依据学者们的划分，中国灾害社会工作发展大致可分为三个阶段：第一阶段是萌芽期（1987—2008年），北京大学试办社会工作与管理专业标志着其在中国重新恢复，但直到四川汶川地震前，仅有少量的服务与研究，影响范围比较窄小。第二阶段是正式形成与快速发展期（2008—2014年），在汶川大地震中，灾害社会工作人员第一次以专业力量投入灾害救助中，民政部在《关于加强救灾应急体系建设的指导意见》中提出，要将社会工作纳入中国救灾应急体系中，为其快速发展创造了有利条件。第三阶段是推进期（2014年至今），在2014年鲁甸地震中，民政部统筹组建了中国首个灾区社会工作支援团参与灾害服务，开启了灾害社会工作在制度层面的新探索，在一定程度上改变了其合法性身份缺乏的困境，标志着中国灾害社会工作的发展进入推进期[②]。

近年来，在社会工作者的积极推动下，中国灾害社会工作发展体现出一些新特点。

第一，在发展之初，由于受人、财、物等因素限制，灾害社会工作服务对象范围较窄，主要以受灾个体与社区为主。随着灾害社会工作的不断发展，服务对象也日益多元：从受灾民众扩展到一般公众、从受灾个体与家庭延伸到受灾风险较高的个体与家庭、从

---

① 杨君、何茜：《中国灾害社会工作研究述评：理论、方法、议题与启示》，《云南大学学报（社会科学版）》2020年第4期。
② 周利敏、谭妙萍：《基于中国问题的灾害社会工作研究》，《云南大学学报（社会科学版）》2021年第1期。

狭义灾民延伸到广义灾民及个体—组织—社区—社会的全覆盖，同时，在原有关怀儿童、青少年、妇女与老年人等传统弱势群体基础上延伸到关注武警、医生与志愿者等救灾群体。

第二，灾害社会工作具有不同的服务阶段，如典型的四阶段论（准备阶段、影响阶段、幻灭阶段和重建阶段），社会工作者在不同阶段的参与模式也有很大差异。社会工作实践涉及评估、干预、必要的治疗等，社会工作者需要将这些服务带入灾害领域，建构立体化的服务模式，才能满足全灾害与全生命的服务需求。同时，社会工作者利用互联网、大数据与其他现代科技，探索出"线上+线下"的服务模式。

第三，灾害社会工作从传统心理辅导与生活重建等层面向"生理—心理—社会—文化"综合性与专业性服务介入，灾害心理干预也不再局限于个体创伤应激障碍（PTSD）介入，逐渐重视历史记忆与文化因素，尝试修复与重构灾区社会记忆与唤醒集体意识，进而帮助灾民走出短期与长期的心理阴影。

第四，根据灾害发生的特点、类型与规模等，灾害社会工作服务周期逐渐从紧急救难、灾后应变与重建恢复经典三阶段向防灾备灾、紧急救助、过渡安置与恢复重建四阶段转变，最近更是主张进一步加入后灾害学习的五阶段模型。与此相适应，围绕灾区生计发展、心理干预与社区恢复等服务内容逐渐形成了紧急救援社会工作、灾害心理社会工作、灾害医疗社会工作、安置点社会工作、灾后生活社会工作、灾后就业社会工作、灾后文化娱乐、灾后重建及灾区志愿者服务等多领域。同时，在每一个服务领域进行了更为细致的划分，如安置点社会工作细分为临时安置点、过渡安置点与重建安置点社会工作灾难社会工作服务内容发展趋势如图10-1所示。

（三）灾害社会工作中社会工作者的角色与功能

依据周利敏、谭妙萍的梳理，社会工作者在灾害服务中主要扮演民间组织者、"使能者"与心理支持者等角色，在宏观、中观、微观三个层面发挥了不同的功能。具体如图10-2所示。

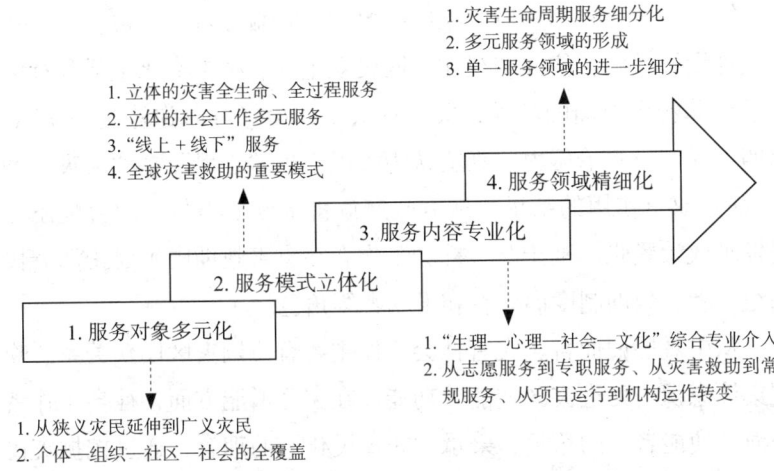

图 10-1 灾害社会工作服务内容的发展趋势①

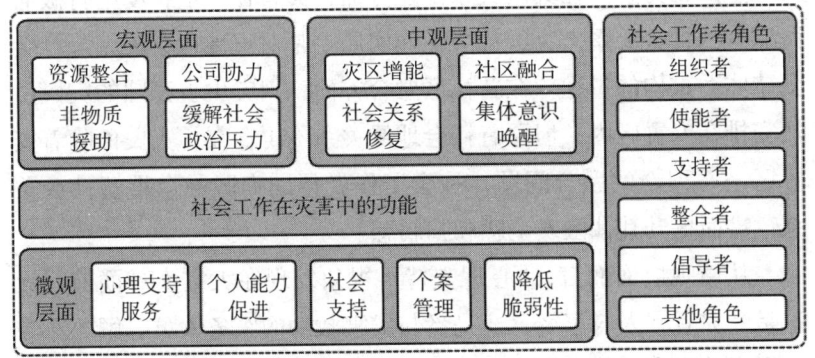

图 10-2 灾害社会工作中社会工作者的角色②

从宏观层面来看，灾害社会工作的功能主要体现为四个方面：第一，"资源-功能"维度认为灾害社会工作者秉承助人自助的核心价值理念，为灾害服务提供资源整合与维持秩序等独特功能。第二，"公私-协力"维度强调在灾害救助过程中，政府、市场及非营利组织都有失灵的可能，通过建立"公私-协力机制"这一复合型社会工作模式协调公私双方互动关系，从而发挥整合性灾害救助功

---

① 周利敏、谭妙萍：《基于中国问题的灾害社会工作研究》，《云南大学学报（社会科学版）》2021年第1期。

② 同上。

能。第三,"物质-非物质"维度指出中国式救灾过于重视资本投资和硬件设施救助,往往忽视在灾区民众生计、精神文化生活和社区关系等非物质层面的救助,灾害社会工作恰好可以弥补这一缺陷。第四,"社会-政治压力"维度认为灾民心理"恐惧"是"天灾"和"人祸"双重作用的结果,地方政府危机干预不当与资源分配不公引发了政治紧张。基于此,社会工作者在灾害救助中主要扮演着民间组织者、救助制度倡导者和推动者等角色。

从中观层面而言,灾害社会工作主要有协调灾区民众关系、唤醒集体意识与促进灾区增能等功能。在灾区增能方面,社会工作者扮演"使能者"的角色,秉承"非灾民化"的理念,通过挖掘灾民的潜能、设计和开展灾区生产自救与民主参与等措施,减少污名化而产生的无力感。在灾区关系修复方面,灾害在一定程度上打破居民原有的社会关系,灾害社会工作实质上是对灾区社会关系与社会支持体系重构的过程。在新社区融合方面,因灾失去家园的灾民虽然安排在安置区内,但原有社会地缘关系不再存在,灾民面临着安置区一系列新的融合问题,社会工作者帮助灾区民众重塑社会关系,进而提升其社区安全感和归属感。

从微观层面而言,"心理支持"视角发现在大灾大难面前,无论是受灾者本人与家属,还是参与灾害救助的医务人员、解放军与志愿者等都有可能出现不同程度的心理应激反应,通过运用微观服务手法(如个案管理),社会工作者能敏锐察觉他们受伤害的心理状况并给予个别化服务。"能力促进"视角认为灾害在一定程度上是人们面对环境威胁及突发事件时的脆弱性表现,灾民恢复能力、适应能力与学习能力等都影响其脆弱性水平,社会工作者通过提升灾民这些方面的能力,可以增强其应对灾害的韧性。"社会支持"视角强调灾害不仅使人们的生命财产受到威胁,而且还导致民众的社会关系断裂,社会工作者扮演着服务提供者与资源链接者的角色,通过链接正式与非正式社会支持,改善灾民社会网络。

综上所述,在灾害服务中,社会工作者需要扮演危机干预、组织者、志愿者、分发物资、分配补偿金、处理死亡和丧葬安排、需求调查、确定弱势群体及寻找住房等角色，为防治灾害作准备是社会工作者的另一个重要角色，通过强调社区协作和社会网络协调制定灾前综合预防计划。社会工作者在灾害中最重要的功能是减少个人和社区的脆弱性水平。在灾害的每一个阶段，都可以通过专业服务帮助个人与社区降低脆弱性。

二、农村灾害社会工作的主要内容

综合国内外灾害社会工作的发展，依据灾害的发展阶段，灾害社会工作的服务内容主要包括以下四个方面。

（一）日常预防阶段的工作内容

灾难具有突发性的特征，所以灾难发生的间隔时期，是社会工作者组织灾难救援培训、在大众之中树立防灾减灾意识的时期。这一阶段作为日常准备阶段，主要的工作内容可以归结为如下几方面：① 培训教育工作。主要包括：一是为居民提供防灾减灾知识宣传服务；二是为居民提供风险识别、自救互救技能培训服务，特别是在中小学校、企业等；三是为居民提供救灾应急演练服务。② 灾害预防服务。主要包括：一是评估社区灾害风险，协助相关组织开展公共空间灾害隐患点的排查和治理；二是开展预防长期性危机的教育活动，包括重视强化建筑物、隐患紧急处理等内容；三是协助灾害高发社区居民编制灾害风险隐患分布图，协助制订防灾、减灾、救灾应急预案，培育社区应急救援队伍。③ 咨询服务。主要包括：一是为服务对象提供政策咨询、法律咨询等服务；二是为服务对象提供安置点、医疗资源、殡葬服务、经济援助、证件办理、资源链接等信息咨询服务；三是为服务对象提供灾后重建相关内容咨询与资讯传播服务，包括生活扶助、房屋重建、失物查询与挂失等。④ 政策倡导。主要是研究、分析灾害救助相关的法律、法规及政策在制定和执行中的不完善与不合理之处，向相关职能部门提出政策完善建议。

其中，对普通大众和政府相关工作人员开展的培训工作是此阶段工作的重点。就培训的形式而言，从长期来看，社会工作要"嵌入"已有的灾后救助体系中，灾难救助领域的社会工作培训要与岗位结合起来，要根据灾难救助工作的岗位需要进行岗前培训、在职培训、职外培训三种。岗前培训是对将要从事灾难救助社会工作服务的人员进行的培训，根据将要介入服务工作的具体情况和特点，有针对性地提供培训。在职培训是指工作人员在职期间，参加本单位组织的相关培训活动。社会工作对于传统的灾后救助来讲，是一种新的工作模式和服务方式，但这种新的工作模式和服务方式不是要完全推翻原有的工作方式，而是使原有的工作专业化。通过在职培训，将原有的工作与社会工作结合起来。职外培训是指工作人员离开原有的工作环境，参加其他组织举办的会议、研讨会、培训课程或其他培训活动等。社会工作培训的目的是提升工作人员的能力和素质，并将培训内容运用到工作中，最终使灾区群众受益。

（二）紧急救援阶段的工作内容

灾难由于其巨大的破坏性，往往会造成大量人员伤亡，所以，在灾难发生后的 72 小时成为紧急救援的关键阶段。在紧急救援阶段，一般受灾地区所面临的状况是：一方面，灾区各方面的需求巨大；另一方面，灾区交通与通讯中断，行政指挥系统失灵，灾区状况混乱无序。该阶段，社会工作者主要是配合成立救灾服务中心，开展物资和人力的支持以及救灾物资的管理，并向灾难幸存者提供食物、御寒衣物等生活必需品，同时协助专业医疗救护人员向灾难幸存者以及受伤人员提供医疗服务，发放慰问金以及抚慰生还人员，协助政府及相关人员进行逝者的后事工作。

紧急救援阶段，社会工作的介入主要包括以下内容：① 危机干预。主要包括两个方面：一方面，社会工作者要识别并评估服务对象所面临的危机，包括危机的来源、危害程度、服务对象应对危机的能力、以往应对方式及效果等；同时，统筹制定危机干预计划，包括需要干预的问题或行为、可采用的策略、可获得的社会支持、危机介入小组的建立及分工、应急演练、信息沟通等。在此基础上，社会工作者应根据问题的迫切程度提供服务，优先处理自杀、伤及他人等可能危及生命安全的行为问题，必要时，需协调其他专业力量，对服务对象进行身体约束或其他限制行为。另一方面，社会工作者应协调相关专业人士为有需要的受灾群体开展相应生理或心理创伤后初步症状（如创伤后应激障碍 PTSD、自杀预防等）筛查等工作。此外，社会工作者还要进行危机干预的善后工作，包括对服务对象的回访、开展危机介入工作评估和小结、完善应急预案以预防同类危机的再发生等。② 舒缓服务。主要包括：一是为有需要的受灾群众及其家属提供哀伤辅导服务；二是密切关注受灾群众及其家属的情绪变化，提供相应的心理支持；三是开展生命教育，帮助受灾群众及其家属树立理性的生死观；四是协调、协助专业人士做好临终期受灾群众的生活照料和痛症管理；五是协助受灾群众完成未了心愿及订立遗嘱、器官捐献、遗体捐赠等法律事务；六是协助受灾群众与亲友和解及告别等事宜。③ 安置服务。主要包括：一是为临时安置点的受灾群众、家庭提供走访、陪伴、关怀等服务；二是为临时安置点有需求的受灾群众及其家属提供转介服务；三是协调、协助相关专业人士或组织，为受灾群众、家庭提供在临时安置点的适应性服务，为其营造关爱氛围，提升互帮互助能力；四是协调相关组织为安置点的受灾群众、家庭开展交通疏导、疾病防控等服务。④ 志愿者服务。主要包括：一是提供灾害志愿者招募、组织管理、能力建设等服务；二是引导灾害志愿者明确职责、权利以及义务；三是引导灾害志愿者明确工作目标、任务、内容、流程；四是引导灾害志愿者有序开展服务。

（三）过渡安置阶段的工作内容

过渡安置阶段是受灾群众从"救命"到"安身"的过渡阶段。在经历了灾难发生之后的黄金救援期，灾区进入过渡安置阶段。一般而言，灾难发生后的三周内是紧急救援的黄金阶段，也是民间组织大量进入灾区的时期。随着大规模搜救幸存者工作的结束，也宣告紧急救援阶段的终止，工作重点立即转向过渡安置阶段。过渡安置阶段最显著的特征就是：灾区已经走出紧急救援阶段的混乱局面，各职能部门的工作基本上恢复正常状态。同时伴随着过渡安置房的建设完成和基础设施的逐步恢复，灾民的生活秩序逐渐恢复。过渡安置房作为救灾阶段最主要的救灾减灾资源，可随意拆装、便于运输、移动方便，适应性广。过渡安置房包括临时帐篷、钢架棚房、活动板房和租用住房四种类型。

此阶段的社会工作者主要扮演资源获取者的角色，主要负责登记灾民家庭的受灾情况和财产损失情况，并根据这些基本的信息配合灾区已经恢复的房管、建设、民政、公安等部门和各级管委会等管理机构进行过渡安置资源的申请、审核、配给以及退出管理工作。此外，还要进一步开展救灾物资、资金的募集工作。

（四）恢复重建阶段的工作内容

<u>灾后重建涉及众多的领域，应科学规划、有序开展，其基本目标是实现灾后社区的可持续发展。</u>伴随着紧急救援工作和过渡安置工作进入尾声，灾后恢复重建工作随即展开。广义上的灾后恢复重建是指受灾地区自灾难发生到恢复正常生产生活状态、精神状态和社会秩序的系列活动。灾后恢复重建是灾难紧急救援完成之后灾区从无序状态转变到有序状态的必经过程，是灾区人民恢复正常生活和生产状态的必然步骤。该阶段的工作主要包括灾难善后救济、社会功能恢复、经济系统恢复、灾民生活恢复、灾民心理重建等。狭义的灾后恢复重建是灾区物质上的重建，包括应急阶段、可修复的工程与设施的恢复和毁坏工程的重建。

灾后重建与灾后救援工作不同。紧急救援工作事件突出、目标单一，需要立即调集大量的人力物力，凝聚各方力量进行统一调度，因此，许多工作要采取指令、命令等方式展开。而灾后重建情况复杂，不同的个人、不同的利益群体存在着不同的诉求，重建工作因地域不同而各具特点，需要平衡和协调各方关系，不能简单重复；灾后重建不只是建楼修路，而是要重建生产生活秩序，使灾区实现正常的可持续发展，持续时间更长、范围更广。

恢复重建阶段社会工作介入的内容通常包括：一是评估以受灾社区为主要载体的居住、生活、就学、就业、就医、产业及文化传承等方面需求，推动受灾群众与相关机构共同制定社区规划与重建计划；二是培育受灾社区的社会组织与人才，提升灾区解决问题的能力，健全社区服务机制，提升社区服务能力，完善社区功能；三是提供受灾儿童抗逆成长关爱以及恢复学业服务，如心理辅导或转介、学业辅导托管等；四是协助受灾社区重建受灾老年人的社会照顾体系，构建物质保障与服务保障、精神慰藉与生活照料相结合的老年人服务机制；五是协助受灾社区重建因灾致残人群的社区康复体系，重构社会支持网络，推动实现生理康复、心理康复、职业康复与社会康复；六是提供救灾人员减压服务。

第三节 农村灾害社会工作的模式与技巧

一、中国灾害社会工作的理论视角与实践模式

中国灾害社会工作的研究是与实务紧密联系在一起的，因而形成的理论和实践模式与灾害事件之间存在着紧密的关系。由表 10-1 可见，学界主要从系统视角、社区为本视角、优势视角、"嵌入"视角、关系视角等方面探讨社会工作如何有效参与灾害救援服务工作。

表 10-1　中国灾害社会工作研究的理论视角、核心观点和关键事件①

理论视角	核心观点	关键事件
系统视角	强调个人所在环境和周围资源对个人成长的影响	"5·12"汶川地震
社区为本视角	以社区作为切入点，连接社区内外资源整合，促进社区发展	云南鲁甸地震、上海静安火灾
优势视角	挖掘案主的内在优势，培养自主解决问题的能力	"5·12"汶川地震映秀镇
"嵌入"视角	加强政府与机构的合作，促进社会工作的发展	"5·12"汶川地震
关系视角	强调个人问题与社会关系的关联性，主张从社会关系中发现案主问题并解决问题	鲁甸地震后 H 社区关系重建

---

① 杨君、何茜:《中国灾害社会工作研究述评：理论、方法、议题与启示》,《云南大学学报（社会科学版）》2020 年第 4 期。

二、灾害的生态系统干预模式与技巧

(一) 灾害的生态系统干预模式

生态系统理论也称为社会生态系统理论，是将系统论、社会学和生态学紧密结合起来用以考察人类行为与社会环境交互关系的具有综融性的重要基础理论。该理论把人类成长于其中的社会环境（如家庭、机构、团体、社区等）看作一种社会性的生态系统，强调生态环境（人的生存系统）对于分析和理解人类行为的重要性，注重人与环境间各系统的相互作用及其对人类行为的重大影响。该理论强调把人放在环境系统中加以考察，注意描述人的生态系统如何同人相互作用并影响人的行为，揭示了家庭、社会系统对于个人成长的重要影响。

以社会生态系统视角介入实务过程，可以分为初期、中期及结束三阶段，评估内容包括澄清主客观的事实，并在持续接受进一步的咨询和反映案主期望时建立欲测试的假设。实务过程是综融性的，可以使用不同的社会工作方法和技巧，干预的系统层次也是多样的，其目的都在于增强人们适应人际和外界环境的能力，改善彼此之间的互动，同时强调案主的个人能力、自我引导和行动。帕德克（Pardeck）在上述研究的基础上，运用社区心理卫生的生态系统架构，将社会生态系统取向的介入过程细分为七个步骤，以此为蓝本，严梽建构了社会生态系统视角下的灾害社会工作介入模式[1]。

(二) 灾害的生态系统干预模式的基本技巧

1. 进入系统

社会工作者通过与案主及相关人员会谈，收集案主所处各层系统的资料，评估案主的所有重要关系，来寻找案主与其环境不调和的来源，以及案主与环境各自存在的优势，从而找出进入案主系统

---

[1] 严梽：《社会生态系统视角下的灾害社会工作介入模式探索》，载陈秋燕：《灾难与援助：地震灾区社会工作与心理服务的实践研究》，民族出版社 2013 年版，第 114—123 页。

的入口。

与社会工作其他实务领域的服务对象相比,灾害社会工作的服务对象更具有可及性和自愿性,在以汶川地震为代表的自然灾害发生后,在包括紧急救援、过渡安置、灾后重建在内的三个援助阶段中,灾区居民集中居住于同一地理空间,由政府与民间团体统一提供满足其不同需求的服务。自然灾害打破了原有的社会空间区隔,使居民的社会经济状态趋同,所以,此时的案主系统是相对易识别、易评估的,也是较易接近的。

2. 绘制生态图

社会工作者进入案主的生活世界后,通过访谈和使用评估工具等方法分析案主所在的多重系统并绘制成图,从而掌握案主生态系统的结构、能量流动的方向和关系的强弱。生态图以案主系统中的人物和事件为中心,这里的事件指案主与其系统互动中具有代表性的事件和内容,人物则为对案主或事件具有重大意义的个人或人际关系。

灾害可能导致案主旧有生态系统的破坏和重构,绘制生态图时,社会工作者应当敏锐地感知生态系统结构的变化以及变化方向,对丧失的系统(如微观系统中重要他人的伤亡)以及新增的系统(如外观系统中新的社会服务机构)的状态和案主的评价与诠释,需要予以特别关注。

3. 评量生态

评量生态是社会工作实务介入模型的关键步骤,社会工作者要寻找案主生态系统中所经历的基本问题及主要优点,对利用生态图等工具获得资料进行分析,针对个人与环境的调和程度,制定介入目标、行动任务、工作方法及周期规划。

一方面,灾害社会工作评量应当涵盖案主的微观、中观、外观和宏观四重系统;另一方面,对生活模型的评量过程,既要询问案主个人的需求所在,也要评量案主需求的资源提供情况,以及需求与资源的失衡和障碍,从而制定联结个人与资源的行动策略。评量生态的过程应当包括收集资料、组织资料和诠释资料三个阶段。在此过程中需要遵循的原则是：第一，立基于案主与社会工作者间的相互理解；第二，评量的核心为理解个人与环境间的交流性质及调和程度；第三，建构事件模型以及分析框架；第四，评量是一个连续的过程。

4. 创造改变的观点

社会工作者在与案主共同分享所作评量之后，开始向案主建议其需要改变的生态系统，特别是要明确案主生态系统中最适合通过介入带来显著改善的生态系统层次，这时主要需体现社会生态系统结构及介入的优先顺序。

通过绘制生态图及评量生态，社会工作者与案主对个人所处四个层级的生态系统互动过程、程度和能量流动均有了清晰的认识，社会工作者也促使案主对压力源及压力状态进行反思，明确了人与环境的调和程度与个人生活状态及问题解决的关联性，所以，确定优先介入顺序为此阶段的重要任务。

突发性的自然灾害对个人的影响是多重的，个人生理、心理社会维度均会在短时间内形成较大改变，原有的因应问题的适应机制可能受到较大损失；而个人所处环境，包括微观系统、中观系统、外观系统与宏观系统都可能因为灾害事件转变为压力源。所以，社会工作者在这个阶段需要协助案主运用未受损的适应机制，并发展新的适应机制应对角色和社会期望，改变灾害带来的压力。这个阶段的介入是个人取向的。

5. 协调与沟通

这一阶段的介入，社会工作者要致力于沟通和协调案主的各个生态系统，动员环境支持，重建环境系统与案主的有效支持性互动。这个阶段的介入是环境取向的。从社会生态系统的视角看，改变的努力常常来自案主生态系统中的重要他人，社会工作者通过电话、家访及其他支持性行动来完成改变任务。

案主的微观生态系统往往是非正式支持系统，较为宏观的生态系统则包括正式支持系统和社会系统，虽然它们共同对案主的行为构成影响，但影响程度、广度是不尽相同的。灾难可能打破案主原

注意，外观系统与宏观系统不同。外观系统指个体并不直接参与的系统。比如，父母的工作环境会对子女的生活产生各种影响，但子女并没有直接参与到父母的工作环境中去。在此，父母的工作环境就是影响子女发展的外观系统。

有的密切联结的非正式支持系统,同时,案主可能无法获得与正式及社会支持系统联结的渠道,所以,具有支持性的生态系统重建是灾难社会工作介入实务过程的重要目标。社会工作者可能扮演的角色包括调解者、协调者、倡导者、组织者,需协助案主与重构的新系统配合,并且以理性互惠的方式来处理互动中的问题。

6. 再评量

社会工作介入是一个动态的过程,如果介入过程不顺利,未能达到目标,社会工作者应当进行再评量,重新找到进入案主系统的切入点,继续收集案主及其所在系统的资料,再次评量生态并制定介入策略。这一过程并非灾害社会工作独有的,而是在所有社会工作实务过程中都需要的。

7. 评估

社会工作介入是否有效,需要通过评估来确定,这是运用一系列结构式工具从案主的角度来评估介入行动的成效、评估社会生态系统的有效性及评量介入行动的连贯性的行为。当然,评估过程贯穿于灾害社会工作的始终,预防性的评估有助于提升介入成效。

在评估阶段,社会工作者可以协助案主再次绘制生态图、生态结构图和当前生活模型。通过与最初所绘图和模型进行比较,可以判断所采用的干预方法是否达到了改善案主个人与环境调适程度的目标,个人因应压力的能力是否增强,环境系统是否具有支持性,能量流动的方向与强度是否改善。

三、社区为本的灾害社会工作介入模式与技巧

(一)社区为本的灾害社会工作介入模式

这种模式将社区作为灾害社会工作的切入点,不再将社区作为被治理的对象,而是以社区为中心,注重社区内部复杂多元的精细化服务。社区作为个体的居住空间单位,个人与其所在的社区密不可分,通过社区社会工作,促进社区及其居民的灾害防范,可降低灾害的破坏性。因此,社区为本意味着社区不再被作为一种路径和

工作来解决问题，而是将社区作为具有多元关系的主体置于灾害社会工作服务的中心。社区为本的视角强调运用微观、宏观两种干预手段，根据社区内部的多元需求，提升社区的复原力，从而促进社区整合性发展。所以，社区为本的灾害社会工作不仅要向社区成员提供多元服务，还要进行社会倡导，追求自上而下的改变，将国家权力与社区自治结合起来，共同发挥作用。

据此，社区为本的模式在进行方案设计时，要求满足四个方面的目标：首先，以社区整体居民为灾区重建目标，通过社会工作者的介入，帮助灾区居民恢复正常的生活，使社区功能重新恢复运转，社区归属感和认同感得到提升。其次，社区服务应该以社区和社区居民为服务主体，通过一系列的服务活动，帮助社区居民进行心理重建，建立新的社会支持网络，恢复其正常的人际交往。同时，社会工作者要注重挖掘和培养社区领袖，社区领袖通过内外资源的结合，帮助社区摆脱困境。再次，社会工作者在服务上要采取整合的服务方案，在帮助个人发展的同时也促进家庭社区的发展，通过开展各类活动，加强社区以及社区居民对灾害预防知识的深入了解和学习。致力于通过挖掘和提升社区和社区居民的自我潜能，增强其社会参与、获取资源的能力，促进社区居民自我服务能力的提升。最后，社区为本的服务模式，应该注重居民和社区的参与，实行自下而上的决策方式，推动基层社区和政府之间的相互合作，共同参与[①]。

上海社工服务队在汶川地震灾后救援实践中探索形成了具有本土特色的灾害社会工作介入模式。具体来说，社区为本的灾害社会工作介入模式的基本特征如下：

第一，在服务理念上，确立了导向社区发展的灾害社会工作服务理念。

第二，在服务方案上，确立了社区为本的灾害社会工作服务

---

① 杨君、何茜：《中国灾害社会工作研究述评：理论、方法、议题与启示》，《云南大学学报（社会科学版）》2020年第4期。

方案。在具体方案的设计上，依照灾害发生和安置社区的不同发展阶段，形成了递进性的社会工作服务方案。第一批上海社工服务队主要以社区介入为重点，推进了以需求评估为依托的灾后创伤介入。第二批上海社工服务队主要以社区增能为重点，推进了以社区精英为支撑的社区增能服务。第三批上海社工服务队聚焦于从微观、中观、宏观的维度集中在心理与精神层面、人际关系层面、组织策划层面、社会与文化层面和发展性生计层面推进五大方面的社区重建。

第三，在服务方法与服务预期上，打破了对于个案工作、小组工作、社区工作三大方法的单一运用，而以服务内容和服务对象为依据进行方法的整合使用。进一步确定了以社区生活共同体为灾区重建模式的服务目标。以整个社区以及社区中的居民为服务对象，在不同层面针对不同服务对象展开干预活动。采取整合服务的行动策略，促进个体、家庭与社区的共同发展。同时，致力于通过导向社区发展的服务改变了自上而下的决策方式，建设去中心化的灾害治理网络。

第四，在服务项目开展上，上海社工服务队在为期三个多月的时间里通过一系列服务项目集中推进了四个层面的灾后社会重建，形成了从微观到宏观的服务序列：围绕个体与自我、个体与外部环境的关系重建，开展心理与精神层面的重建服务项目；围绕个体与他人的关系重建，开展人际关系层面的重建服务项目；围绕组织与成员、组织与组织的关系重建，开展组织层面的重建服务项目；围绕社区的过去与未来、内部环境与外部环境的关系重建，开展社会与文化层面的重建服务项目。与此同时，上海社工服务队还围绕社区未来的可持续发展以及安置区居民最关心的问题，开展了一系列发展性的生计重建服务[①]。

（二）社区为本灾害社会工作介入模式的技巧

通过以社区生活共同体为灾后重建模式的目标定位，灾害社

---

① 文军、吴越菲：《灾害社会工作的整合视角及其本土实践》，《中国社会工作》2018年第16期。

工作从聚焦于微观层面的矫治性干预逐步走向更为积极的社会资本重建。社区为本的灾害社会工作改变了自上而下的灾害救助方式，使政府、企业、居民、各类服务机构共同行动于减灾救灾之中，形成了多主体整合行动的格局。通过一系列社会工作增能服务，社区逐渐具备解决自身问题、开展自我服务的能力，这对于社区的可持续发展以及灾害抗逆力的提升意义重大。

灾害的复杂情境中，社会工作期待出现一种"调谐使命论述"——不在"微观-矫治"和"宏观-变革"中进行二元的选择和摇摆，而是在中观层面重新展开新的理论和实务建构。灾害社会工作的整合实践如何可能？它首先依赖于社区为本这一实践策略的确定。任何灾害的发生都坐落于特定的时空坐标，社区作为微观个人/家庭与宏观社会的中间环节，从而能够为灾害社会工作结合不同层面的干预取向提供理想的中观行动载体。其他国家和地区的灾害经验不断表明：拥有更多社会资本、能够链接更多社会资本的社区更倾向于拥有更多的社区复原力。易被忽视的是，灾害的影响嵌入地方性的内生社会网络和原有的社会文化意义之中。因此，社区为本的整合实践进一步依赖于在地方层面注重各种关系的重建。整合视角实践成为现实，可能更深层次地依赖于社会工作内部所发生的专业反思以及在理论和实践中的知识创新。在新近的社会工作理论研究中，对社会工作定义进行了重新廓清并采取了更为综合性的理解，试图打破和超越二元论，正在形成辩证性和融合性的理论阐释。社会工作实践越来越多地被认为是由价值、目的、认可、知识和方法组成的体系，没有任何一个单独的部分可以成为社会工作实践的特点，它的独特之处就在于它整体组合的方式。社会工作共同体不断努力的一个方向就是，致力于探索并建立一些普遍适用的实践框架，它们将理论知识、实践经验以及人类关系的知识融合在一起，使这一专业的知识基础变得日益宽厚。在社会工作的具体实践及其专业反思中，越来越多的社会工作者已经认识到在地方语境中整合专业理论、价值和实践的重要性，挑战社会工作专业服务中的分裂性和松散性成为社会工作实践的基本出发点。整合取向的社会工作服务探索以全方位的观点看待问题,着重考察案主问题中所包含的所有社会系统,同时运用多种方法的模式去协助案主及改变社会体系,由此挑战传统社会工作的方法分立之局。尽管仍然存在诸多理论和实践的争议,但令人欣喜的是,社会工作内部不同理论范式之间对话以及不同实务模式的联动正在成为现实[1]。

四、灾后管理的阶段模式与技巧

灾害管理的阶段模式将灾后的各项救灾和重建工作划分为不同的阶段,使得工作的开展更加具有针对性,能够提高灾害管理和应对危机的能力。灾害发生后,救援重建通常可以分为三个阶段,即紧急救援、过渡安置、灾后恢复与重建。具体来说,重大灾难发生后,重建工作的基本内容如下:

(一)第一阶段

自灾后紧急救援开始一个月内的临时安置阶段对于灾后重建至关重要。此阶段又可以分为三期:第一期是灾难发生后 72 小时以内。这一时期的工作目标主要是生命安全的维护。第二期是灾难发生第三天至第十天。这一时期也是所谓的"危机处理期",基本目标是预防进一步的伤害,尤其是那些仍待在灾区不肯离开的民众,要特别注意他们的安全问题。第三期是灾难发生后两个星期至一个月。这一时期是临时生活庇护及生活需求的评估期。此时期社会工作者要协助组织灾民活动,让他们参与救灾和重建以实现自助助人;与此同时,社会工作者要安抚灾民情绪,避免他们陷入过度的惊惶、愤怒或哀伤,帮他们维持安定的生活。

(二)第二阶段

这一阶段通常从灾后一个月到半年。此期间的相关工作可分为灾区的工作和一般社会的工作两种类型。

---

[1] 文军、吴越菲:《灾害社会工作的整合视角及其本土实践》,《中国社会工作》2018 年第 16 期。

从灾区的工作来看,一个很重要的内容是要建立临时住房,协助灾民迁入。社会工作者要让灾民知道政府抚恤的内容,了解他们可以到哪里寻求协助,让灾民感觉生活有保障。

一般社会的工作,主要针对社会大众开展,社会工作者要做的工作主要是民众的情绪重整、机会教育和复原力的复建等。

(三)第三阶段

第三阶段是一个中长期复建阶段,一般从灾后六个月到三年。此阶段,社会工作者的工作主要包括以下三个方面:

第一,家庭重建。灾民家庭重建应和一般家庭重建区分开来。灾民因家庭成员丧失,家庭结构随之改变,家庭关系常常也会因此产生隔阂,这些都需要用社会个案工作或小组工作的方法技巧进一步去关心和支持。至于一般家庭,因笼罩在重大灾难的阴影中,也可能出现不安、恐慌等情绪,这些负面情绪的处理及互动方式的重新调整,可以用社区工作、社区教育或观念倡导的方式处理。

第二,社区重建。灾后社区重建可借鉴"社区总体营造"的观点,具体来看,又可分为新建社区和原有社区重建两种。营造新建社区的重点在于协助也许并不互相熟识的社区居民产生认同感,由此使他们融入新建社区中。而原有社区重建的重点则是促成或加强居民的社区共识,让居民就自己的房屋、社区、公共空间等的需要和想法,先进行讨论,整合设计社区的重建计划,凝聚社区意识,并配合外界力量加速重建。

第三,社会重建。在社会重建中,政府的角色与功能尤为重要,主要包括法规制度的建立、价值观与伦理的建立、资源的整合和分配等。社会工作者的任务除了协助政府落实重建规划和执行相关政策,还要在社会重建中扮演倡导与监督的角色。

复习思考题

1. 什么是灾害社会工作?

2. 简述农村灾害社会工作的主要内容。

3. 简述农村灾害社会工作的主要模式与技巧。

参考文献

1. 徐永祥:《灾害社会工作的中国实践》,华东理工大学出版社 2018 年版。

2. 徐永祥、黄锐:《灾后社会工作嵌入、建构与增能:中国经验及其反思》,华东理工大学出版社 2018 年版。

3. 陈涛、王小兰:《疗救与发展:灾害社会工作案例研究》,华东理工大学出版社 2018 年版。

4. 励娜:《灾害社会工作服务指南》,中国社会出版社 2016 年版。

5. 张粉霞:《合作与冲突:灾害社会工作跨部门机制构建》,中国社会科学出版社 2017 年版。

6. 周利敏:《灾害社会工作:介入机制及组织策略》,社会科学文献出版社 2014 年版。

第十一章

农村社会工作研究

农村社会工作研究在农村社会工作的发展中具有重要的作用。本章在介绍农村社会工作研究含义和功能的基础上，从不同的视角分析当前中国农村社会工作研究的主要类型，并对农村社会工作研究的方法进行阐述。

第一节 农村社会工作研究的含义及功能

一、社会工作研究的含义与特点

(一) 社会工作研究的含义

任何一门学科的发展都离不开研究。研究是一种解答问题的途径，是知识积累的主要手段。对于社会工作这门学科而言，研究、实务与教育构成了社会工作专业的完整体系。社会工作研究能够帮助我们通过运用适宜的研究方法以及测量工具去总结、比较社会工作实务和教育路径，从而发展社会工作的理论、方法和知识。

社会工作研究的含义较为宽广，不仅包括实务工作理论与方法研究，还包括实务经验总结的模式与技巧研究，同时还涵盖与社会问题相关的，尤其是与弱势群体利益相关的社会政策及社会福利研究。简言之，所有将社会工作当成研究对象，为了发展社会工作而进行的科学研究，都可以称为社会工作研究[1]。

如古学斌所强调指出的，社会工作研究与其他社会科学学科研究的最大区别在于，社会工作研究不仅仅要了解社会事实，更重要的是要累积实践性知识，建构社会工作理论，为实践与行动服务[2]。然而，社会工作作为一门专业在西方发展较为成熟，其社会工作研究、实务与教育紧紧相扣。而在中国，社会工作研究、教育与社

---

[1] 王思斌:《社会工作概论》，高等教育出版社 2006 年版，第 404 页。
[2] 古学斌:《农村社会工作理论与实践》，社会科学文献出版社 2018 年版，第 54 页。

工作实务的发展之间并不同步，社会工作的专业知识体系与现实国情之间依然存在较为明显的脱节现象。这种脱节突出表现在两个方面：一方面，基层社区服务人员具有非专业化特征；另一方面，社会工作专业培养的学生毕业后实际从事社会工作服务的比例不高。因此，发展适合于中国本土的社会工作研究是一项艰巨而重要的现实任务，社会工作专业与职业的发展都离不开社会工作研究的发展。

（二）社会工作研究的特点

社会工作研究方法与其他相关学科的研究方法之间具有很多共性，但也有自己的特点。这是与社会工作的学科特点相联系的。具体来说，体现在以下四个方面[①]。

1. 议题多来源于社会工作实践

社会工作研究方法服务于社会工作相关主题的研究，这决定了社会工作研究方法在研究对象与解决问题上具有自己的特色。与社会工作方法有关的主题（如个案工作、小组工作、社区工作等）都是社会工作特有的研究对象。与此同时，由于社会工作服务对象的特点，与社会福利有关的对象和人口也是社会工作研究中的重点，如儿童、妇女、家庭、劳工残障及各种弱势团体等。

2. 具有突出的跨学科性

社会工作研究关注问题的解决，因此与心理学、教育学、社会学、政治学、人类学，甚至是生物医学、精神医学等学科都有较为紧密的关系。如艾滋病患者的心理需求、跨性别者的社会支持、逃学青少年的心理等问题的研究，都需要多学科的知识。由此，社会工作研究具有跨学科、交叉性与综合性特点。

3. 内容偏重于"do"的研究

社会工作较偏向于实务，因为社会工作的精神不只是针对各类社会问题提出分析，更要针对这些问题提出处置意见和方法，以解决问题，至少可以使问题的伤害降到最低限度。若只为分析问题，

---

① 简春安：《社会工作研究方法》（上），华东理工大学出版社2018年版，第14—15页。

或只了解真相,那么所做的研究是"be"的研究;当研究的目标是解决问题、改善解决问题的技巧、增进辅导功效,或评估处置是否得当、是否合乎效益、是否真的对案主有所帮助、其他所衍生的问题在哪里等,所做的研究则可称为"do"的研究。当我们对"所作所为"负起责任、自行评估、反省,在研究上下功夫,并把研究的成果回馈到专业时,对于社工专业的提升一定有所贡献。

4. 目标是服务社会工作实务

社会工作研究不仅应该取自社会工作实务,还要用之于社会工作实务。通过研究所获得的新理论、新知识,不仅可以使理论实务化,也可以使实务理论化,只有研究服务于社会工作实务,社会工作专业水平才能不断提升,社会工作专业的未来才有前途。

二、农村社会工作研究的含义

农村社会工作研究作为社会工作研究的一项重要内容,是社会工作与农村社区的结合,它们的指导理论、研究方法基本相同,都需要秉承专业伦理和研究伦理,使用社会研究的方法,搜集和分析与社会工作有关的资料,协助达成社会工作的目标。农村社会工作研究和社会工作其他研究的区别主要在于研究对象、研究类型及研究范围。从广义上说,所有以推动农村社会工作发展为目的,以农民个体和家庭、农村社区甚至农业政策相关问题为研究对象的研究,以及在农村中进行的社会工作实务和理论的研究,都可以称为农村社会工作研究。

农村社会工作研究具有以下基本特征:第一,研究的目的在于促进农村社会工作理论与实务的发展,最终推进农村社会工作的服务对象,即农民的整体福利;第二,研究对象是农民个体和家庭、农村社区甚至农业政策相关问题,但以农村弱势群体或弱势群体的问题为主;第三,从社会工作视角进行研究探讨,在研究中注重探讨个人与环境两方面原因及其互动;第四,农村社会工作研究特别重视本土知识。

最后一点尤其值得重视,这是因为不同时期、不同地域、不同民族、不同经济发展水平的农村基层社会之间存在着明显的差别。农村社会工作者只有深入农村社区,体村俗、察民意,在充分重视本土知识的基础上运用社会工作专业方法,才能较好地开展农村社会工作。同样,在进行农村社会工作研究时,如果不充分了解乡风民俗,仅仅简单地套用基本社会工作理论,不加区别地滥用社会工作研究方法,就不可能获得真实、准确、充分的研究资料。因此,研究者在整个研究过程中都必须时刻提醒自己以人为本,充分重视本土知识。

三、农村社会工作研究的功能

农村社会工作研究最根本的功能是,通过发展社会工作理论和实务,推动农村社会工作的发展,从而促进农村社会和谐发展。随着中国整体进入转型时期,在农业稳步发展、农民普遍增收的同时,市场化、城市化浪潮猛烈冲击着农村社会,农村社会问题呈现出多元化、高发化的特征。除贫困问题外,城乡居民收入差距扩大问题、农村社区"空心化"问题、留守儿童成长问题、失地农民生计问题等新问题不断涌现。农村社会工作是以农民为服务对象,直接服务于农民、农村和农业的,因此,农村社会工作的发展对于农村社会的和谐发展具有重要意义。具体而言,农村社会工作研究的功能主要表现为以下五个方面。

(一)回应农民需求,促进农村发展

农民是农村社会发展的主体,农村地区经济发展和社会稳定归根到底要靠广大农民。因此,要实现农村在社会转型期的平稳过渡,在转型中实现大跨度发展,必须要充分重视农民的话语权,想农民之所想。农村社会工作研究可以充分发挥专业所长,深入农村社区,在理解的基础上将助人意愿转化为助人服务。

近年来,农村社会工作研究紧紧围绕新农村建设服务,体现了与时俱进的特征,形成了具有中国特色的理论研究,为指导实践

工作发挥了积极意义。此外，农村社会工作研究不仅仅注重回应农民的现实需求，协调农村社区社会服务资源，也极为重视农村社会主义精神文明的发展，关注如何提升农民素质，改变小农意识，倡导互助合作理念，并立足于农村的现实情况，将分散的农户组织起来成立合作社。绿寨试验就是这样一个典型。从 2001 年 3 月开始，香港理工大学和云南大学社会工作专业的师生以滇东北少数民族行政村绿寨作为项目点，驻村开展"探索中国农村社区发展的能力建设模式——以云南为例"的行动研究，实施了许多以文化和教育为主题的发展项目，他们在工作中注重发掘农村当地社区和民众拥有的资产和能力，通过提升农民的自我认同、自信心及建立互惠互利意识，推动城乡合作和公平贸易，从而使得当地社区和民众成为农村发展的主体和受益者[①]。这些行动研究所获得的资料和反思是研究者长期扎根农村地区的结果，对推动农村社会的发展具有重要意义。

（二）推动农村社会工作专业人才队伍建设

农村社会工作研究对于专业人才队伍建设的指导意义十分重大。农村地区的经济发展水平较低，地理位置偏远，农户分散，社会工作人员相对于城市较少。这就要求农村社会工作者要具备更高的专业素质和适应能力，需要掌握全面的社会工作方法和技巧，并能根据具体情况熟练运用。因此，"乡村社会工作者被认为是通才，在具体的实践中他（她）要有范围很广的方法和技能。一个通才型的乡村社会工作者必须对社区发展和组织非常了解，而且必须能够开展个人或者群体工作。他（她）必须具有分析社区系统的技能，而且能够对整个系统进行不同层面的有效干预，乡村社会工作者还应该是一个好的行政管理者和资源专家"[②]。

农村社会工作研究能力是农村社会工作专业人才的核心能力之一。从微观上来看，个人的发展需要通过实践体验和理论学习来实

---

① 张和清、杨锡聪、古学斌：《优势视角下的农村社会工作——以能力建设和资产建立为核心的农村社会工作实践模式》，《社会学研究》2008 年第 6 期。
② ［美］O. 威廉姆·法利：《社会工作概论——社会工作经典译丛》，隋玉杰等译，中国人民大学出版社 2005 年版，第 334 页。

现，而学习的内容正是由过去人们的经验积累通过科学研究转化成的库存知识。从宏观而言，农村社会工作的发展必然伴随着职业化的发展特征。事实上，我国并不缺少农村社会工作者，许多农村基层组织人员都在扮演着农村社会工作者的角色，如民政、妇联、村支部等。但我国农村社会工作仍然存在职业化不明显的特征，仅从专业理念上来评判，这些非专业人员并不能归于专业社会工作者。如何借助于这部分传统农村工作力量发展专业社会工作力量，推动农村社会工作职业化发展，是农村社会工作研究致力于探索的课题。

（三）总结农村社会工作经验，为政策制定和调整献计献策

我国是一个强政府型社会，国家政策往往是决定一个地区、一个行业发展的重要因素。农村社会工作研究的一个很重要的功能就是民情上传，总结实践工作经验，发现农村社会问题，为政府制定政策提供参考。目前，我国已经确立一系列惠农利农政策，党中央、国务院关于乡村振兴的大政方针已经明确，但这些政策资源应当如何配置和具体实施，从而最大限度地实现政策效果，则需要社会工作研究者在充分把握农村现实情况的基础上，进行研究和反馈，随时关注政策推进过程中不符合现实需求以及不适合当地人文环境而出现的问题。

好的政策需要紧紧贴合社会需要。公众参与对于社会政策的科学化、民主化、公共性与执行力等具有重要意义，有助于建构更符合社会需要的社会政策体系。我国一直较为重视民主决策，如人民代表大会制度、政策正式颁布前的意见征询机制等。但从现实情况来看，农民直接参与政策制定的途径还比较少，而经过详细调查研究的农村社会工作研究报告可以真实地反映农村社会的现状，反映农民诉求，承担起农民群体利益代言者的角色。

（四）推动农村社会工作本土化发展，完善社会工作学科建设

农村社会工作研究直接的功能就是促进农村社会工作发展。一个学科的发展必然也是其相关理论研究的发展史，农村社会工作的发展既是实践工作的发展，也是理论研究的发展，理论和实践是相互促进、不可分割的。

我国社会工作起步较晚，其理论视角和发展模式多是承袭国外经验，但在具体实践中由于我国国情的特殊性，并不是所有的工作方法都能取得理想效果，尤其在我国农村，与国外已经实现现代化的乡村相比差异很大。考虑到我国城乡二元体制的历史和现实，农民一直作为一种身份的存在而非职业的存在等种种特殊性，所以，开展农村社会工作时照搬国外经验几乎是不可能的。这对于我国农村社会工作研究者既是巨大的挑战，也是难得的机遇，我们迫切需要具有中国特色的农村社会工作视角和方法，而农村社会工作研究正是社会工作研究本土化的最佳切入点。

（五）搭建农村社会工作交流平台，引导公众关注农村发展

农村社会工作研究在于农村，但并不限于农村。社会工作重视全面联系的视角，关注受助者的社会关系网络，同样，农村的发展绝不仅仅是农业、农村、农民的发展，而是需要城乡的和谐共建，需要整个社会的支持关注。

农村社会工作研究有助于将个体的、分散的农村基层问题挖掘出来，引起社会民众的重视，农村社会工作研究相关杂志、报刊、会议的繁荣，也能够为农村服务机构之间的交流联系与合作提供广阔的平台，能够显著加强农村基层社会工作者和社会大众以及政府之间的互动互助，也有利于整个社会对农村和农村社会工作者的认同。众多的研究者投身于农村建设无疑具有良性示范的影响，促使更多有志者从事农村社区服务工作。

第二节　农村社会工作研究的类型

一、以理论视角划分

研究者在研究过程中运用什么样的理论视角，决定了他是如

何看待研究对象的。对于社会工作研究者来说,理论视角决定了他们如何理解服务者和受助者的关系,以及受助者和其所处系统之间的关系。大卫·豪(David Howe)将社会工作理论划分为激进的、马克思主义的、阐释主义的和功能主义的四个范式:激进社会工作强调激进主义或女性主义理念;马克思主义社会工作强调赋权及冲突理论;阐释主义强调标签理论及沟通理论;功能主义社会工作强调心理动力理论及认知行为理论。马尔科姆·佩恩(Malcolm Payne)将社会工作理论分为三大类:反思性-治疗性理论,强调通过互动沟通帮助案主克服不良感受;社会主义-集体主义理论,强调通过社会改革和社会互助帮助案主寻求福利;个人主义-改良主义理论,认为社会工作是向社会中的个人提供福利服务的一个组成部分,聚焦个人、群体、社区和社会层面的改变。何雪松在豪和佩恩分类的基础上提出社会工作理论四分模型:实证范式下的心理动力理论、认知行为理论、生态视角、系统视角、人本范式下的存在主义和灵性视角、激进范式下的赋权视角、结构视角和女性主义视角、社会建构范式下的叙事治疗、寻解治疗和优势视角[1]。

中国农村社会工作研究理论视角的发展可以分为两个阶段:第一个阶段是引进阶段;第二个阶段是本土化发展阶段。

第一阶段的理论视角主要是由国外社会工作理论引入,如结构视角、系统视角、赋权视角等。这些传统的理论视角被大量社会工作研究采用,经过反复的理论实践,逐渐发展成熟,形成了清晰的理论脉络和实践框架。其中,结构视角是对旨在通过推动结构的变迁,如社会运动和社会变革,而促进社会发展的诸多社会工作实践模式的指称。系统视角认为个人与社会环境是不可分的,强调关注个人的生活经验、生活空间,谨记问题的产生并非单一因素,因此,解决之道应该是多元的。赋权视角认为受助者的问题是由于其权利障碍的存在而产生的,要帮助受助者建立能力,克服影响其权

---

[1] 何雪松:《社会工作理论》(第四版),上海人民出版社2007年版,第8—11页。

利运作的障碍。

第二阶段是以国内学者扩展和丰富优势视角为代表的本土化发展阶段。优势视角是西方近年来基于对缺陷模式的不足而提出的，其核心观点是要看到受助者的优势和资源。在国内得到张和清等人的运用、丰富和扩展。这一模式充分体现在云南省一个名为绿寨的村庄推动农村发展的实践中，"此模式以能力建设和资产建立为核心，强调如何利用社会工作的介入手法和策略，发掘农村当地社区和民众所拥有的资产和能力，从而使得当地社区和民众成为农村发展的真正主体"[①]。优势视角的提出是农村社会工作理论视角由引入阶段到本土化阶段的分水岭，此后，采用优势视角或借鉴优势视角理念进行社会工作研究的学者迅速增加。

总体来看，学界关于研究视角的本土化发展方面仍然是不足的，既缺乏国内本土实践中发展而来的创新性的理论指导，也缺乏独立于其他学科的，凸显社会工作学科独立性和特殊性的研究视角。这些问题的存在，一方面是源于农村社会工作研究在我国开展时间还较短；另一方面也是由于具有中国特色的农村社会工作研究的发展不仅需要农村社会工作实务的发展，还需要研究者具有深厚的理论研究功底和农村社会工作研究的长期积淀。

二、以服务对象划分

农村社会工作涵盖的领域包括反贫困、卫生保健、能力建设、社区矫正、社会支持等，其服务对象主要包括农村社区、农村青少年和儿童、农村妇女、老年人、农村移民以及失地农民等。

以农村社区为研究对象的社会工作研究着眼于整个社区的建设，视阈宏观，认为农村社会工作应当充分利用和整合社区资源、发动社区力量共同促进社区发展。农村社区工作的主要内容有：促

---

① 张和清、杨锡聪、古学斌：《优势视角下的农村社会工作——以能力建设和资产建立为核心的农村社会工作实践模式》，《社会学研究》2008年第6期。

进农村社区经济发展、社区规划、社区环境保护与安全、社区文化建设、区域经济合作组织的培育与发展等。

农村青少年和儿童社会工作相关研究注意到农村留守儿童的学业和身心健康问题以及青少年犯罪低龄化、连续化、暴力化趋势,留守儿童中存在的问题若得不到正确的引导和矫正,很可能会转变为青少年犯罪问题。这一领域的研究认为农村社会工作服务的内容应包括:提供教育和学业辅导服务、提供心理健康辅导、改善生活环境和社区支持、提供青少年犯罪矫治、提供或促进对儿童的照顾等。

农村妇女社会工作相关研究主要是研究农村妇女尤其是留守妇女在权益保护、组织参与、身心健康、人格尊严、劳动分工等方面存在的问题,提出妇女社会工作服务的具体内容应包括:妇女生计技能服务、妇女生殖健康服务、法律援助、心理咨询服务、妇女组织建设等。

农村老人社会工作相关研究的兴起,是由于农村青壮年劳动力外出务工,农村老年人缺乏关爱与照顾,农村文化建设又相对滞后,老人孤独感严重。同时,老年人的医疗、护理问题也令人担忧。农村老年社会工作的内容包括:改善农村老人社会福利,提供老年人集中关爱和居家养老服务,为老年人提供丰富多样的文化娱乐服务,加强老年人权益维护和老年协会建设等。

农村移民和失地农民社会工作相关研究包括对农民工和征地拆迁农民的研究,城市化的发展使农村的征地拆迁、农民进城打工现象越来越多,也出现了一些不稳定、不和谐因素,农村移民社会工作的主要内容有:移民心理的疏导、职业前培训、社会适应与融合、干群关系的协调、家园重建、反贫困等[1]。

从我国社会工作研究已有的成果来看,比较偏重于青少年和老人等传统社会工作领域的研究。近年来,社会工作研究涉及更

---

[1] 蒋国河:《社会工作与新农村建设:需求与应答》,《求实》2010年第7期;张华、李小容:《试论我国农村社会工作的现状及其在新农村建设中的作用》,《西南农业大学学报(社会科学版)》2010年第4期。

多的领域，如企业社会工作、康复社会工作、医务社会工作、矫正社会工作、戒毒社会工作、儿童社会工作以及社会工作职业化问题[①]，社会工作的研究视野越来越广，而农村全方位的发展和对社会工作认知度的提高，也使农村社会工作的研究对象越来越丰富。

三、以研究内容划分

朱雨欣、郭伟和通过对农村社会工作研究成果的梳理指出，当前中国农村社会工作的研究内容可以分为人群服务类研究、政策倡导类研究、干预策略类研究三类[②]。

人群服务类研究侧重于探讨为农村中某类"困难"或"特殊"人群提供专业服务的可能性和必要性，以及相应的技术路径和实施方式。近年来，人群服务类型研究在农村社会工作研究中占据主导地位，尤其是在留守妇女、留守儿童、留守老人的社会工作服务上研究成果丰硕。

政策倡导类研究往往结合反贫困、乡村振兴等特定历史阶段的国家农村政策，或从相关政策的内涵解释和要素分解的角度切入，或围绕社会工作的专业内涵、价值使命、服务框架等进行论证，重点在于论证农村社会工作在相关政策领域实践嵌入的正当性和合理性。

干预策略类研究往往依据国外某项社会理论或实务模型，如抗逆力、社区发展、资产建设等，重点在于说明该理论的历史脉络、价值理念和框架内容的基础上，论证其在中国农村社会工作领域的应用范畴。

---

① 范明林、徐迎春：《中国社会政策和社会工作研究本土化和专业化》，《社会》2007年第2期。
② 朱雨欣、郭伟和：《中国农村社会工作实践策略的模式分类——基于双层分类框架的透视》，《社会建设》2020年第5期。

第三节　农村社会工作的研究方法

一、方法论

社会工作研究是社会研究的一个组成部分,属于社会科学研究。当人们提到科学时,总是最先想到自然科学,想到精密的仪器、严谨的测量、客观的实验。与自然科学不同,社会科学研究的是人类社会。研究对象的不同使得社会科学难以像自然科学那么精确。在对社会科学的科学性抱有怀疑时,我们需要首先明确社会科学的研究对象——人类社会是可以通过科学方法来进行研究的。其次,社会科学也发展出了系统的研究方法,这些方法能够帮助人们从复杂多变的人类行为及社会环境中认识自己,因此,社会科学同自然科学一样能获得知识和创造知识,而社会科学的科学性正是建立在其科学的研究方法之上的。这也是为什么在进行农村社会工作研究时,需要把学习社会科学研究方法放在重要地位的原因。

社会科学主要有三大研究方法,即实证主义、诠释主义和批判主义方法论。实证主义在社会科学尤其是早期的社会科学研究中运用得很广泛,它认为人类社会同自然界一样具有客观规律性,不以人的意志为转移,人类社会也能够通过科学方法来加以认识,并且可以形成具有普适性的一般规律。因此,社会科学应当仿照自然科学,采用同样的方法,研究者应当明确地区别于研究对象,要尽可能地消除偏见,把事实陈述和价值判断划分开来,研究者在研究过程中应尽量保持价值无涉,从而客观地观察世界,以达到建立知识的客观性的目的。实证主义研究方法通常是通过实验法、社会调查和统计等来搜集定量资料。

19 世纪,欧洲一些社会研究者反对把人类社会等同于自然界来研究，主张运用诠释主义对社会现象和人类行为进行研究，诠释主义认为世界是人们主观建构的结果，没有什么脱离人的主观因素的客观世界。诠释主义最著名的提倡者之一是德国社会学家马克斯·韦伯，他认为社会科学应当去研究社会行动，社会行动是人们带有一定的目的和意图并以他人为取向的行动。诠释主义研究者认为应当研究人们的主观意图，理解人们为什么如此建构，理解世界的差异性及其背后所隐藏的意义，而不是去总结普遍规律。诠释主义者认为价值无处不在，研究者应当积极理解甚至参与到研究对象中去，把分析和反思个人观点和感受作为研究的一个重要内容。诠释主义研究方法常常会用到参与式观察和田野研究，通过搜集大量详尽的质性资料来分析人们的具有社会意义的行动。

批判主义可以追溯到马克思、恩格斯的辩证唯物主义和历史唯物主义。批判主义一方面反对诠释主义研究者将注意力放在微观的短期的社会现象，而忽略了宏观的长期的社会背景；另一方面批判主义虽然同实证主义者一样坚信唯实主义，但也认为现实状况是不断被社会、经济、政治、文化等因素制约和塑造的，社会关系是处于变革、紧张和冲突中的，批判主义认为否认研究者有自己的观点本身就是错误的，研究工作是一个道德政治活动，研究者存在价值介入。批判主义者将研究的重点放在社会变革和冲突上，研究者开展研究是基于其不满现状，寻求改变，具有行动导向①。

二、伦理价值

农村社会工作实务和研究常常会涉及伦理问题，伦理是人们约定俗成的道德标准和行为准则，伦理指导我们运用一些符合社会大众价值观的方式去处理社会关系。在实际工作中，常常碰到这样的难题：我们是否能违背对案主的承诺，将案主的重症告知其家人而

> 可以思考社会工作价值观对社会工作研究的影响。我们开展农村社会工作研究，是否会与社会工作的价值观冲突？

---

① [美]劳伦斯·纽曼、拉里·克洛伊格:《社会工作研究方法》，刘梦译，中国人民大学出版社 2008 年版，第 86—105 页；邓莉莉、苗艳梅:《社会工作研究中的价值介入与社会研究伦理考量》，《社会工作》2008 年第 6 期。

使其获得更好的医疗服务？我们是否应当冒着损害研究客观性的风险，告诉村民正在进行的研究？这些都需要职业伦理来进行抉择。

对社会工作伦理的探讨源于西方，社会工作伦理深受西方社会传统文化理念的影响，如新教伦理所追求的人生来平等且拥有天赋的尊严，人文思想所追求的世俗世界中的自由、平等、幸福，民主思想所追求的每个人都能寻求自我实现并有社会参与和管理的能力，社会福利思想所追求的社会有责任提供资源和服务满足人们的基本生存需求等[1]。这形成了美国社会工作者协会伦理守则中的核心价值观，即服务、社会公正、个人尊严和价值、人类关系的重要性、诚信、能力。

我国社会工作的职业化发展道路，借鉴和吸收了西方社会工作中的核心伦理价值，同时充分挖掘中华民族精神的优秀资源，如传统文化中儒道所倡导的仁爱、大同、孝道、众生平等、行善积德、天人合一等。当代社会主义主流价值观所倡导的集体主义、为人民服务、以人为本、可持续发展等，都极大地丰富了社会工作伦理原则，建立了适应中国国情的社会工作价值观[2]。伦理在我国社会工作中具体体现为职业守则、职业道德和职业素质。已有的职业标准为我们提供了专业伦理的基本依据，主要包括：利他、平等、尊重、民主、接纳、诚信、助人自助的专业价值理念；以人为本，具有人道主义精神和高度的专业责任感；案主自决；保守秘密，维护案主隐私；提升并发展案主的潜能等。依据这些标准，社会工作者应当担负起专业所要求的道德责任和判断，不仅自我恪守职业伦理，也应当及时阻止纠正其他违背职业伦理的行为。

农村社会工作研究是以价值为基础的研究活动，其价值标准是建立于社会工作职业伦理之上的，都需要有平等、尊重、理解、接纳的理念，但研究伦理与职业伦理存在差异。职业伦理指向的是社会工作者，更关注工作开展过程中社会工作者与案主的互动；研究

---

[1] 孙健：《西方社会工作伦理在中国本土化的探讨》，《广西师范大学学报（哲学社会科学版）》2009年第3期。

[2] 皮湘林：《社会工作视野中的伦理》，《社会工作》2009年第5期。

伦理指向的是社会工作研究人员，其更加关注研究者与其研究对象的关系。农村社会工作研究的伦理还要求研究者应当在研究开始前、研究进行中以及研究结束后，充分考虑研究过程可能给被研究对象带来的负面影响，这些负面影响不仅包括生理上的损害，也包括情绪的过分波动以及对他人价值观的过分干扰。社会工作研究人员绝不能强迫任何人参与研究，所有的参与者必须是自愿的，研究者都需要获得研究对象的同意，即使是必要的隐瞒身份或无法告知身份的田野研究以及二手资料研究，研究者也需要恪守自愿参与、对参与者无害、保密、无欺骗的研究伦理[①]。农村社会工作的职业角色要求从事相关领域的研究者有在道德和价值上超越一般研究者的义务，要将对研究对象的考虑放在首位，而不是仅仅考虑选择哪种研究技术是最为便捷的。

三、具体方法

农村社会工作研究在搜集资料、处理分析和解释资料时，有定量研究和定性研究两种基本的研究取向。

（一）定量研究与定性研究

定量研究与实证主义研究方法是一脉相承的，具有程序标准化、演绎式的研究逻辑、运用统计数据和专业软件处理资料，有研究假设和检验等特征，研究结论一般有可推论的特征。在需要了解农村地区的整体状况以及大规模的趋势分析（如人口结构、收入层次）时，通常会进行大型的农村调研工作，这是典型的定量研究。

定性研究者通常相信诠释主义或批判主义，定性研究不追求标准化的程序，它根据研究对象、研究背景以及研究者的不同而不同，研究运用归纳逻辑，采用个案研究、参与式观察、访谈等方式

---

① ［美］劳伦斯·纽曼、拉里·克洛伊格：《社会工作研究方法》，刘梦译，中国人民大学出版社2008年版，第125页。

搜集资料,并在社会情境中去解读这些资料。定性研究并非完全不采用定量的资料搜集方式,只是更将研究对象看成是有潜力和创造性的人,而非无意识的统计数字。

早期社会工作研究倾向于定量研究,1917年里士满(Richmond)《社会诊断》一书出版后,社会工作研究与实践多以科学为准绳,信奉实证社会科学的研究范式。20世纪70年代,欧美学术界开始定量与定性研究之争,以量化数据、可检验的逻辑事实、无偏见的价值观为代表的社会工作研究取向开始受到挑战。20世纪80年代,社会建构主义及批判理论等另类认识论的范式在美国社会工作研究界逐渐被接受[①]。在今天,学界的共识是选择定量研究还是选择定性研究应当根据实际研究的具体需要以及研究所具备的客观条件而定。

由于农村社会工作的开展离不开深入理解被服务群体,在工作过程中常常要面临复杂的社会环境和人际互动,一味地坚持标准化的程序和资料搜集方式是不可取的,因此,目前较多农村社会工作相关的研究趋向于进行定性研究,重视理解和解释,尤其是研究对象需要深度探索的研究、评价某个介入方案与介入过程的研究、获取实务经验的研究等都更加适宜采用定性研究。定性研究要求搜集的资料更加广泛和深入,这使研究人员在处理提炼资料时的去粗取精的工作更加复杂,对经验欠丰富的初职人员无疑是个挑战。

(二)研究方式

1. 调查研究

调查研究方法是社会学经验研究最常用的方法。它的最大特点是运用概率抽样方法抽取样本作为调查对象,采用问卷调查或登记表的方法收集资料,并在对资料进行统计分析的基础上把调查结论推论到样本所在的总体。它的作用在于能够通过大样本的社会调

[①] A. Rubin, "Social Work Research at the Turn of the Millennium: Progress and Challenges", *Research on Social Work Practice*, 2000, 10 (1), pp.9-14.

查，运用统计分析方法，较为准确地描述社会的一般状况；能够客观地、精确地分析社会现象；资料精确、可靠，调查结论的概括性程度相对较高。这种研究方式的缺点在于很难获得深入、详细的资料，无法了解具体的社会运行和社会行为过程，资料的准确性程度受到多种因素的影响。

2. 实地研究

实地研究是一种质性研究方式。这一方式最早用于文化人类学对于原始部落和土著居民的研究，其特点在于研究者必须长期生活在被研究者的生活环境中，甚至作为其中的一员与被研究者共同生活，通过观察、访问等方法收集有关资料，根据对调查资料的质性分析揭示被研究对象生活方式以及行为方式背后隐藏的文化或价值。实地研究的具体方法主要是参与观察（包括完全参与、非参与、半参与三种形式）、半结构或无结构访问等。实地研究能够收集到比较详细、深入的资料，在现场观察社会行为的具体表现和过程，深刻"理解"被研究对象的价值观念和行为方式，从而在一定程度上再现社会生活的"原生态"。与调查研究相比，实地研究适用于对社会现象的过程进行深入了解，尤其是在自然环境下研究人们的态度和行为的变化过程。由于是在现场观察集体行动的发生和发展，所以能在完全直接观察的基础上对研究对象进行深刻的思考。实地研究得出的结论是否具有普遍性是一个有争议的问题，它所收集的资料的准确性、客观性会受到研究者的主观因素的影响，它所获得的"事实"实际上也是"建构性"的。

3. 实验研究

在所有的社会研究方法中，实验研究是最接近自然科学方法的。实验研究是用来检验一个理论或证实一种假设而进行的科学研究方法，它是根据一定的研究假设，改变或控制一个或几个变量，然后观察其他变量是否随之发生变化，从而检验变量之间的因果关系。和其他研究方式相比，实验研究能够准确地测定变量的变异量和变异方向，可以运用一定的方法对变异来源加以控制，对实验结果进行统计分析。从某种意义上看，社会工作的实务介入也可以看作一种实验。

4. 文献研究

文献研究是一种传统的研究方法,历史学研究中的考据、训诂、校勘方法都可算是文献研究方法。社会研究中的文献研究主要是利用第二手资料进行分析,具有非常明显的间接性、无干扰性和无反应性,因此也称非介入性研究或无回应性研究。

四、研究程序

（一）确定选题

社会工作是一门实践性很强的学科,农村社会工作的研究也偏于应用型,选题一般应来源于推动农村实务工作的需要或者是为了解决农村实务工作中遇到的困难,因此,确定选题时要考虑该研究结果是否能够有效地应用到农村社会工作实践中。当然,农村社会工作也同样需要站在一定的理论高度进行梳理、总结、展望,要做好理论研究往往需要深厚的实践经验、理论积累和思想深度,对于初学者困难较大。

在选题时要能够预见研究过程中可能遇到的问题,尽量在选题阶段着手解决,如果所选的课题在进入农村社区、寻找研究对象等资料收集方面存在很大困难,或者该选题本身涉及伦理道德上的问题,又或者该选题无法以基本的社会科学研究方法进行研究,则应当进一步考虑选题的适宜性。总之,确定一个自己感兴趣又适合自己研究的选题,是开展好农村社会工作研究的第一步。

（二）文献回顾

在确定选题后,研究者需要对该领域的研究状况进行回顾。文献回顾可以帮助研究者对选题进行更深一步的了解,整合相关学科在该领域发展的理论观点及研究路径,为将要开展的研究打下基础。文献回顾的重要性在于,"作为研究起点的研究问题选择,可能只是整个研究过程最初阶段的具体目标或最终成果,而这一阶段中所包含的众多具体内容可能在很多方面都超出了它所能概括的范围,这些内容更多的与文献回顾相关"①。只有了解前人的已有研究成果和不足之处,才能站在前人的肩膀上继续研究。

文献回顾包括三项主要工作:查找与选题相关的文献、对文献进行筛选、阅读和分析文献。研究人员可以从图书馆找到相关书籍、学术杂志、学位论文、政策文件及包括社会工作年会在内的会议报告,研究者还要善于利用网络资源,期刊电子数据库、政府部门门户网站等都能提供非常有价值的信息资源。注意文献来源要符合学术性、权威性的规范,文献的搜索范围一般要大于自己的研究选题,如对农村社会工作方法进行文献回顾时,需要将社会工作方法纳入文献查找范围,否则可能会漏掉有价值的信息。

在检索完相关文献后,研究者需要对众多的文献进行筛选。与自己的研究方向越相近、发表时间越近、学术影响越高的文献,越需要详细阅读。在此基础之上,重点阅读筛选后文献的研究框架、理论基础、研究方法、研究结论,最后形成自己对该领域研究的评价。在撰写文献回顾时,要注意将研究结论组织起来,按照逻辑关系总结共通和相异之处,而不是简单罗列各人的研究成果。

(三)研究设计

研究设计是对研究进行详细规划的过程。研究设计一般包括确定研究假设、研究方法、研究对象、抽样方法和分析方法。

研究者根据研究目的进行研究设计,研究目的包括探索性研究、描述性研究、解释性研究。探索性研究是对某一前沿性问题进行初步的探索性的了解,可不作研究假设,通过观察和无结构访谈等方法开展研究,研究结论也不具有系统性、确定性和推论性;描述性研究用来描述研究对象的总体状况、规律或特征,运用调查统计等研究方法对大样本进行研究,其结论具有结构性、系统性、准确性的特征,一般也不需要作研究假设;解释性研究就是要解答某种现象的原因,弄清某些社会现象之间的关系,通过提出研究假

---

① 风笑天:《论社会研究中的文献回顾》,《华中师范大学学报(人文社会科学版)》2010年第4期。

设、搜集资料检验假设来得出结论，往往涉及严谨的理论、规范的操作以及复杂的统计变量分析。

（四）研究执行

研究执行是研究的资料搜集阶段。研究者根据研究设计，以相应的研究方式和资料搜集方法，开展资料的搜集工作。研究执行是整个研究中需要花费较多时间的一环，对于在农村中的资料搜集，研究者要做好充分的准备，如熟悉当地的路线、作息时间、风俗禁忌、语言环境等。当资料搜集工作较繁重时，还需要培训一些工作员协助搜集资料。为确保研究的顺利执行，研究者需要在进行正式的大型的资料搜集工作前，先进行试调查，并在此过程中随时注意反馈情况，如果发现资料搜集出现不顺畅，如问卷的设计不适应当地的情况、测量工具在信度和效度上欠佳等，需要随时作出调整，只有搜集到真实、有效的资料，研究结果才是有价值的。

（五）研究分析与报告的撰写

当资料搜集工作完成后，研究者需要进行资料的处理、加工和分析。定量资料需要进行资料整理和编码、输入、检查等工作。可以运用统计软件（如 SPSS）进行处理。定性资料通常是在资料的搜集阶段就开始分析了，由于定性研究分析的本身特征，对定性资料的分析不如定量资料分析那么精确和数字化，研究者需要对资料进行整理、归类、对比、综合和思考，以找出复杂资料后面的模式和意义关联，并以这种模式来呈现资料中的具体事物。在资料分析时，要时刻注意不要让研究者先入为主的观点影响了分析结论的客观性，要通过对资料的分析得出结论，而不是选取部分资料引证自己已有的观点，这一点可以通过寻找资料中的反面证据来加以克服和检验。

研究报告是整个研究过程的回顾与总结，它展现了研究者是如何搜集资料、解释资料并形成自己的研究结果的。研究报告一般应包含以下基本内容：研究目的与研究主题、文献综述、研究设计、资料搜集、研究结果、研究讨论、实务应用意义与范畴。在研究报告的具体撰写过程中，研究者需要根据自己所采用的研究方法突出报告的侧重点。定量研究报告在展现研究资料时，重点并不在于过多地叙述所搜集到的原始数据，而在于通过比较和分析，揭示各变量之间的关系，并以简洁而清晰的数据及图表的形式展现出来。定性研究报告不能割裂原始资料的展现和研究者对资料的分析，它常常需要通过详尽地展现某一部分原始资料（如被访者的一段话或者对某项活动的完整记录）来使研究报告更加深入和可信。当然，定性研究者不可能在报告中分享所有的原始资料，因此，如何压缩资料又不至于影响资料的代表性及适用性是定性研究报告成功的关键之一。

复习思考题

1. 什么是农村社会工作研究？
2. 简述农村社会工作研究的主要内容。
3. 试论述农村社会工作研究的主要方法。
4. 简述农村社会工作研究的一般程序。

参考文献

1. 简春安：《社会工作研究方法》（上），华东理工大学出版社2018年版。
2. 风笑天：《社会研究方法》，中国人民大学出版社2018年版。
3. 何雪松：《社会工作理论》，上海人民出版社2017年版。
4. ［美］劳伦斯·纽曼、拉里·克洛伊格：《社会工作研究方法》，刘梦译，中国人民大学出版社2008年版。

后 记

农村是中国社会工作本土化的具体场域,农村社会工作则是中国社会工作本土化的最具体体现。近十年来,我国专业社会工作获得快速发展,虽然相较于城市社会工作,农村社会工作的发展还相对滞后,但随着乡村振兴战略的实施,农村社会工作获得良好的发展空间和机会。2021年中央一号文件提出要"加强对农村留守儿童和妇女、老年人以及困境儿童的关爱服务";2021年2月中共中央办公厅、国务院办公厅印发的《关于加快推进乡村人才振兴的意见》中也明确要求"加强农村社会工作人才队伍建设";2021年4月通过的《中华人民共和国乡村振兴促进法》中明确规定"各级人民政府应当采取措施大力培育农业科技人才、经营管理人才、社会工作人才""搭建社会工作和乡村建设志愿服务平台"。政策支持与各地乡镇社会工作服务站的纷纷建立相互呼应,为农村社会工作发展提供了重要契机。值此背景之下,为推动农村社会工作的进一步发展,我们编写了本教材。

《农村社会工作》由万江红、张翠娥主编。其中,万江红负责第一、二、三、四、六章的编写工作,张翠娥负责第五、七、八、九、十、十一章的编写工作。最后由万江红对全书进行统稿。

本教材源于钟涨宝任主编,万江红、张翠娥、陈红莉任副主编的《农村社会工作》(复旦大学出版社2011年出版),在本次教材更新和写作过程中,基本保留了原版的框架和理论思路。感谢钟涨宝教授对本教材的支持和帮助,感谢陈红莉以及其他老师给教材编写的启发和建议。在此,还要特别感谢复旦大学出版社宋启立编辑的大力支持!

万江红 张翠娥

图书在版编目(CIP)数据

农村社会工作/万江红,张翠娥主编.—2 版.—上海:复旦大学出版社,2022.6(2023.10 重印)
(复旦博学.社会工作系列)
ISBN 978-7-309-16126-7

Ⅰ.①农… Ⅱ.①万…②张… Ⅲ.①农村—社会工作—研究—中国 Ⅳ.①F323.89

中国版本图书馆 CIP 数据核字(2022)第 032899 号

农村社会工作(第二版)
万江红 张翠娥 主编
责任编辑/宋启立

复旦大学出版社有限公司出版发行
上海市国权路 579 号 邮编:200433
网址: fupnet@fudanpress.com http://www.fudanpress.com
门市零售: 86-21-65102580 团体订购: 86-21-65104505
出版部电话: 86-21-65642845
上海四维数字图文有限公司

开本 787 毫米×960 毫米 1/16 印张 20.5 字数 374 千字
2023 年 10 月第 2 版第 3 次印刷

ISBN 978-7-309-16126-7/F·2877
定价: 58.00 元

如有印装质量问题,请向复旦大学出版社有限公司出版部调换。
版权所有 侵权必究